btb

Sie war eine der wenigen Frauen, die in den Vierzigerjahren als Kriegskorrespondentinnen akkreditiert waren, und einer der neuen Stars des Journalismus, die plötzlich am Himmel aufgingen. Lee Millers Berichte und Fotos erschienen in der Vogue, denn selbst die Leser des Modemagazins wollten wissen, was es mit den Krauts auf sich hatte. Und tatsächlich zählen ihre Reportagen aus der Hölle, aus der unbekannten und fremden Welt mit dem Namen »Drittes Reich« auch im Nachhinein mit zum Erhellendsten, was über Deutschland und seine Bewohner zu dieser Zeit geschrieben wurde.
Dieser Band enthält zum ersten Mal alle ihre Kriegsreportagen und zahlreiche ihrer berühmten Fotos, außerdem Briefe und Artikel über das befreite Paris und ihre Gespräche mit Picasso, Cocteau, Aragon, Eluard und Colette.

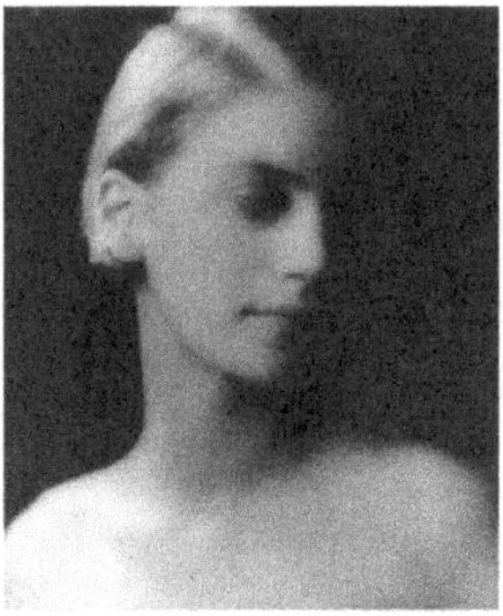

Foto: Arnold Genthe, New York, ca. 1927.

Lee Miller wurde 1907 in New York geboren und mit 20 Jahren von Condé Nast als Fotomodell entdeckt. In Paris lernte sie Picasso und die Surrealisten kennen und wurde Man Rays Schülerin, Geliebte und Modell. 1932 trennte sie sich von Man Ray und eröffnete in New York ein eigenes Fotostudio. 1942 akkreditierte sie sich als Kriegskorrespondentin für Vogue. 1944 und 1945 entstanden ihre berühmten Reportagen und Fotos über den Krieg. 1947 heiratet sie den Kunstsammler Roland Penrose und zog sich in England aufs Land zurück. 1977 erlag sie einem Krebsleiden. Seither gab es zahlreiche Ausstellungen ihrer Fotos, Bildbände und Biografien.

Lee Miller

Krieg

Mit den Alliierten in Europa
1944-1945
Reportagen und Fotos

Herausgegeben
von Antony Penrose

Aus dem Englischen
von Norbert Hofmann

btb

Die Originalausgabe erschien 1992 unter dem Titel
»Lee Miller's War 1944-1945« bei Condé Nast Books.

MIX
Papier | Fördert gute Waldnutzung
FSC® C014496

Penguin Random House Verlagsgruppe FSC® N001967

5. Auflage
Genehmigte Taschenbuchausgabe Oktober 2015,
btb Verlag in der Penguin Random House Verlagsgruppe GmbH,
Neumarkter Str. 28, 81673 München

Umschlaggestaltung: semper smile, München
nach einem Umschlagentwurf von Felder Kölnberlin Grafikdesign
Druck und Einband: GGP Media GmbH, Pößneck
SL · Herstellung: sc
Printed in Germany
ISBN 978-3-442-74901-0

www.btb-verlag.de
www.facebook.com/penguinbuecher

Inhalt

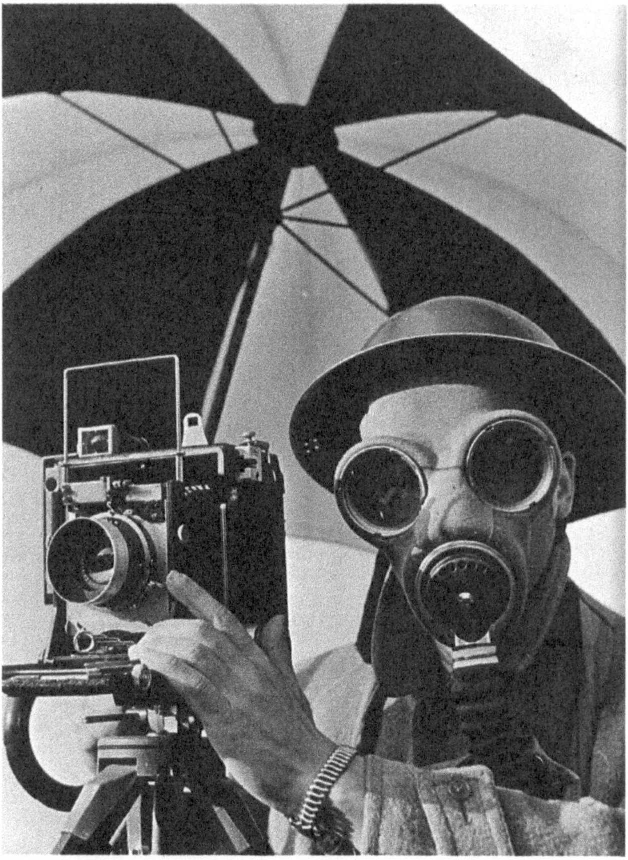

David E. Scherman bereit für den Krieg. London 1942.

Vorwort

von David E. Scherman

An einem feuchtkalten Morgen Anfang 1945 wühlte sich ein US-Army-Jeep durch den Wintermatsch einer Landstraße im Westen Deutschlands und hielt an einer stark befahrenen Kreuzung, wo ein erschöpft aussehender Militärpolizist den Verkehr regelte. Der Insasse des Jeeps, der mit einem schmutzigen Armeemantel und einem wollgefütterten Helm bekleidet war, fragte nach dem Weg zu einer Divisionskommandantur der Amerikaner, die ihren Standort ständig wechselte: »Wo geht's hier nach ›Triumph Forward‹?«

»Kann ich ums Verrecken nicht sagen, Kumpel!«, bellte der MP automatisch zurück. Auf den zweiten Blick bemerkte er das blonde Haar, die strahlend blauen Augen und die wohlgeformte, gewölbte Nase des Fahrers. Mit leicht erstaunter Stimme fügte er hinzu: »Entschuldigen Sie, wollte sagen, das kann ich ums Verrecken nicht sagen, Ma'am.«

Diese keineswegs apokryphe Anekdote hatte sich seit dem »D-Day« in der Normandie im Sommer des zurückliegenden Jahres in der einen oder anderen Variante häufiger so abgespielt. Die leichte Verwunderung jenes Militärpolizisten, auf die in Gestalt hemdsärmliger Kameraderie sofortige Anerkennung folgte, war die typische Reaktion der meisten amerikanischen GIs auf das Phänomen Lee Miller, der einzigen Frau, die im Zweiten Weltkrieg das Vorrücken der alliierten Streitkräfte in Westeuropa als Kriegsfotografin begleitete. Es war die einzig mögliche Reaktion auf ihre zwanglose, nicht viel Umstände machende, doch mitfühlende Art. Die war ein Glücksfall, denn mit einer Sarah Bernardt an der Front hätte zu diesem mühevollen Zeitpunkt US-amerikanischer Militärgeschichte wohl kaum eine Yankee-Hundeschnauze besonders viel Geduld gehabt.

Bis zu den Tagen der Frauenbewegung mussten noch dreißig Jahre vergehen, und zu einer Zeit, da die offizielle Haltung sich gerade durchgerungen hatte, sich mit unabhängigen Kriegskorrespondenten abzufinden, von weiblichen Kriegskorrespondenten oder gar einer Fotografin ganz zu schweigen, war Lee Miller von allen unwahrscheinlichen Publikationen auch noch ausgerechnet für die britische *Vogue* akkreditiert. Sie war nicht nur bei einem Dutzend bedeutender Gefechte mit ihrer Kamera dabei, sie lieferte zur großen Überraschung ihrer Freunde, die sie nie etwas Längeres als eine Einkaufsliste hatten schreiben sehen, neben ihren Fotos auch noch Tausende von Wörtern ab, die zum eloquentesten Journalismus aus dem zweiten Weltkrieg gehören.

Dieses Buch, zu ihrem Gedenken liebevoll zusammengestellt von ihrem Sohn Tony, einem Farmer und Forstwirtschaftler aus Essex, der auch als Fotograf und Filmemacher arbeitet, ist Lee Millers persönliche Darstellung des Vormarsches der Alliierten in Westeuropa. Sie berichtet von einem Feldlazarett am *Omaha Beach* in der Normandie im Juli 1944, über den Brand von Hitlers *Adlerhorst* in den bayerischen Alpen und das Ende des Krieges in Europa am 8. Mai 1945.

Viele ihrer Fotos und Berichte mussten in Amerika und England erst zusammengesucht werden. Viele Fotos waren verwellt und verblichen, die Depeschen hastig auf dünnem Papier getippt, das durchlöchert war wie ein Schweizer Käse. Der Zensor hatte dort sein Rasiermesser angesetzt, hauptsächlich um die Identität kämpfender Einheiten zu schützen (was damals notwendig schien) oder um zu verhindern, dass die Namen der im Einsatz gefallenen Soldaten, deren Familien noch nicht benachrichtigt waren, genannt wurden.

Lee Miller Penrose führte ein erstaunliches Leben. Besser gesagt, sie führte ein halbes Dutzend unstete, für sich stehende, erstaunliche Leben nacheinander. Geboren wurde sie als Elizabeth Miller 1907 in Poughkeepsie, im Staat New York, bekannt durch das *Vassar College* und den Milchzentrifugenhersteller *De Laval*. Ihr Vater Theodore Miller war bei *De Laval* als Maschinist, Erfinder, Ingenieur und in der Geschäftsführung tätig. Er war bekennender Atheist und begeisterter Fotograf. Er wurde 98 Jahre alt. Immer wenn er die Route am Hudson River herunterfuhr, um meine Frau und mich in Stony Point zu besuchen, beklagte er sich bitterlich: »Ich bin so gottverdammt alt.« Diesen Eindruck machte er nicht.

Ihre beiden Brüder sind Flieger. Einer, inzwischen pensioniert, arbeitete für die *Eastern Airlines*, der andere als Cheffotograf für die *Lockheed Aircraft Corporation* in Kalifornien.

Liz (später Li-Li und schließlich Lee) behauptete immer, sie sei aus jeder der exklusiven örtlichen Privatschulen hinausgeworfen worden. Sie ging als Teenager nach Frankreich, wo sie sich von ihren Reisebegleiterinnen trennte, um in Paris bei den letzten Verbliebenen der »Lost Generation« der zwanziger Jahre hängenzubleiben. Sie arbeitete in einem Theater am Montmartre und hielt sich in den Studios vieler französischer Maler auf, die damals noch unbekannt waren.

Sie kehrte zurück nach New York, lernte dort Condé Nast kennen und wurde bald darauf für die Leser der von ihm frisch erworbenen *Vogue* ein vertrautes Gesicht als unterkühltes, unglaublich schönes *High Fashion Model* für Edward Steichen, Arnold Genthe und Hoyningen-Huene. Sie studierte an der *Art Students League* in Manhattan und ging 1929 zurück nach Frankreich, um bei dem amerikanischen Surrealisten und Fotografen Man Ray in die Lehre zu gehen, mit dem zusammen sie die neue Entwicklungstechnik der »Solarisation« perfektionierte. In der Zeit, als sie mit Man Ray zusammenlebte, traf sie auch Jean Cocteau, der ihre Haut mit kalkweißer Pfannkuchenteigschminke bedeckte, ihr falsche »Augen« auf die geschlossenen Augenlider malte und sie zum Star seines Filmklassikers *Le sang d'un poète* (1930) machte.

1932 wieder zurück in New York, eröffnete Lee Miller zusammen mit ihrem Bruder Erik ihr eigenes Studio und leitete es erfolgreich bis 1934, als ein aristokratischer ägyptischer Tycoon namens Aziz Eloui Bay in die Stadt kam und sich in sie verliebte. Die beiden heirateten in der *New York City Hall* trotz des »Vortrags« (wie Lee später wütend sagte) über die gefährlichen Abgründe gemischtrassiger Ehen, die ihnen von einem der Standesbeamten gehalten wurde.

Cairo, Alexandria und das Nichtstun langweilten sie, und obwohl sie völlig emanzipiert war und Aziz ihr das Harem-Leben, wie es ihre ägyptischen Freundinnen führten, ersparte, reichten ihr drei Jahre. 1937 kehrte sie nach Paris zurück, wo sie über den surrealistischen Maler Max Ernst Roland Penrose kennenlernte, ein expatriierter englischer Maler, der zum Chronisten der Surrealistischen Bewegung werden sollte, in London das angesehene *Institute of Modern Art* gründete und lebenslanger Freund und offizieller Biograph von Pablo Picasso war. Lee und Roland streiften zusammen vom Balkan bis zum Ärmelkanal quer durch Europa. Am 1. September 1939, am Tag als Hitler in Polen einmarschierte, setzten die beiden die Segel, um vom pittoresken Hafenstädtchen Saint-Malo aus nach England zu fahren. Fünf Jahre später sollte Lee dorthin zurückkehren. Sie kam zusammen mit der 83. Infanteriedivision der US Army, die die von den Deutschen dort hartnäckig gehaltene Festung belagerte.

Lee waren die Härten des Krieges nicht unbekannt. In London, wo sie zusammen mit Roland seit dem Kriegsausbruch lebte, machte sie neben ihren Mode- und Alltagsstories für *Vogue* auch eine »Grim Glory« betitelte fotografische Geschichte des *Blitz*, der deutschen Luftangriffe, die sie und ihre Londoner Leidensgefährten 1940 und 1941 zu ertragen hatten. Außerdem gab sie das Fotobuch »Wrens in Camera« heraus. Ihre erste Feuertaufe erhielt sie bei einer Story über einige Frauen vom ATS*, die während eines Bombenangriffes die Suchscheinwerfer bedienten. Es war die erste von vielen Geschichten, die wir zusammen gemacht haben.

Anfang 1941 hatte ich als Fotograf für *Life* im Südatlantik einen glücklichen *Scoop* gelandet. Ich befand mich auf dem Schiff *Zam Zam*, das auf offener See von einem deutschen Kreuzer versenkt wurde, als es mit einer Ladung amerikanischer Missionare unterwegs nach Afrika war.

Während meiner Rückführung (in die Staaten) erhielt ich den Auftrag, mich der arg in Mitleidenschaft gezogenen Londoner Redaktion von *Life* anzuschließen. Dort traf ich dann schon bald die bereits legendäre Lee Miller. Als ein ziemlich anmaßendes, unverschämtes Bürschlein von gerade mal 25 Jahren hatte ich das Glück, von Roland Penrose in sein Haus in Hampstead eingeladen zu werden – und später auch dort zu wohnen. Die Wände hingen voller Bilder, von denen ich zunächst dachte, dass es sich um erstklassige Kopien der Werke von Picasso, Braque, Miró, Tanguy, Chirico, Brancusi, Giacometti, Tunnard, Max Ernst, René Magritte handelte, und dazu ein Dutzend Bilder von Roland Penrose selbst. Allerdings waren es keine Kopien, wie Lee mir erklärte. Es waren Originale, und noch dazu waren das nur die paar wenigen, die Roland unbedingt in seiner Nähe haben wollte. Der Großteil seiner Sammlung befand sich in Sicherheit vor den Luftangriffen in Devon.

* Auxiliary Territorial Service, die »Frauenabteilung« der britischen Armee im 2. Weltkrieg bzw. die weiblichen Armeeangehörigen.

Dieses Haus haute einen um. Und das taten auch die Soireen, die Roland und Lee regelmäßig veranstalteten. Die Gästelisten lasen sich wie das *Who is Who* der Modernern Kunst, des Journalismus, Britischer Politik, der Musik und sogar der Spionage, obwohl wir letzteres erst Jahre später erfuhren. Kommunisten, Liberale und Tories tranken und drängelten sich nebeneinander in einer freundschaftlichen Atmosphäre, wie es sie niemals wieder irgendwo geben wird. Unter den Gästen waren Michael Foot, dann der junger Labour-Anhänger Alfred J. Ayer, schon damals ein etablierter Fotograf und Linguist, den Lee und Roland nur als Ayer-satz (Ersatz)-Freddy kannten, dazu ein Journalist und Veteran des Spanischen Bürgerkriegs namens Tom Wintringham, mit dem Roland und einige andere gleichgesinnte englische Bürger die *British Home Guard** gründeten, die helfen sollte, die drohende deutsche Invasion abzuwehren. Als diese Bedrohung abnahm, trat Roland der regulären Britischen Armee als Tarnungsexperte bei. Ein anderer Besucher war ein Freund von Tom, ein kleiner, stiller, gewalttätiger Mensch mit einem Banditenschnurrbart. Das war ein professioneller *Guerillero* namens Yank Levy, der uns beibringen wollte, wie man mutmaßliche Angreifer entwaffnet und erwürgt.

Der Krieg nahm seinen Lauf. Pearl Harbor fiel, Hermann Göring verlor die Schlacht um England, und Hitler wandte sich nach Osten, um Russland zu erobern. Nun begann England langsam unter der Last der eintreffenden amerikanischen Soldaten und Flieger zu ächzen. Lee sah, wie ihre unerträglichen Landsleute und Journalisten haufenweise Zigaretten, Konserven, Scotch, Kleenex und

* Ursprünglich LDV Local Defence Volunteers, eine Freiwilligenmiliz, der im ersten Kriegsjahr 1940 eineinhalb Millionen Freiwillige angehörten. Tom Wintringham war ein Militärhistoriker, der sich für eine Armeereform einsetzte, und eine Art Volkskrieg-Experte.

andere kleine Annehmlichkeiten anschleppten, die die geplagten Briten vier Jahre lang nicht mehr gesehen hatten. Ihre sich nunmehr als Amerikaner fühlenden Freunde hatten bei der US Army, Navy und Air Force als Kriegskorrespondenten angeheuert. Sie ließen sich neue Uniformen in der Savile Row schneidern und kauften in den Geschäften der amerikanischen Armee, den PXs, ein, neben denen jeder Supermarkt (der damals noch nicht erfunden worden war) schlecht ausgesehen hätte. Sie bereiteten sich darüber hinaus nicht sehr heimlich auf das vor, was die Wiedereroberung des europäischen Festlandes zu werden versprach. Diese beiden Phänomene – kein Kleenex trotz reichlichen Angebots und bei der größten Story der Dekade wahrscheinlich nicht dabei sein zu können – trieben die arme Lee fast in den Wahnsinn. Ich gab ihr schließlich den Tip, dass auch sie, eine echte *Yankee* aus Poughkeepsie, sich bei den amerikanischen Streitkräften um eine Akkreditierung als Kriegskorrespondent bewerben könnte. Sie hatte zwanzig Jahre im Ausland gelebt und war auf diesen Gedanken selbst nie gekommen.

Am 6. Juni 1944 landeten britische und amerikanische Truppen nach einem gefeierten ersten Täuschungsmanöver in Frankreich. Am D-Day war ich der US Navy zugeteilt, und als meine Einheit in weniger als 24 Stunden nach England zurückkehrte, erfuhr ich, dass Lee irgendwie akkreditiert worden war, sich eine schmucke Uniform bestellt hatte, die sie auch ein Jahr lang fast ununterbrochen trug, und sich bereits auf dem Weg in die Normandie befand, wo sie eine Geschichte über ein Feldlazarett am Omaha Beach machen sollte. Die Offiziellen dachten wohl, ein Lazarett bedeutete einen Haufen Krankenschwestern, so dass Lee sich gut aufgehoben fühlen würde und auch auf die Empfindlichkeiten der *Vogue* Rücksicht genommen war. Sie waren in beiderlei Hinsicht im Irrtum. Lee fand die Krankenschwestern zweifelsohne zwar ziemlich großartig, aber am wohlsten fühlte sie sich bei den GIs, gleichgültig, ob verwundet oder nicht (und umgekehrt fühlten sich die GIs mit ihr sehr wohl). Die *Vogue* wiederum druckte – und tat das bis zum Ende des Krieges – alles, was Lee ihnen an Artikeln und Fotos schicken sollte, in denen die ganze Gewalt und Blutrünstigkeit des Krieges zum Ausdruck kam. Die Geschichte über »Unbewaffnete Krieger« erschien in der August-Ausgabe 1944, zwanzig Jahre bevor *M*A*S*H* das erste Mal im Fernsehen lief.

Lee bekam eine Zulage. In der nächsten Ausgabe erschien »Die Belagerung von Saint-Malo«. Man kann sich inzwischen, fast fünfzig Jahre später, kaum mehr vorstellen, wie schwierig es damals für einen weiblichen Kriegskorrespondenten war, bis zu einer Stellung jenseits der Etappe vorzudringen, anders gesagt, an die Front zu kommen, wo die Action war. Saint-Malo war für Lee ein echter Glücksfall. Mit der in der Armee häufig herrschenden Verwirrung war fälschlicherweise berichtet worden, die Stadt wäre bereits eingenommen und die Schlacht vorbei. Lee beschaffte sich den scheinbar harmlosen Auftrag, darüber zu berichten, »wie das *Civil Affairs Team** nach Beendigung der Kampfhandlungen einrückte, um die Chose wieder reibungslos ins Laufen zu bringen«. Leider hatte in Saint-Malo jemand vergessen, den deutschen Verteidigern mitzuteilen, dass sie sich bereits ergeben hatten. Statt mit dem Jeep also bei einem gut organisierten *Civil-Affairs*-Büro vorzufahren, landete Lee mitten im Bataillonshauptquartier der 83. Infantrie, das sich von der hartnäckig gehaltenen Festung aus unter schwerem Beschuss befand. Es war, ähnlich wie in Brest, eine dieser sich hinziehenden Belagerungen, die von der Wehrmacht dazu benutzt wurden, wertvolle Streitkräfte der Alliierten im Westen zu binden. Lee war sehr gut darin, schnell zu reagieren und zu improvisieren, und im

* CATs gibt es immer noch in Kriegsgebieten wie Afghanistan und bedeutet »Mannschaft für zivile Angelegenheiten«.

Handumdrehen wurde sie von Offizieren und der Mannschaft akzeptiert, die an ihrer Gegenwart nichts Ungewöhnliches fanden. Tatsächlich wurde sie für den größten Teil des restlichen Krieges das inoffizielle Maskottchen der 83. Infanterie.

Zufälligerweise befand ich mich bei der Navy ein paar Meilen außerhalb von Saint-Malo und schoss ein *Life*-Titelbild, als die Artillerie mit großer Reichweite die Festung mit Granaten eindeckte. Ich fuhr in die Stadt, um mich mit eigenen Augen davon zu überzeugen, welche Wirkung der Beschuss gehabt hatte (gar keine, wie sich herausstellte: er bereitete den Deutschen in ihren Tunneln ungefähr so viel Probleme wie eine schwere Erkältung). Zu meiner Überraschung sah ich eine leicht verdreckt aussehende Lee zusammen mit zwei ebenso verdreckten GIs. Alle drei riefen mir das übliche Passwort zu: »Hey Mister, machen 'Se mal nen Foto, bringen 'Ses inne Zeitung!« Was ich auch tat. Mit Lees Kamera für *Vogue,* allerdings erst nachdem wir zu viert in die Altstadt gefahren waren, um die endgültige Kapitulation des arroganten Oberst von Aulock zu beobachten, ein ausgebombtes Fotogeschäft geplündert und eine kalte »K-Ration« gegessen hatten.

In diesem Augenblick und noch Monate danach kicherte ich in mich hinein. Ich war Zeuge einer monströsen Ironie: aus Steichens ehemaligem Fashion-Model, dem anspruchsvollen, obsessiven und sehr modebewusst angezogenen menschlichen Kleiderständer, war ein fanatischer Nahrungsmittelhypochonder geworden, der bei sich zu Hause gleichsam eine ganze Pharmakopöe exotischer Flüssigkeiten und Pulver gesammelt hatte, um den letalen Auswirkungen unserer zivilisierten Gastronomie den Kampf anzusagen.

Nun, in der Aufregung und Siegesfreude der Schlacht war dieser ganze Quatsch vergessen. Ein gutes Jahr lang sah sie mit gelegentlichen Ausnahmen aus wie ein ungemachtes und ungewaschenes Bett. Sie trug olivfarbenen

Drillich und schmutzige GI-Stiefel. Und sie schlang, ohne Pille oder Pulver, jede Art Futter herunter, das der jeweilige Kantinensergeant noch als solches für geeignet hielt. Es bekam ihr gut. Und auch ihr geschultes Auge für die Mode litt nicht darunter. Achten Sie auf diesen schicken Satz aus der »Saint-Malo«-Story: »An den Revers ihrer Jacken hingen die Granaten wie Anstecknadeln von Cartier.«

Einige Tage, nachdem Saint-Malo tatsächlich gefallen war, wurde Lee von ihren Missetaten – d.h. dem Bericht über tatsächliche Kampfhandlungen – eingeholt. Als wir Richtung Süden nach Rennes fuhren, wo Charles de Gaulle eingetroffen war, um Frankreich das erste Mal zu begrüßen und Blumen auf das in der Nähe gelegene Grab seiner Mutter zu legen, wurde Lee auf Geheiß irgendeines Schreibtischclowns in London wegen »Überschreitung der Befugnisse ihres Auftrags« unter Hausarrest gesetzt. Dieser dauerte aber nur ein oder zwei Tage. Die zweite Division der Franzosen war schon auf dem Weg nach Paris. In der Aufregung, unbedingt schneller sein zu wollen, um Paris allein zu »befreien«, wurden alle Sünden vergeben, und Lee konnte sich einer hektisch organisierten Einheit anschließen, die über Orléans nach Paris gelangte.

Augenscheinlich machte das jeder so. Es war eine Orgie aus Panzern, Fahnen, Reportern, deutschen Scharfschützen, jubelnden Massen und übertriebenen Pariser Moden. Wir hatten ärmlich gekleidete graue Mäuse erwartet und wurden von aufwendig frisierten Schönheiten mit Ballonröcken und Schuhen mit Korkplateausohlen empfangen. Ein Aha-Erlebnis sowohl für *Life* als auch *Vogue*. Lee suchte sofort einige alte Freunde auf, darunter einen entzückten Picasso. Ein oder zwei Tage später ging alles wieder zur Tagesordnung über. Lee trug wieder ihre alte Uniform, kehrte zur 83. Infantrie zurück und berichtete über die sagenhafte Kapitulation von 20 000 deutschen Soldaten an der Loire, die zwei ihrer Freunde von der 83. Division fast im Alleingang organisiert hatten. Für mich ging es nach Brest zu einem vergessenen kleinen Privatkrieg an der Spitze der Bretagne, der drei US-Divisionen und zahllose Geschützbatterien für einen Monat festhielt. In Brest erhielt ich einen Brief: »Ich werde so langsam eine Kapitulationsspezialistin. Wie wär's damit, nach Paris zu kommen? Aber vergiss nicht, Zigaretten, Seife, Verpflegung und heißes Wasser selbst mitzubringen. Wir sind redlich verhungernde Pariser.«

Als ich ankam, war Lees Paris nicht ganz so arm dran. Das gesamte Leben spielte sich im *Hôtel Scribe* ab, das vom Oberkommando der Alliierten als Pressezentrum requiriert worden war, so wie es zuvor auch das deutsche Oberkommando getan hatte. Unser Zimmermädchen für den vierten Stock, die schon etwas ältere Madeleine, machte ein gewaltiges Aufhebens um uns und nannte Lee »petit lapin« (Häschen), so wie sie zweifellos noch in der Woche vor unserem Eintreffen Heinz Schmidt, Pariskorrespondent der *Gestapo Daily Atrocity*, der sich nun vermutlich in einem Gefangenenlager oder auf dem Heimweg nach Breslau befand, genannt hatte.

Ich bemerkte, dass Lee es in kürzester Zeit geschafft hatte, das todschicke Zimmer 412 in einen Schweinestall zu verwandeln. Es sah aus wie ein Garagenausverkauf auf einem Gebrauchtwagengelände. Gewehre, Bajonette, Kameraausrüstung, Kisten mit Blitzlichtern und Cognac, Fahnen, Lederrollen und andere unsortierte Beute stapelte sich in jeder Ecke fast so hoch wie der Schrank. Auf dem Balkon wurde ständig ein Dutzend Fünf-Gallonen-Benzinkanister gelagert. Auf einem Tisch in der Mitte des Zimmers stand eine abgenutzte Hermes-Reiseschreibmaschine, auf der Lee alle ihre Berichte tippte, allerdings nicht, bevor sie sich nicht stundenlang die Zeit vertrieben – *boondoggling* nannte sie das – und gargantueske Mengen von Rouyer's Cognac einverleibt hatte, den wir im Sonderangebot kauften. Ich zog für die nächsten zwei Jahre in das angrenzende Zimmer 414.

Die laute Bar im Keller des *Scribe* war monatelang das europäische Hauptquartier der Weltpresse. Die Liste der Stammgäste war ein einziges Namedropping der Prominenz damaliger und zukünftiger Zeitungen, Nachrichtenagenturen und Radiosender. Im Hotel gab es Zimmer mit Telegrafen und Funkanlagen, dazu mehrere Sendestudios und einen großen Raum für die Pressekonferenzen und das tägliche Briefing zur Kriegslage. Lee ging locker damit um, für sie war das letztlich kaum mehr als ihre Soireen in Hampstead. Ed Murrow von der CBS tauchte eben dort auf statt in ihrem Haus 21 Downshire Hill. Sie erfand eine Reihe mythologischer Gestalten, die sich aus der Armeebelegschaft des Hotel *Scribe* zusammensetzte, angefangen vom »General Nuisance« (General Missstand), »Colonel O'Truth« (Colonel Nörgler) und »Major Calamity« (Major Unglück) bis zu »Corporal Punishment« (Corporal Züchtigung) und »Private Information«. Außerdem erfand sie als Entschuldigung, um sich vor dem Schreiben zu drücken, ein Pressekorps mit unzähligen Mitgliedern, darunter so bedeutende Reporter wie »Brown, from The Sun« (sonnengebräunt), »Behind, from The Times« (hinterm Mond), »Lowering, of The Evening Standard« und »Hitching, Post« (Unterschlupf).

Im Oktober kam es einmal zu einem ironischen Rollentausch. Sie, die Modeexpertin ging an die Front nach Luxemburg, und ich, der sogenanne Kriegsfotograf, bekam den Auftrag, für die Moderedaktion von *Life* über die Pariser Herbstkollektionen (den ersten seit der deutschen Besatzung) zu berichten. Meine Story war ein künstlerisches Desaster. Lees Artikel »Befreiung«, von dem ihre klarsichtige Redakteurin Audrey Withers vernünftigerweise verlangt hatte, er solle mit einem positiven Ausblick gegen das Blutvergießen verfasst werden, wurde ein eloquenter Bericht (»das Muster der Befreiung hat nichts Dekoratives«), der sich vor keinem anderen verstecken musste.

Nach einer kurzen, opulenten Weihnachtsfeier mit Roland in London verließ Lee Paris, um abermals an die Front zu gehen. Diesmal in das bemitleidenswerte, eisige Savoyen, wo »Iron Mike« O'Daniels' heldenhafte 3. Division zusammen mit einem buntgemischten Haufen aus hartgesottenen *Goumiers*, den Angehörigen der französischen Afrika-Armee, Marokkanern und Fremdenlegionären die schreckliche Schlacht um die »Colmar Pocket«, das Elsass, ausfochten. Die Story über das Elsass ist eines der besten Beispiele für Frontlinien-Journalismus, das jemals gedruckt wurde. »Nie wieder werde ich da, wo Granaten im Schnee einschlagen, ein scharfes Gelb und Grau sehen können«, schrieb sie, »ohne dass ich die bleichen, zitternden Gesichter der Soldaten vom Nachschub vor mir sehe, die grau und gelb sind und voller düsterer Vorahnungen – ihre herumtastenden Hände und ihre verstohlenen, kurzsichtigen Blicke auf das Feld gerichtet, das sie gleich werden passieren müssen.«

Einen Monat später, nach einer Ruhepause, in der sie für die *Vogue* über allerhand Kleinkram berichtete, der nichts mit dem Krieg zu tun hatte, wechselte sie ihre Akkreditierung und ging zur US Air Force, die der Presse – ganz geschlechtsneutral – neue Möglichkeiten bot, weil sie fürchtete, von der Army in diesem Krieg der Infantrie in den Schatten gestellt zu werden. Komplett mit allem modernen Komfort wie der Bereitstellung von Jeeps und sofortigem Transport von Filmen per Luftfracht. Und das alles, ohne groß Fragen zu stellen. Lee brach Hals über Kopf nach Torgau auf, fuhr über Weimar nach Köln und zurück nach Jena, und kam einen Tag nach der Befreiung in das Konzentrationslager Dachau. Es war der letzte Vorstoß der Alliierten nach der kurzen, blutigen Krise während Hitlers Gegenoffensive in den Ardennen.

Mit einer vorgezogenen Einheit von General Pattons 6. Division fuhr ich zu dem Zusammentreffen mit den Russen an der Elbe bei Torgau. Dort traf ich auch Lee, die glücklich mit der Roten Armee fraternisierte und wie immer schon Stunden vorher dort angekommen war.

(Marguerite Higgins von der *New York Herald Tribune* beschwerte sich einmal bei mir: »Wie kann es sein, dass immer, wenn ich irgendwo eintreffe, um über etwas zu berichten, du und Lee Miller schon dabei seid, wieder aufzubrechen.«) George Patton, der es zu jenem Zeitpunkt zweifellos vorgezogen hätte, geradewegs bis nach Moskau vorzustoßen, bewegte sich stattdessen scharf nach rechts südlich in Richtung Nürnberg, München und Hitlers Alpenfestung, die als dessen letzte Zuflucht gegolten hatte. Zu einer Journalistengruppe sagte er einmal: »München ist nicht weiter weg wie einmal zum Pissen gehen.« Lee und ich folgten ihm in einem 1937er Chevrolet, den ich in Paris gekauft und sie in Armeeoliv lackiert hatte. Im Konzentrationslager Dachau, einem Vorort von München, hielten wir uns gegenseitig das Blitzlicht, als wir die Skelette in gestreifter Kluft fotografierten, die gerade erst befreit worden waren. Einige von ihnen starben einfach aufgrund der Auszehrung oder möglicherweise aufgrund der Aufregung, noch bevor wir von ihnen Fotos machen konnten. Fast erdrückten sie Lee, die den Fehler begangen hatte, einem von ihnen einen Riegel Schokolade aus einer K-Ration anzubieten.

In München heuerten wir einen undurchsichtigen, des Englischen mächtigen Deutschen an, der uns die historischen Denkmäler und einschlägigen Hitleriana zeigte: den Bürgerbräukeller, von dem der Putsch von 1923 seinen Ausgang nahm, und Hitlers Privatwohnung am Prinzregentenplatz, zu der wir uns sofort zusammen mit Soldaten der 45. Division aufmachten. Lee nahm ein ausgedehntes, lange überfälliges Bad in Hitlers Wanne, während ein wutschnaubender Leutnant mit Seife und Handtuch in der Hand an die verschlossene Badezimmertür klopfte. Unser Reiseführer hatte uns das helle Fachwerkhaus mit dem praktischen Wachhäuschen aus Beton im Vorgarten in der nahegelegenen Wasserburgerstraße gezeigt, in dem Mrs. Hitler, geborene Eva Braun, gewohnt hatte. Eva Braun war vor einigen Wochen nach Berlin abgereist, erzählten uns die Nachbarn. Um zu heiraten und zu sterben, wie wir inzwischen wissen. Wir zogen für ein Weilchen dort ein.

Der Mythos von der unbezwingbaren Alpenfestung war eine Pleite. Es dauerte nur einen Tag, um von München nach Berchtesgaden zu gelangen. Auf dem Weg fuhren wir an ein paar GIs vorbei, die auf einem Feld rasteten und zum Spaß mit ihren 45ern auf die Fenster eines 1939er Mercedes schossen. Lee bot ihnen an, sich zusammen mit ihnen für ihre Heimat-Zeitungen fotografieren zu lassen, falls sie damit aufhörten. Und so kam es dazu, dass sich der Mercedes *Ludmilla* zusammen mit dem Chevvy *Jemima* unserem Konvoi anschlossen. Die Papiere, die wir in Ludmillas Handschuhfach fanden, besagten, dass sie wohl einem ungarischen Luftfahrt-Attaché gehörten, der offenbar keinerlei weitere Verwendung für sie hatte. Sie landete später in Paris, dann in London und schließlich in New York, wo sie ausgeschlachtet wurde.

Während wir am Tag darauf nach Berchtesgaden hinaufgingen, ein Vorzug, den wir einer weiteren Gruppe von Lees alten Freunden bei der 3. Division zu verdanken hatten, brannte Hitlers Berghäuschen, der Adlerhorst, bereits. Angezündet hatten es SS-Leute, von denen wir hofften, dass sie sich in die umgebenen Wälder geflüchtet hätten. Wir fotografierten dieses sterbende Symbol des Tausendjährigen Reiches, nahmen aus der Küche eine Soßenschüssel aus Silberimitat mit und dazu aus der Bibliothek eine deutsche Shakespeare-Ausgabe mit A.H.-Monogramm. Danach fuhren wir zum Pressezentrum in einer Schule im nahegelegenen Rosenheim, um unsere Filme wegzuschicken und Bildunterschriften zu verfassen. Während wir noch schrieben, kam ein Soldat herein und sagte: »Ich dachte, ihr wollt bestimmt wissen, dass Deutschland gerade kapituliert hat. Der Krieg in Europa ist vorbei.« Lee blickte von ihrer kleinen Hermes auf und sagte: »Danke.«

Ich besitze von ihr einen Brief aus Köln, der vom 21. März 1945 datiert ist. Darin heißt es: »Entschuldige, dass wir Paris im Frühling verpassen, das wäre eine nette Geschichte geworden ... aus irgendeinem Grund möchte ich immer lieber woanders sein. Das ist ganz einfach meine Ruhelosigkeit – mein juckender Hintern.«

Lee Millers »Ruhelosigkeit« war eine ewig nagende Neugier, das zu sehen, was sich hinter der nächsten Straßenecke befindet, um alle paar Jahre, Monate, Tage ein völlig neues Leben zu erfinden, gründlich zu revidieren und schließlich wieder zu verwerfen. Dieser sympathische Enthusiasmus und Erfindungsreichtum, die sie möglicherweise von ihrem Vater Theo geerbt hatte, war allen, die ihr nahestanden, eine ständige Offenbarung. Es ging einem aber auch auf die Nerven. Wie konnten ihre Freunde und Verwandten auf Dauer so ein zänkisches und egozentrisches Verhalten bloß aushalten? Das ist nicht schwierig zu beantworten. Sie war auf eine bissige Art brillant und dennoch vollkommen loyal, unprätentiös und unerbittlich gegenüber jeder Art von Augenwischerei. Sie war eine vollendete Künstlerin und ein vollendeter Clown, gleichzeitig eine Hinterwäldlerin aus Upstate New York und eine kosmopolitische Grande Dame, kaltes, soigniertes *fashion model* und Wildfang. Sie war eine durchgedrehte Diätspinnerin und im nächsten Moment eine ausgebildete Cordon-Bleu-Köchin. Völlig unmusikalisch und mit der Singstimme einer Kuh mit Mandelentzündung wurde sie in ihren späten Jahren, wie mir gesagt wurde, über Nacht zu einer Connaisseurin klassischer Musik, nicht ohne dabei jeden in Hörweite völlig verrückt zu machen. Sie war ein Stadtmensch, der dafür bekannt war, »F...ck, diese Wochenenden auf dem Land« zu grummeln, während sie über englische Waldwege im Mondlicht spazierte. Als jedoch Sir Roland Penrose eine Farm in Sussex erwarb, gab Lady Penrose nach und wurde, zumindest kurzfristig, zu einer ausgezeichneten Botanikerin und Gärtnerin. Mit siebzig beschäftigte sie sich auf einmal mit Schach. Sie war eine gewohnheitsmäßige Herumtreiberin, in dem Sinne wie ihr Freund, der Bildhauer Alexander Calder sich selbst als »bloßen Herumtreiber« bezeichnete. Sie war von denen, die ich kannte, diejenige, die einer Rennaissancefrau des mittleren 20. Jahrhunderts am nächsten kam. Im weniger hochtrabenden, dafür vielleicht aber treffenderen Popkulturpatois ihres Heimatlandes würde man sie *a mensch* nennen.

Von allen ihren erstaunlichen Leben zeigt sich das vielleicht wichtigste und aufregendste und nicht zuletzt sie selbst am meisten erfüllende in diesem bemerkenswerten Buch.

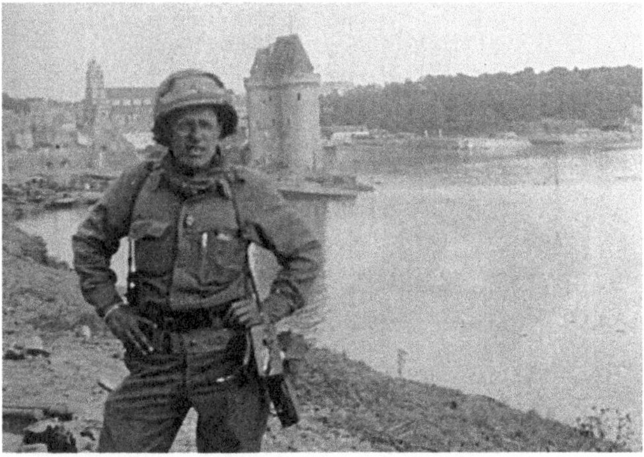

David E. Scherman vor Saint-Malo nach der Kapitulation der Deutschen.

David E. Scherman, Kriegsfotograf von 1941 bis 1945, gab »The Best of LIFE«, »LIFE Goes to the Movies« und »LIFE Goes to World War II« heraus. Er ist Ko-Autor von »Literary England« und, zusammen mit seiner Ehefrau Rosemarie Redlich, von »Literary America« und »America, the Land and It‘s Writers«. Er ist zudem der Herausgeber von »Allies«, einer Sammlung russischer und amerikanischer Kriegsfotografien.

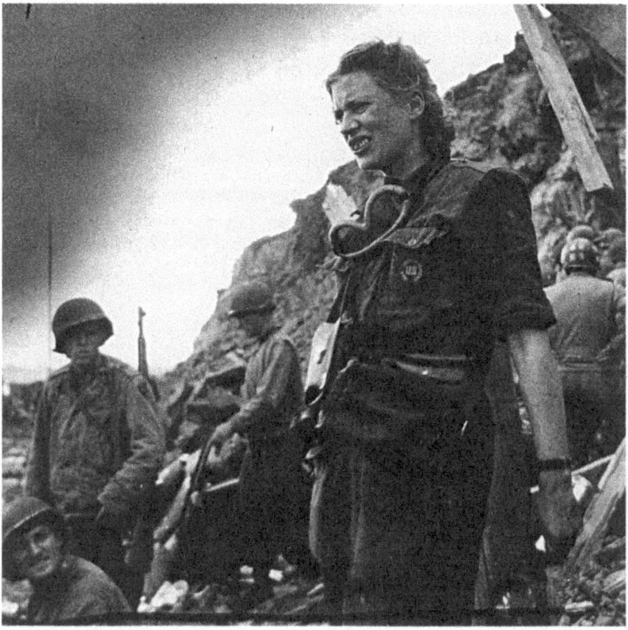

Lee Miller mit GIs 1944.

Unbewaffnete Krieger

Lee Miller - Vogue
Publikation zugelassen, Field Press Censor
No. B 135, 2. August 1944

Kaum flogen wir über Frankreich, kamen mir fast die Tränen, und ich dachte an eine Filmschauspielerin, die eine Handvoll Erde küsste. Meine Befangenheit löste sich beim gierigen Betrachten des matten, grau bewölkten Panoromas von fast tausend Quadratmeilen Frankreich – des befreiten Frankreichs.

Meer und Himmel vereinigten sich in flüchtigen Wasserfarben. Unter uns waren zwei Konvois, Flecken auf der brüchigen, ruhigen Oberfläche des Ärmelkanals. Cherbourg lag weit nach rechts im Nebel, und vor uns kehrten drei Flugzeuge vom Bombenabwurf zurück, der Rauchsäulen aufsteigen ließ. Das war die Front.

Äcker vernarbter rotbrauner Erde, mit konfettigroßen Ringen gemasert. Von dort kam Artilleriefeuer. Bei dreieckigen Einrissen, Punkten und Strichen handelte es sich um Schützenlöcher und Gräben, wo die Landung erkämpft und gehalten wurde. Ein grünes Tal oberhalb eines Strandes war ein Schlachtfeld gewesen. Am oberen Rand wurden Gräber für sechstausend gefallene Amerikaner geschaufelt. Keine weiteren Zeichen des Krieges bis auf säuberlich angeordnete Zelte mit den leuchtenden Kennzeichen des Roten Kreuzes.

Das war Frankreich. Die Bäume glichen kleinen Pantalons, Adlern ganz ähnlich. Sie passten zu den von dicken Mauern umgebenen Bauernhöfen und zu der strengen normannischen Bauweise. Wir schnallten uns für eine holprige Landung auf dem Flugfeld an, kamen aber wesentlich sanfter herunter, als der Flug es gewesen war. Ich sah, dies war nicht mehr Frankreich, sondern ein ausgedehntes militärisches Sperrgebiet voller Flugzeuge, Soldaten und einer gargantuesken Menge an Kriegsmaterial.

Die Landstraßen waren keine geruhsamen, von Gras und Bäumen gesäumte Wege mehr. Mit Bulldozern hatte man in ein paar Tagen neue Straßen aus dem Boden gestampft, und der Verkehr – monströse Dinosaurier und endlose Konvois – lief glatt, kein Stau weder in der einen noch in der anderen Richtung. Ein Verkehrszeichen warnte zivile Fahrzeuge davor, 35 Meilen die Stunde nicht zu unterschreiten. Es gab allerdings ohnehin keine. Auf weiteren Schildern an einigen Straßenhecken sah man ein rotes Totenkopfsymbol mit der Aufschrift *attention aux mines* und *gefahr minen.** Sie verwehrten den Zugang zu Feldern voller Klatschmohn und Gänseblümchen.

An jeder Kreuzung befanden sich Totempfähle mit Pfeilen, die die Codenamen bestimmter Einheiten anzeigten – Missouri Charlie, Missouri Baker, Madonna Charlie, Mahogany Red, Vermont Red, Java Blue –, und die sich mit den Ortsnamen der französischen Dörfer vermischten.

Die Kilometeranzeige an Straßenschildern und Wegweisern war durch die Angabe in Meilen übermalt worden, und die Straßenhecken waren mit Dutzenden von Drahtlitzen drapiert, die wie eine Filigranarbeit ineinandergewickelt waren. Wie ein Knäuel verrückter Katzen waren Drahtbündel um, neben und über ein Kruzifix am Wegrand gewickelt. Straßenbaukolonnen, zivile und militärische, arbeiteten noch unter unseren vorbeifahrenden

* Im Original deutsch.

Rädern, und ein weißes Bändchen am Straßenrand warnte, dass die Minen nur bis zu dieser Barriere geräumt waren.

Durch eine Lücke in einer staubbedeckten Hecke bogen wir zum Feldlazarett des 44. Evacuation Hospital ein. Dort trafen wir eine alte Bekannte, Major Esther McCafferty, Oberschwester der 1. Armee, und teilten mit ihr die erste richtige Mahlzeit, die Krankenschwestern und medizinisches Personal in den letzten dreißig Tagen gehabt hatten. Sie bestand aus warmem Cornedbeef, Dosenerbsen, Tomaten und Pfirsichen. Wir aßen von weißen Emailletellern, tranken aus flachen Sechs-Zoll-Schälchen, holten tief Luft und stellten Fragen.

Ein Lazarett ist am besten auf einer leicht zugänglichen, gut entwässerten Weide gelegen, auf der sich aus Sicherheitsheitsgründen ein Haufen Vieh befinden sollte. Man jagt die Kühe ein wenig herum, um Sprengfallen oder Minen zu entdecken, und innerhalb von zweieinhalb Stunden erwartet die Zeltstadt mit ihren vierhundert Betten das Eintreffen der Verwundeten.

Die Sanitätseinheit war am D-Day plus 34 [d.h. am 10. Juli 1944] gelandet.* Sie mühte sich durch das hart erkämpfte Tal, schlief in Schützenlöchern, richtete Transportmöglichkeiten ein und lagerte schließlich auf einem mit Kuhdung bedeckten Feld, wo vierzig Ärzte und vierzig Krankenschwestern im Durchschnitt einhundert Operationen am Tag auf sechs Operationstischen durchführten und sich nebenbei noch um ihre vierhundert nichtstationären Patienten zu kümmern hatten.

Alle paar Minuten rollte ein vollbesetzter oder leerer Ambulanzwagen heraus oder herein. Sanitäter schnallten

* Nach offizieller Angabe der US Army landete die 44. Sanitätseinheit am Omaha Beach, also an der normannischen Küste in der Nähe des Dorfes Colleville-sur-Mer, am D-Day + 13 (dem 19. Juni) und eröffnete das Lazarett am D+15 (21. Juni) bei La Cambe.

die Tragen los und trugen sie mit vorsichtig synchronisierten Bewegungen durch das Aufnahmezelt, um dann zur Intensivstation, zu den Operations- und Röntgen-Zelten oder direkt zu den Bettenstationen auszuschwärmen.

Von außen sehen alle Zelte gleich aus: länglich, dunkel, grünlich-braun und über die Zeltpfosten gebuckelt wie ein Sattel auf dem Höcker eines Dromedars und auf einer Seite mit dem gewaltigen Kreis bedruckt, der das Rote-Kreuz-Zeichen umfasst. Eine weiße Schnur rahmt die Stangen an jedem Eingangsbereich ein, der aus einer Markise zur Verdunkelung und Abdichtung besteht. Auch innen sehen die Zelte ähnlich aus: die schrägen, dunklen, schwankenden Dächer, der plattgedrückte Grasboden und die Stille der Verwundeten.

In einem Zelt sind die Männer einigermaßen zusammengeflickt, schmutzig, müde und haben dennoch neuen Mut gefasst. In der Hand halten sie ihre Notfallmarke und vertrauen auf das System der Dringlichkeitsstufen, das sie warten lässt, damit andere überleben können.

Auf der Intensivstation liegen sie, geschwächt, flach unter braunen Decken, zu jenem Zeitpunkt waren es 32, einige mit Blutplasmaflaschen, aus denen Tropfen des Lebens in einen ausgestreckten zerfetzten Arm sickern. Andere haben sich schon soweit erholt, dass sie rauchen oder ein Schwätzchen halten können, um sich zu überzeugen, ob sie noch wirklich da sind. Neben ihnen sind ein Arzt und eine Schwester an jemandem geschäftig mit Plasma und Sauerstoff zugange. Die anderen Männer schlafen oder starren auf das dunkelbraune Zelttuch. Sie warten geduldig und sammeln ihre Kräfte für weitere Operationen an ungewöhnlichen Verwundungen. Ein Mann mit schlimmen Verbrennungen bat mich darum, ein Foto von ihm zu machen, weil er sehen wollte, wie komisch er aussah. Es war eine ziemlich makabre Sache, und ich stellte die Brennschärfe nicht allzu gut ein.

Das Zelt für die Chirurgie hatte einen weißen Boden

und weiße Wände. Weiße Moskitonetze trennten den Vorraum von den Operationstischen. Ein Flügel war für die Vorbereitung des Verbandszeuges und der Instrumente geöffnet. Die Chirurgen tauschten ihre olivfarbenen Kampfanzüge mit weißer Kluft, Gesichtsmaske und Haube. Helme lagen auf dem Boden. Sechs Personengruppen standen um sechs Operationstische herum. Es ging gedrängt zu, aber nicht konfus; ausreichend Ellbogenfreiheit für diese flinken, unaufgeregten Arbeiter, von denen seit der Landung ein jeder in regelmäßigen 12-Stunden-Schichten, häufig sogar länger als 18 Stunden am Tag, im Dienst gewesen ist. Der für Krankenhäuser typische Äthergeruch ist nicht vorhanden. Denn man benutzt weitgehend spinale Nervenbetäubungsmittel: Natrium-Pentothal* und Stickstoffoxide. Man unterhielt sich mit nicht eben gesenkter Stimme, die Gesten waren präzise. Die Verwundeten wurden auf die Tische und die Bahren in den selben khakifarbenen Decken gelegt, in denen sie von der Front kamen. Einige trugen noch ihre in der Schlacht von Schlamm beschmierten Stiefel.

Drei der Patienten waren bei Bewusstsein. Die Behandlung des einen war schon fast abgeschlossen. Sein Bein war versorgt, und ernst dreinschauende Männer legten den letzten Rest seines Pflasterverbandes zurecht. Im Chiaroscuro aus Khaki und Weiß fühlte ich mich an Hieronymus Boschs Gemälde »Die Kreuztragung« erinnert. Ein Verwundeter beobachtete mich dabei, wie ich ihn fotografierte, und versuchte angestrengt, sich mit seiner gesunden Hand das Haar zu glätten. Ich wusste nicht, dass er vom Natrium-Pentothal schon benommen war, weil man sich seinen anderen Arm vornehmen wollte. Ich drehte mich weg, aus Angst, mein Gesichtsausdruck könnte ihm verraten, was ich gesehen hatte.

* Auch unter Thiopental bekanntes Schlaf- und Betäubungsmittel, das in den 1930ern entwickelt wurde.

Der nächste Junge, der an der Reihe war, lag auf der Seite. Man untersuchte ihn auf Granatsplitter und Holzfasern von den bösartigen, farbigen hölzernen Kugeln, wie sie die Hunnen im Nahkampf benutzen. Er wird gesund werden und morgen bereits in England sein.

Neben ihm lag ein Hauptmann, Stabsarzt beim Sanitätsdienst seines Bataillons. In der Hauptsache hatte er eine Knieverletzung, doch waren seine beiden Beine von Schnitten und Abschürfungen übersät. Sulfa-Pulver glänzte an den Rändern seiner Wunden, als man ihm den Notverband abnahm. Er trug immer noch seine Feldjacke und beobachtete die Operation am vierten Tisch. Gelegentlich zuckte er zusammen, und als man sich sein Knie vornahm, nickte er mit dem Kopf. Er schaute weder hin noch fragte er nach. Er hatte vollkommenes Vertrauen in seine Kollegen. Schon halb fertig, stöhnte er: »Das hätte ich nicht gedacht, mal auf dieser Seite des Messers zu liegen.« Er wurde noch am selben Abend nach England verschifft.

Am vierten Patienten hatte man schon über zwei Stunden operiert. Langsam lief die Bluttransfusion in seinen linken Arm. Aufgrund seiner Brustwunden konnte man ihn nicht umdrehen, um seinen Rücken zu verarzten, also hielt man ihn aufrecht, und der Chirurg untersuchte, halb hingekniet, mehrere Einschusslöcher im Licht einer gewöhnlichen GI-Taschenlampe. Die Anästhesistin, eine Krankenschwester, sprach ein paar scharfe Worte. Der Chirurg unterbrach seine Arbeit, und der Patient wurde etwas niedriger gelegt. Mundschutz und Infusion wurden entfernt. Jemand presste auf seine Rippen, und ein Arzt zwängte ihm ein Bronchoskop in den Rachen. In wenigen Minuten war sein Gesicht dunkelblau angelaufen. Die Augen traten glasig heraus – dann japste er langsam und begann durch den Schlauch wieder normal zu atmen. Er kam langsam wieder zu sich. Dauerhaft. Ich hatte ihn bereits für tot gehalten.

Auf zwei weiteren Tischen lagen ernste Fälle von Unterleibsverletzungen. Bauchwunden haben höchste Priorität. Die magischen Lebensretter im Krieg – Sulfonamide, Penicillin und Blut – beförderten das Chirurgenhandwerk erheblich. Aus dem Operationssaal würden die beiden Männer in die Bauchabteilung gebracht werden, bekannt auch als Wangensteen-Allee. Sie wurde nach dem Erfinder der Absaugevorrichtung bei Operationen Owen Wangensteen benannt.

Diese Abteilung wirkte wie ein Dschungel aus Banyan-Bäumen. Ein Labyrinth aus herabhängenden Gummischläuchen, die im khakifarbenen Schatten hin und her schwangen. Ein Schlauch am Nasenloch und je ein weiterer an den Wunden der Männer. Hunger haben sie immer, nach ihrer Diät aus Glukose und Salz. Bald werden sie über England in ein Krankenhaus in der Nähe ihrer jeweiligen Heimatstadt geflogen.

Das Gerücht stimmte. Das *Evacuation Hospital* war für die Aufnahme neuer Fälle geschlossen worden. Dies bedeutete, es würde nach und nach abgebaut, sobald es den noch vorhandenen Patienten so gut ging, dass sie evakuiert werden konnten. Man befand sich bereits auf dem Sprung an die Front. Das hieß auch, dass der größte Druck erst einmal vorbei war, und dass Hauptmann Eva McLin und ihre Schwestern sich im Gegenzug acht Stunden Schlaf gönnen durften, eine lange Dusche und eine Haarwäsche dazu, und die Möglichkeit hatten, einen Brief zu schreiben oder auch einen zu lesen oder sich einfach ins Gras zu legen.

Wir reihten uns in die Futterschlange ein und bestaunten die Aufregung. Es ging gar nicht um die versprochene Ruhepause, schließlich standen noch einige ziemlich harte Tage bevor. Es ging auch nicht darum, dass der ständige Nieselregen aufgehört hatte. Es war der Umstand, dass das erste frische Brot gebacken und angeliefert worden war. Das Weiß eines Schneesturms! Das frische Brot wurde geküsst, liebkost, bewundert und verschlungen. Ich war umso überwältigter, da ich Weißbrot seit drei Jahren überhaupt nur ein einziges Mal – bei der britischen Marine – zu Gesicht bekommen hatte. Wir hetzten durch eine hervorragende Mahlzeit, klatschten und tratschten, spielten das »Kennst-du-den-und-den«-Spiel und hörten auf jedem Ohr eine andere halb erzählte Geschichte.

Den Mund voll mit dem hochgeschätzten Brot preschte ich im Zickzackkurs durch die Abspannseile zu unserem Zelt. Das Zelt war wie die anderen Zelte auch, nur ohne Verdunklungsvorrichtung. Außerdem hatte es einen gewissen Ruf. Es war gerade von einer Gruppe gefangener deutscher Armeekrankenschwestern geräumt worden, die unter einer weißen Fahne zu ihren Linien zurückgebracht wurden. Scheinbar sind sie von der ihnen zuteilgewordenen Behandlung tief beeindruckt gewesen, und auch unsere Einrichtungen und Methoden haben ihnen ziemlich den Atem geraubt. Sie werden ausgezeichnete Propaganda für uns machen.

Ich schnappte mir ein paar Blitzlichter und Filme, und stieg auf den Kommandowagen, der uns zu einem Feldlazarett etwa sechs Meilen näher an die Front bringen sollte. Ein Feldlazarett kommt von allen vollständig ausgerüsteten Sanitätseinheiten der Front am nächsten. Die Schwerstverwundeten, die keine sechs Meilen zum *Evacuation Hospital* mehr transportiert werden können, landen hier.

Bei jedem Verwundeten geht es um Leben und Tod, und die Ambulanzwagen kommen mit nur einem oder zwei Patienten an, statt wie sonst darauf zu warten, bis sie voll besetzt sind. Aus den Pre-Op-, Röntgen- und Untersuchungszelten werden sie auf den Operationstisch transportiert und sehen dabei mit den Blutplasmaampullen über sich aus wie ein stilles, dunkles Konvoischiff, das einen Fesselballon zieht.

In der bläulichen Abenddämmerung wirkte das Aufblitzen des Artilleriefeuers wie sommerliches Wetterleuchten. Der begleitende Geschützdonner verstärkte noch das Gefühl von Anspannung und Dringlichkeit. Das Tempo war hier schneller als im *Evac*, und die Ärzte und Schwestern noch erschöpfter. Sie wussten, dass ihnen noch im Laufe der Nacht die Blutkonserven ausgehen würden. Der Oberst des gerade seine Zelte abbrechenden *Evac*, der uns begleitet hatte, bot ihnen das übrig gebliebene Blut an. Einer der acht Kühlwagen mit Blutkonserven würde seine übliche Lieferrunde machen und die 240 Liter Blut verteilen, die täglich in die Normandie geflogen werden.

Ich schlenderte ziellos von Zelt zu Zelt. Niemand fand es ungewöhnlich, dass ich fotografierte, Fragen stellte, mir am Eingang eine Chirurgenmaske schnappte oder auf einen Stoß Wäsche kletterte. Ich benutzte kein Blitzlicht, ohne einen der Chirurgen vorher zu warnen, aber das wäre nicht einmal nötig gewesen, er verzog auch bei Geschützfeuer in unmittelbarer Nähe keine Miene. Die Organisation war so effizient, so unaufgeregt und gut geplant, dass ich mir nie so vorkam, als würde ich im Weg stehen oder als wäre es leichtfertig von mir, überhaupt da zu sein.

Ohne vom Schnippeln nur einmal aufzublicken, bat mich einer der Chirurgen, ihm aufzuschreiben, welche Belichtung er wählen müsste, falls er eine genaue Aufnahme einer Operation bei genau diesem Kontrast zwischen den weißen Laken, dem gebündelten Licht und den tiefen Schatten machen wollte. Ich drückte mir die Daumen, dass ich richtig gelegen habe, für meine Bilder genauso wie für seine.

Etwa eine Stunde lang schaute ich dabei zu, wie Kunstfertigkeit, Hingabe und Ausdauer Vielen Leib und Leben rettete. Ernste Gesichter und müde Beine bewegten sich im Zelt auf und ab. Wir diskutierten, ob man die Überarbeitung nicht vermeiden könnte, indem man die Anzahl der Ärzte und Schwester verdoppelte. Da aber ohnehin jeder von ihnen freiwillig doppelte Schichten machen würde, erübrigte sich diese Frage.

Wir sprachen über Sulfa und Penicillin. Es gibt davon genug für alle, und die Ärzte gebrauchen es großzügig. Da die Verwundeten so schnell als möglich nach England und Amerika evakuiert werden, sind die Ärzte kaum in der Lage, die individuelle Fallgeschichte näher zu untersuchen. Sei es, dass ein bestimmtes Medikament jemanden gerettet hat, sei es der Umstand, dass ein sofortiger chirurgischer Eingriff oder eine andere Behandlung oft weniger als eine Stunde nach der Verwundung vorgenommen wurde. Infektionen haben kaum Zeit aufzutreten, solange die Verwundeten noch in Frankreich sind. Anders als im letzten Krieg, als ein Verwundeter oft tagelang nicht einmal Erste Hilfe bekommen konnte. Statistiken sind bedeutungslose, nicht einfach nur trockene Zahlen. Sie sind wesentlich für Wissenschaft, Organisation und Personal. Nur 1,1 Prozent aller Verwundeten, die medizinisch versorgt wurden, sterben, während sie noch in Frankreich sind, und der Anteil der Verluste steigt nur bis auf 1,8 Prozent, wenn man alle Langzeitpatienten mitzählt, die in die großen »Allgemeinen« Krankenhäuser in England evakuiert werden.

Die Rückfahrt zog sich hin. Wir wurden von einem Lastwagenkonvoi aufgehalten, der leer von der Front zurückkam, und trafen auf weitere Konvois mit Mannschaft und Ausrüstung, die in langen, geraden Zügen vorbeidonnerten und dabei nur von den allerwinzigsten »Cateye«-Scheinwerfern beleuchtet waren. Beim *Evacuation Hospital* angekommen, hielten wir ein Schwätzchen bei einem Glas Calvados. Es war Nacht geworden, und mein Tagwerk war getan. Allerdings nicht das all der Männer und Frauen hier und der bedauernswerten Opfer des purpurfarbenen Geschützfeuers am Horizont.

Verdunkelung bedeutete Verdunkelung. Nicht einmal eine Zigarette vorm Zelt. Und höchstens mal ein ganz schneller Blick mit der Taschenlampe drinnen. Nachdem ich im Gras nach ein paar fallengelassenen Sachen herumgetastet hatte und auf dem Weg zu den Latrinen und dem Trinkwasser mit den *Lyster-Bags** über die Spannseile gestolpert war, wickelte ich mich mit Widerwillen in die Decken der deutschen Krankenschwestern. In der Nacht war immer wieder das scharfe Ack-Ack der Flakgeschütze zu hören, und ich drehte meinen Helm leicht seitlich, so wie man es mir gezeigt hatte. Mir tat vor Kälte alles weh, aber ich war kaum in der Lage, im Dunkeln noch ein paar zusätzliche Decken ausfindig zu machen, geschweige denn meinen Weg zu dem Chaos zurückzufinden, das ich mir hier angerichtet hatte. Mit einem Millimeter Zeltleinwand als Bollwerk gegen den Feind fühlte ich mich aber immer noch unendlich sicherer, als ich mich in London mit nichts als Ziegelsteinen gegen die feindlichen Bomber gefühlt hatte. Vielleicht lag das daran, dass ich mir da bewusst war, von hunderten hilfloser Menschen umgeben zu sein, die nicht einmal eine Ahnung davon hatten, wie man einen Helm aufsetzt, wenn sie denn einen gehabt hätten.

Am nächsten Morgen hatte sich im *Evac* die Atmosphäre vollkommen verändert. Die Sonne schien, es war ein Morgen für einen Landschaftsmaler. An den Waschbecken befanden sich mehr Krankenschwestern als noch gestern. Sie brauchten auch länger fürs Zähneputzen, Quatschen und Herumalbern. Sie verhielten sich ganz wie »außer Dienst«. Zum ersten Mal wühlten sie in den Tiefen ihrer Seesäcke, kratzten den Schlamm von ihrem guten Paar Schuhe und beklagten sich über den Zustand ihrer Ausgehuniformen, die zu tragen sie wahrscheinlich sowieso kaum Gelegenheit gehabt hatten.

Was wollten die Schwestern unternehmen? Ich fragte sie, als wir zu viert aufgereiht nebeneinander auf den

* Ein im Zweiten Weltkrieg in amerikanischen Armeecamps zur Desinfektion mittels Chlorierung gebrauchtes Leinensäckchen, das mit Calciumhypochlorid gefüllt war; benannt nach seinem Erfinder, dem Armeearzt Oberst William Lyster.

Latrinen saßen. Das Toilettenpapier hing an Stangen, unter uns war die Wiese, es roch nach Desinfektionsmittel, man war nicht schüchtern. Eine wollte den ganzen Tag bis zum nächsten Dienstbeginn in einem pinkfarbenen Satinnégligé und Wollsocken durchschlafen. Eine andere wollte ordentlich ihre Sachen waschen und sich selber auch. Die dritte wollte nach einem Jungen in der Abteilung 2 suchen. Er war aus ihrer Heimatstadt und kannte jemanden, mit dem sie auch bekannt war. Die anderen hatten Dienst. Ich trottete weiter und ließ mir zeigen, wie das heiße Wasser aus Zinkkanistern kam, in die man die Drähte einer Heizröhre gesteckt hatte. Ich bekam gesagt, dass ich meine eigene Waschschüssel hätte mitbringen sollen. Dann zeigte man mir noch den Trick, wie man eine Zahnbürste, die Zahnpasta und ein *Lyster-Bag* in einer Hand jonglieren kann, und dass es drei verschiedene Stellungen gibt, in die Hocke zu gehen – in zweien stützt man sich halb auf den Helm, in der dritten benutzt man den Helm als Waschbecken und stützt sich mit dem linken Fuß ab.

Ich steckte meine Nase in ein paar offene Zelte. Nach Matrosenart waren raffiniert improvisierte Ausbesserungen vorgenommen worden. In einem hatte man zum Beispiel eine große Kleiderstange in der Mitte angebracht und eine Munitionskiste zu einem Nachtschränkchen umfunktioniert. Dann gab es komplizierte Zeltaufhängemechanismen aus Schnüren, Drähten, Rucksäcken und Gewichten im Rube-Goldberg-Stil.* Der Farbton war einheitlich in Khaki gehalten, ausgenommen die pinken Büstenhalter, die zusammen mit brauner Wäsche an jeder Leine hingen, die in Sicht war.

Deutsche Kriegsgefangene hatte man in erster Linie dazu eingeteilt, unter Bewachung Wasser zu schleppen oder Feuer zu machen, später dann auch ohne Bewachung

* Amerikanischer Cartoonist, der hauptsächlich für die Konzeption »sinnlos« komplexer Maschinen bekannt war.

Bahren zu tragen. Sie sind kein hochnäsiger, mürrischer Haufen, der eben mal sein Pensum von vier Gräbern schaufelt und sich dann ins Kriegsgefangenenlager bringen lässt, sondern zurückhaltende junge Männer, denen der Sanitätsdienst ans Herz gewachsen war und die heulten, als ihre Verpflichtung nach zwanzig Tagen vorbei war. Die deutschen Verwundeten werden exakt genauso behandelt wie die unsrigen. In einem der Lazarette, die ich besuchte, waren es so viele, dass man zwei Zelte voll belegen konnte. Dort wurden sie separiert. Ansonsten kommen sie in den Abteilungen unter, wie es sich gerade trifft. In den Operationszelten bestimmt sich der Einsatzplan nach der Dringlichkeit des Eingriffs und nicht nach der Nationalität des jeweiligen Patienten, und in einem Lazarett, in dem sich zwei deutsche Chirurgen unter den Gefangenen befinden, operieren diese Seite an Seite mit ihren amerikanischen Kollegen. Ich fotografierte einen amerikanischen Feldwebel, der sich gerade lachend hinlegte, um Blut zu spenden. Dann nahm er einen Schluck Bourbon. Mit der Flasche ging er zum nächsten Zelt und ließ sie bei einem Deutschen, der auf dem Operationstisch ohne Grund heulte. Der einzige Verwundete auf meiner ganzen Reise, den ich weinen sah.

Ich verkrampfte mich jedes Mal, wenn ich einen Deutschen sah, und verachtete mich dafür, wenn mein Herz beim Anblick deutscher Verwundeter unfreiwillig weich wurde. Einige Krauts, die ich interviewte, waren sehr erstaunt darüber, dass wir im mit Raketen beschossenen London noch immer lebten und arbeiteten, und ihre Geheimwaffe den Krieg nicht zu ihren Gunsten beendet hatte.

Der Bodennebel lichtete sich, und einige Krankenschwestern rollten die seitlichen Zeltwände hoch, um sich zu sonnen. Einige trugen lange GI-Unterhosen, andere bevorzugten Nicht-GI-Unterwäsche mit Streifen oder Blümchen. Eine Gruppe spazierte im Gänsemarsch zwischen den Zeltpfosten und zog sich dabei die weiße Operationskluft aus. Sie wuschen sich den Schweiß von ihrer Nachtschicht ab und fielen, völlig erschlagen, auf ihre Feldbetten. Eine sagte: »Schön, nicht wahr? ... Jetzt kann ich endlich gähnen.«

Jetzt, da die Spuren der Anstrengung langsam von ihren Gesichtern verschwanden, waren es, ohne Ausnahme, bemerkenswert hübsche Mädchen: schlank, sportlich und offenherzig.

Wir gingen herunter zum *Omaha Beach,* um dort von Major General Albert W. Kenner und Oberst John Rogers, den Chefärzten der 1. Armee, zum Essen empfangen zu werden. Sie wollten verschiedene medizinischen Einrichtungen bis zur Frontlinie einer Visite unterziehen, und wir durften sie begleiten. Es war eine »Folge-dem-Anführer«-Fahrt, der General mit Zwei-Sterne-Helm im offenen Jeep, dazu verschiedene Militärfahrzeuge, und wir im Kommandowagen. Die Straßen waren in der Nacht trockengelegt worden, und wir schlingerten und ruckelten durch einen Tunnel aus brennendem gelben Staub, der so dicht war wie bei einem Afrikanischen Sandsturm. Das Zentrum von Isigny wurde von einer Maschinerie abgekratzt, von der ich dachte, sie würde nur auf den Titelseiten von *Popular Mechanics* existieren. Dasselbe auch in Carenton. Der Schutt und die Überreste der Häuser waren nicht viel anders als in Dover, Plymouth und Coventry.

Eigenartigerweise sah es so aus, als hätte der Zeitpunkt der Verwüstung etwas länger zurückgelegen, und dennoch hatten die Häuser in den angrenzenden Straßen oft noch intakte Fenster samt Gardinen und Geranien. Ich kann mir aber nicht vorstellen, dass irgendeine französische Hausfrau seit der Invasion auch nur einen Handschlag getan hat, da sie allesamt an mit Rosen geschmückten Gartentoren lehnten und den vorüberfahrenden Konvois permanent zuwinkten. Kinder, die mit Kitteln und amerikanischen Soldatenmützen gekleidet waren, halfen der Militärpolizei, den Verkehr zu leiten. Eine alte Frau in Schwarz kam über Trümmer herübergestolpert und salutierte mit einem V für »Victory«.

Wir fuhren an einigen Jeeps vorbei, die mit Bahren beladen waren, während sich die Verwundeten vorn auf der Kühlerhaube an dort angebrachten Gestängen festhielten. Munitionslaster waren mit zynischen Sprüchen wie »Sudden Death«, »Amen« oder »Ihr seid geliefert« beschriftet. Es gab einiges, das ich fotografieren wollte, weil es so berührend, schmerzlich ergreifend oder schlicht seltsam war, doch konnten wir nicht anhalten. Teilweise wegen der Verkehrsregelung, aber auch weil die Straße aufgeweicht war, am Straßenrand die Minen noch nicht geräumt waren oder wir den Anschluss zum General verloren hätten. Hin und wieder hielten wir zusammen mit den anderen an, aber bei dem aufgewirbelten Staub hatten wir Null Sicht.

Ein Lazarett war neben dem Schlachtfeld hinter *Utah Beach* errichtet worden. Ein ausgetrocknetes, flaches Gelände, durchzogen von Gräben, aufgerissen von explodierendem Metall und ausgebuddelt mit bloßen Händen. Kleine, pummelige Luftballons mit Kreuzschnüren wie altmodische Korsettagen lagen sauber und adrett auf dem Boden. Das überflutete Gelände trocknete langsam aus und gab den Blick frei auf wie von Geiern angefressene Tragflächen abgestürzter Segelflieger. Wir überquerten eine Pontonbrücke aus Eisengittern, die sich mit Ebbe und Flut bewegte, und passierten Felder voller abgeholzter Baumstämme, aus denen man gespitzte Pfähle gemacht hatte, um sich gegen unsere Landung zu verteidigen. An einer weiteren Brücke verteilten wir uns, um möglichem Geschützfeuer kein Ziel zu geben. Je weiter wir vorankamen, desto weniger bewohnte Häuser gab es, bis wir schließlich zu einer verlassenen, aber intakten Reihe grauer Cottages gelangten. Eine Sanitätsfahne hing an einem Telegrafenmast, und ein Ambulanzwagen parkte vor einer Tür mit seinem hinteren Teil vor dem Eingang. Ein Sanitäter las die Morgenausgabe von *Stars and Stripes*. Außerdem sah man Rosen, Malven und Hummeln. Bis plötzlich der grausame Lärm des Geschützfeuers einsetzte, war mir gar nicht klar gewesen, dass ich mich weniger als eineinhalb Meilen von der Kampflinie entfernt befand.

Das erste Zimmer war mit medizinischer Ausrüstung vollgestopft und führte in einen tapezierten Empfangsraum. Bis an die Decke gestapeltes Verbandszeug hing herunter wie Fliegenfängerstreifen. Einige Männer knieten rund um eine Gestalt mit weißem Turban auf einer Bahre. Keinem fiel auf, dass Außenstehende da waren.

Es ist eine Sammelstation, das unerlässliche Herzstück im verzweigten System der Lebensrettung. Hier werden erste, unmittelbare Diagnosen getroffen, Wunden gestillt, Schienen angelegt und Bluttransfusionen gegeben, um Schockpatienten für den Transport zu stärken. Diejenigen, bei denen ein chirurgischer Eingriff am dringlichsten ist, werden sofort zum nächstgelegenen Feldlazarett gebracht. Alle, die noch einige Meilen weiter transportiert werden können, kommen in ein *Evacuation Hospital*.

Der Verwundete mit dem Kopfverband wurde vom Boden aufgehoben und in einen schon so gut wie vollbesetzten Ambulanzwagen getragen, der in Windeseile zu einem *Evac* unterwegs war. Zur Rechten kam eine neue Ambulanz angefahren, und Tragen wurden eilig in den Empfangsraum gebracht. Die Verwundeten waren keine »Ritter in glänzender Rüstung«, sondern verdreckte, ramponierte, mitgenommene Gestalten – kaum bei Bewusstsein. Sie kamen direkt von der Erste-Hilfe-Station des Frontbataillons und trugen notdürftige Hilfsverbände, Aderpressen und blutdurchtränkte Armschlingen – einige waren ausgelaugt und leblos.

Ein übel zugerichteter Feldwebel wurde auf die Brustseite gedreht. Seine Kleidung wurde aufgeschnitten, er wurde verbunden, mit einer Karte versehen und sofort zum nächsten Feldlazarett transportiert. Ein Arzt mit einem Raffael-Gesicht beugte sich zu einem Mann auf einer Bahre, die man auf hochkant gestellte Kisten gelegt hatte. Sein ausgestreckter linker Arm hatte bereits eine Bluttransfusion erhalten; sein Gesicht war unter dem Schmutz eingesunken und bleich. Nachdem sein durchbohrter linker Ellenbogen in eine Schlinge gelegt worden war, klärten sich seine trüben Augen, und er war bereits wach genug, um das Gesicht zu verziehen, als sein geschientes Bein verbunden wurde. Man ließ ihn kurz ausruhen, während Ärzte und Unteroffiziere die Verwundeten am Boden schienten, desinfizierten und zusammenflickten. Einigen Verwundeten ging es schon wieder gut genug, um beim Halten der Verbände oder eines Armes mitzuhelfen.

Ein paar der »gehenden Verwundeten« saßen an der Wand. Ein Mann wurde mit »Kampferschöpfung« eingeliefert. Er war benommen und hatte leichten Gedächtnisverlust. Er fühlte sich bereits besser und dachte, er solle sogleich zurück an die Front. Ich kann mir nicht vorstellen, dass man es ihm erlaubt hat, aber ich vergaß nachzufragen.

Ein Sanitäter führte mich durch den Hinterausgang des Cottage hinaus in ein sorgfältig gepflegtes Tomaten- und Kartoffel-Gärtchen und dann eine grasbewachsene Böschung entlang. Ich trat behutsam in seine Fußstapfen, weil ich vor Drahtfallen und Minen Angst hatte, und duckte mich unter Zweigen, die sich von der Last kleiner grüner Äpfel herunterbeugten. Unter einem Baum in der Mitte eines Obstgartens befand sich eine Grube, in und neben der alles Mögliche an Gerätschaft und Ausrüstung verstreut herumlag. Es war zerfetztes, abgenutztes, zurückgelassenes Zeug. Plastikbesteck, Uniformjacken, Patronenhülsen, ein Tagebuch, bunte Fläschchen, ein Karton mit einem Stück *Gibbs*-Seife gehörten zu den Dingen, die mir auffielen. An einer Rosenhecke entlang befand sich eine Reihe von Schützengräben. Es schien sich um etwa schulterhohe Gruben zu handeln, die oben erweitert waren. Das Militär hat sie noch nicht untersucht und freigegeben, deshalb durften wir sie uns auch nicht genauer ansehen. Aber nach der Aussage des Feldwebels werden alle Unterstände der Krauts nach diesem Muster angelegt. Sie bleiben trocken und haben genügend Erde als Deckung gegen alles außer einem direkten Treffer.

Wir kehrten durch die Küche in das Haus zurück. Die ganze »Batterie« der kupfernen Kochtöpfe war noch so vollständig, wie die Franzosen und später die vertriebenen Deutschen sie hinterlassen hatten. Einer von der Truppe kochte einen Eintopf aus Dosenfleisch auf der hinteren Herdplatte und erhitzte Wasser zur Sterilisation auf der vorderen. Draußen sausten Kettenfahrzeuge an einer eigenartigen Apparatur vorbei, die man auf Gummireifen gestellt hatte. Es handelte sich um einen aus gefundenen deutschen Motorradersatzteilen zusammengebastelten Generator. Er war mit den Scheinwerfern im Verbandsraum verkabelt, wo inzwischen weitere Verwundete angekommen waren. In zwölf Minuten hatte man vier Tragen abgefertigt, und zwei weitere Männer erhielten Blutplasma. Dreimal versuchte ich, eine Aufnahme mit halbverdecktem Blitz zu machen, aber jedesmal zuckte meine Hand wegen der Erschütterungen vom nahen Artilleriefeuer. Unsere Artillerie.

Der General kniete auf dem Boden, um einen der Männer zu ermuntern, und Oberst Rogers sagte: »Nichts ist in diesem Krieg so wie im letzten. Nur die Verwundeten sind genauso dreckig. Diese Leute werden nicht länger als zwei Tage krank aussehen. Es ist einfach nicht mehr das Gleiche.«

Er erklärte uns, dass man früher mit dem Steckenbleiben in schlammigen Schützengräben, dem Deckungsuchen in den Unterständen und dem Vermeiden größerer Straßen unter Arilleriefeuer ungefähr drei Tage gebraucht hätte, um von der Etappe bis an diesen Punkt der Front zu gelangen. Die Verwundeten krochen oft in Granatentrichter, um Schutz zu suchen, und konnten nur bei Nacht geborgen werden. Oft kamen sie Stunden oder sogar Tage zu spät ins Lazarett und hatten, völlig entkräftet, nur geringe Überlebenschancen.

Das Entscheidende bei der medizinischen Versorgung ist eine schnelle Diagnose und unmittelbare Verbringung in die Etappe auf Stationen wie die, in der wir uns befanden. Die Menge an Transportmitteln, die für den Sanitätsdienst verwendet wird, rettet täglich eine erhebliche Anzahl von Leben. Zudem gibt es neue Medikamente, neue Techniken, die fantastischen Fähigkeiten der besten Ärzte und Schwestern aus ganz Amerika und schließlich die schnelle Evakuierung nach England und Amerika auf dem Luftweg.

Vor unserer Abreise am nächsten Tag sah ich auf der Rollbahn eine lange Reihe von Flugzeugen. Ambulanzwagen fuhren aus der Garage an der Straße heran, und die Tragbahren wurden direkt in die weit geöffneten Doppeltüren der Flugzeuge gehoben. Ich erkannte einige der Männer wieder, die ich im *Evac* gesehen hatte. Die Bahren wurden mit Hilfe eines Systems miteinander verbundener Stangen und Gurte zu Dreistockbetten festgezurrt. Die Krankenschwester und ihr Kollege, ein Feldwebel vom Sanitätsdienst, untersuchten kurz jeden einzelnen Patienten. Der Pilot hatte die Motoren bereits angelassen, und die Schwester gab die Passagierliste mit ihren Patienten weiter, während das Flugzeug die Startbahn entlangrollte, um nach England abzufliegen. Es hatte 12 Minuten gedauert, um 24 Tragbahren zu laden. Über 600 Männer waren an jenem Tag evakuiert worden.

Später flog ich von derselben Rollbahn ab, mitten in eine Schlechtwetterfront hinein. Ich schaute hinunter auf die wartenden Krankentransportflugzeuge und hoffte für sie, dass sie keinen so turbulenten Flug haben würden. Hinter uns kam der Regen näher – nach Frankreich.

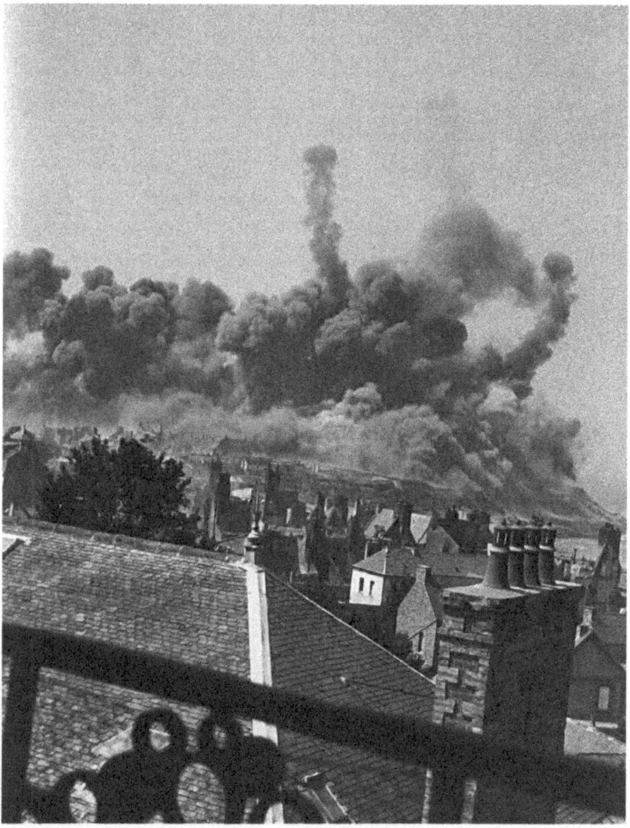

Bombardement der Zitadelle von der Rue Duperre in St. Servan aus gesehen.

Die Belagerung von Saint-Malo

*»St. Malo? Un espèce de Tyr bretonne, une de plus vivante et fécondes cités de la mer, ayant conquis de haute lutte la gloire et la prospérité, par l'intrèpidité legendaire de ses illustres enfants.«**

Aus einem französischen Reiseführer

Zur Belagerung von Saint-Malo fuhr ich per Anhalter. Meine Matratze hatte ich selbst mitgebracht, um Unterkunft und Verpflegung bettelte ich. Eine ausgezeichnete Sicht auf eine Festung, die an die Zeiten der Kreuzzüge denken ließ, hatte ich gewissermaßen von der Haupttribüne. Eigentlich hatte ich gedacht, dass seit den prunkvollen Gemälden aus napoleonischen Tagen der Blick auf eine Schlacht vom Feldherrenhügel herab aus der Mode gekommen war. Und eigentlich hatte ich auch den Zeitungen geglaubt, in denen es hieß, Saint-Malo wäre am 5. August 1944 gefallen: »Eingenommen, aber noch nicht besetzt.« Tatsächlich aber waren die Deutschen lediglich vom Festland isoliert worden und mussten in die Festung zurückgedrängt werden. Dafür brauchte man eine Woche. Danach begann die eigentliche Belagerung einer Reihe

* »Saint-Malo? Eine Art bretonisches Tyros, eine der lebendigsten und fruchtbarsten Städte an der Küste, hat dank der legendären Unerschrockenheit ihrer berühmten Bewohner Kriegsruhm und Wohlstand erlangt.«

nicht miteinander verbundener Inseln und peninsularer Befestigungsanlagen. Und jede einzelne von ihnen bedeutete so etwas wie ein weiteres Corregidor.* Im Häuserkampf gegen die kleinen Widerstandsnester, die nach der »Einnahme« erst einmal »ausgehoben« werden mussten, gingen gut fünftausend Gefangene ins Netz, bevor mit der Schwächung der Festung überhaupt begonnen wurde. Ich kam am 13. An, und noch immer wurden in den Stadtvierteln auf dem Festland bewaffnete Marodeure in Kellern und Hinterhöfen ausgehoben. Scharfschützen lauerten auf Offiziere, Versprengte oder Unvorsichtige und hofften darauf, wieder irgendwo zu einer kämpfenden Einheit dazuzustoßen, ohne zu wissen, wie weit hinter den Linien sie sich wirklich befanden.

Der Krieg war in diesem Gebiet also noch nicht vorbei, und die Soldaten, die in Sturmangriffen kämpften, die Artillerie, die dem Gegenfeuer der Hunnen ausgesetzt war, die Militärpolizei, die die Stadt nach irgendwo versteckten Feinden durchkämmte, das Civil-Affairs-Team, das verwirrten Zivilisten half und dafür sorgte, dass diese der Army nicht in die Quere kamen: die gesamte 83. Division also fragte sich, was sie ihren Enkeln wohl einmal erzählen würde, wie es in dem großen Krieg zuging, als angeblich »alles schon vorbei« war und sie trotzdem mehrere Wochen lang weiterkämpfen musste – und das in blutigen, heroischen, schwierigen Schlachten.

* Anspielung auf eine wegen ihrer Brutalität berüchtigte Schlacht im Pazifikkrieg. Die stark befestigte philippinische Insel Corregidor wurde nach der Belagerung am 5. und 6. Mai 1942 von den Japanern erobert. Es war vorläufig der letzte US-amerikanische Stützpunkt auf den Philippinen, daher ihre Berühmtheit, die hier für Lee Miller und ihre Leserinnen des Jahres 1944 exemplarisch für einen schwierigen Inselkrieg mit stark befestigten Anlagen war.

»Vue de large, St. Malo offre invinciblement à l'ésprit l'image d'un puissant vaisseau de pierre, cuirassé de ramparts, avec des meurtrières pour sabords, et la flèche dentelée de sa cathédrale pour mâture.«[*]

Außerhalb der Stadt hörten wir, wie sich über uns Bomber näherten. Es waren drei Gruppen B26-Bomber. Sie flogen vorüber, und an ihrer Fluglage konnten wir erkennen, dass sie Bomben abwarfen. Am Horizont stieg Rauch auf, und es war uns bisher gar nicht in den Sinn gekommen, dass die Altstadt von Saint-Malo bombardiert wurde. Später erfuhr ich, dass die Krauts eines ihrer vielen Täuschungsmanöver durchgeführt hatten. Sie hissten die weiße Fahne, nur um unsere Air Force zu täuschen und uns weiter aufzuhalten, und sollte es sie auch ihre Ehre kosten.

Irgendwie brachte uns ein genialer Stadtplanleser bis vor die Tür des Civil-Affairs-Büros. Es befand sich auf einem kleinen Grundstück an einer Straßenecke in einer abscheulichen kleinen Villa, die aber solide gebaut und leicht zu finden war. Sie befand sich drei Straßen von einem Pferdekadaver entfernt, gegenüber eines verwinkelten, mosaikverzierten Gebäudes im *»Facteur Cheval«*-Stil.[**] Man konnte es zu keiner Tageszeit übersehen. Oberst Frost, ein britischer Angehöriger des CA-Teams, der dort die Befehlsgewalt hatte, hieß uns willkommen, was möglicherweise damit zu tun hatte, dass er sich von uns Hilfe, Entlastung oder Nachschub oder etwas in der

* »Aus der Ferne wirkt Saint-Malo unüberwindlich und bietet das Bild eines kompakten Schiffes aus Stein, geschützt von den Stadtmauern mit Schießscharten in ihren Pforten und der gezackten Turmspitze seiner Kathedrale als Mast.«

** Gemeint ist das berühmte »art brut«-Haus des Briefträgers Ferdinand Cheval.

Art erhoffte. Er war allerdings nicht weniger zuvorkommend, als wir ihn leider enttäuschen mussten. Wir schauten aus eingeschlagenen Fenstern heraus und hörten uns seine unfassbaren Geschichten und unerfüllbaren Wünsche an. Zusammen mit einem früheren Chef des französischen Untergrunds, Monsieur Le Roi, hatte er Waffenscheine an die Jungs vom Maquis ausgeben lassen, die in einer vernünftigen Welt gerade einmal alt genug gewesen wären, mit Spielzeugpistolen zu spielen, falls man denn Pistolen für vernünftiges Spielzeug hielte.

68 Meter weiter die Straße herunter erspähte ich die Fahne der Sanitätsstation des Bataillons und lief flink wie ein Wiesel in genau der Zeit dorthin, von der ich inniglich hoffte, dass die Krauts sie brauchen würden, um ihre Geschütze neu zu laden, die sich auf die weitere 320 Meter die Straße hinunter befindlichen Docks richteten. Ein großes Haus, vom Baustil her ein Verwaltungsgebäude, an dem Schrifttafeln jedoch verrieten, dass es sich um ein ehemaliges französisches Hospital handelte, lag in Trümmern. In einem Hof an seiner Rückseite befand sich ein solider Betonbunker mit dem Zeichen des Roten Kreuzes, dessen Bauweise mich so sehr an die V1-Abschussrampen in Valogne* erinnerte und so teutonisch anmutete, dass ich der Beschriftung nicht recht traute. Das Gelände schien aber bis auf ein paar leere und verwahrloste Jeeps ohnehin verlassen zu sein.

Hauptmann Rosenbaum von den CA, der Anstifter und Begleiter meiner kleinen Exkursion, machte einen raschen Spähgang in das französische Krankenhausgebäude, und sobald kein Geschützfeuer mehr zu hören war, gingen wir um den Bunker herum und trafen dort auf ein

* Im Original »buzz-bomb sites«. Wörtlich: Flugbombenstationen. Lee Miller spricht aber sehr wahrscheinlich von der sog. V1 – eigentlich Fi 103 –, die seit Sommer 1944 von der deutschen Luftwaffe am Atlantik und in den Ardennen vermehrt eingesetzt wurde.

paar Sanitäter, die an dieser Zufluchtsstätte aus Beton ziemlich zufrieden wirkten, während sie sich eine Mahlzeit aus Dosenfleisch mit deutscher Suppenwürze kochten. Vorerst gab es keine Verwundeten, um die sie sich kümmern mussten. Sie hatten dieses Bunker-Hospital samt der sich darin befindlichen Verwundeten vor einigen Tagen übernommen, als es noch unter Artilleriefeuer stand, und dabei mit den deutschen Sanitätern für eine Nacht das Quartier geteilt, bis deren Patienten evakuiert worden waren. An deutschen Sanitätsmaterialien und Vorräten war so viel zurückgeblieben, dass sie die eigenen nicht anbrechen mussten. Eine bestimmte in runden Pappschächtelchen verpackte Schokolade war dabei ganz besonders köstlich.

> *»Voilà surtout la Grande Grève, dont le joli nom archaïque n'empêche point qu'elle soit, avec son Casino, le rendezvous de trés modernes élégances.«* *

Die Sanitäter brachten mich zu ihrer Kommandantur, einem unförmigen, hohen Gebäude hinter einem Hügel. Nachdem mich Hauptmann Sheridan vom 330. Regiment dabei beobachtet hatte, wie ich versuchte, durch ein Granateneinschlagsloch des Daches zu klettern, um einen guten Aussichtspunkt über die Kämpfe zu gewinnen, machte mir das Angebot, mir doch von einem Beobachtungsposten unten am Strand aus einen besseren Überblick zu verschaffen. Wir rannten, den Feind in Sichtweite, wie die Wilden durch die Straßen und stoppten

* »Beachten Sie besonders den *Grande Grève* (Sandstrand), dessen hübsch altertümlicher Name nicht darüber hinwegtäuschen sollte, dass hier mit dem Kasino auch ein Treffpunkt modernster Eleganz geboten wird.«

abrupt an einer kleinen Nebenstraße. Der Beobachtungsposten befand sich in einem kleinen, hochgebauten Hotel – dem *Ambassadeur* –, das an seiner Straßenseite ausgehöhlt war wie ein Mauseloch. Das Foyer und die angeschlossene Strandterrasse waren mit blauen Mosaiken gefliest und mit Korbmöbeln ausgestattet. Das Design sollte fröhlich und frisch wirken und war eigentlich einer schnatternden Menge hell bekleideter Aperitif-Trinker als Umgebung zugedacht. Einige erschöpfte Soldaten lagen auf einer Sitzbank, und – glauben Sie's mir oder nicht – hinter der Bar stand *La Patronne* persönlich und polierte Gläser.

Die Zimmer waren mit Federkernmatratzen ausgestattet, die ein wenig zu trampolinartig waren, um darauf sitzend Fotos machen zu können. In einer schönen Flitterwochensuite mit Seeblick lagen einige Soldaten auf dem Bett und hatten ein Fernrohr auf ihr Ziel gerichtet. Über einen Fernsprecher waren sie direkt mit ihrem Kommandoposten verbunden. Ihre Konversation bestand aus mysteriösen Zahlen, die mit dem Blitzen und Krachen vor und hinter uns zusammenfielen. Es bot sich mir eine prächtige Aussicht auf die brennende Altstadt von Saint-Malo, auf das *Fort National*, wo mehrere Hundert französische Zivilisten gefangen gehalten wurden, und schließlich auf die Festung *Le Grand Bey*, von der aus wir beschossen wurden.

Ich kehrte zur CA-Villa zurück und organisierte meinen weiteren Aufenthalt in Saint-Malo. Ich hatte nur die Kleidung dabei, die ich anhatte, dazu ein paar Dutzend Filme und eine zusammengerollte Daunendecke. Meilenweit war ich der einzige Fotograf, und ich hatte nun meinen eigenen privaten Krieg. Ich verabschiedete mich von den Jungs, die mich hergefahren hatten, und machte eine Bestandsaufnahme. Es gab eine Menge zu tun (Fotos machen), und einiges, bei dem ich meine Hilfe anbieten konnte.

Die meisten Leute, die in der Stadt zu sehen waren,

hatten offiziell in ihr zu tun – der Polizeichef, die Gendarmen und Gefängniswärter, gleich drei Bürgermeister mit einem jeweils unterschiedlichen Bedeutungsgrad für die Öffentlichkeit, die *sapeurs-pompiers* (Feuerwehrleute), die Jungs von der Résistance (FFI, Forces Françaises de l'Intérieur) und vom Maquis. Die meisten der wenigen in der Gegend verbliebenen Zivilisten sammelten sich rund um die Eingänge der vormalig deutschen Bunker-Lazarette, die ihnen seit Tagen als Unterkunft dienten. Andere wanderten ziellos umher, ohne im Geringsten auf die elementare Selbsterhaltung zu achten, was natürlich dazu führte, in die Luft gesprengt, verletzt oder getötet zu werden. Für das Militär waren sie eine zusätzliche Belastung. Viele Leute trieb es zur Villa, um ihre Hilfe anzubieten, ihre Papiere in Ordnung bringen zu lassen, Tote zu melden, um die Erlaubnis zu bitten, die Stadt verlassen zu dürfen, um zu melden, dass sie deutsche Vorräte an dringend benötigten Gütern gefunden hätten, um zu melden, dass das Gaswerk nie wieder in Betrieb gehen würde, oder dass ein bestimmtes Viertel in der nächsten Woche wieder mit Wasserversorgung rechnen könnte. Sie wurden alle an die zuständigen Autoritäten verwiesen.

Die Deutschen riefen von dem Château in Saint-Malos Altstadt einen Waffenstillstand aus und erklärten, alle Franzosen, die dort Zuflucht gesucht hatten, aus der brennenden Stadt herauszuschicken. Als Zeitpunkt der Übergabe hatten sie – typisch für sie – die einbrechende Dämmerung gewählt. Die CA sandten nun in aller Eile Späher aus, um Nahrung und Unterkünfte zu organisieren, trieben ein paar örtliche Patrioten auf, die in der Lage waren, mögliche Verschwörer und Spione zu identifizieren, und stellten Ambulanzwagen bereit.

Aufgrund früherer Erfahrungen mit den Hunnen wagten wir es nicht, die Flüchtlinge mit Lastwagen am Brückendamm abzuholen, da es sich vielleicht um eine Falle handelte, um unseren Fuhrpark voll zu erwischen. Der Beschuss wurde plötzlich eingestellt, eine lange Menschenkette tauchte auf und bewegte sich den Damm entlang. Die Verletzten und Kranken kamen zuerst, dann alte Frauen mit Bündeln und apathischem Blick. Kleine Gruppen sich an den Händen haltender Mädchen stolperten vorbei. Paare mit Babies und Kinderwagen, die mit allem vollgestopft waren, was sie von ihrem Besitz noch retten konnten. Junge und alte Männer torkelten wie unter Schock. Steife, hochnäsige Frauen, Nonnen in makellosem Weiß und Huren. Einige wurden von der Polizei wegen irgendwelcher Vergehen aus der Reihe gezogen, ein paar Vertrauenswürdige wurden zunächst am Brückenkopf zurückgehalten, um Deutsche zu identifizieren, die vielleicht zu fliehen versuchten. Es gab Abschiedsszenen, als die Verletzten von ihren Angehörigen getrennt und mit den Ambulanzwagen abtransportiert wurden, dann bewegte sich die Menge weiter.

Es waren doppelt so viele Menschen als die von den Deutschen angekündigten Sechshundert. Man hätte es niemals kontrollieren können, wenn sie aus der Reihe ausgebrochen wären, um zu ihren Wohnungen zu gelangen, sich zu verstreuen oder verlorenzugehen. Doch so gut wie alle warteten auf die Essensausgabe im Schulgebäude und hofften auf einen Abtransport ins Hinterland. Ich war so sehr mit Dolmetschen, Trösten und Beruhigen beschäftigt, dass ich mehr oder weniger vergaß, Fotos zu machen. Man hatte geplant, die Menschen zu Fuß bis nach Paramé, einer Vorstadt, gehen zu lassen, wo sie mit Lastwagen abgeholt werden sollten, um danach irgendeine Unterkunft zugewiesen zu bekommen, noch bevor das Gefecht wieder aufgenommen werden würde. Es war aber offensichtlich, dass einige nicht mehr in der Lage waren, weiterzulaufen, und ich sammelte kleine Gruppen Erschöpfter zusammen, bettelte, dass sie jemand mitnahm, oder rief Armeefahrzeuge, Militärpolizisten und jeden sonst herbei, um sie wegbringen zu lassen.

Zwei Mädchen waren kollabiert und hatten gegen ihre Hysterie Morphium bekommen. Eine Frau mit vier Babies konnte nicht mehr stillen. Ein tatteriges altes Pärchen hatte keine Schuhe mehr. Eine indignierte ältere Dame in schwarzem Taft war so undankbar, dass es uns grauste. Kaum waren die Leute in einen der Lastwagen verfrachtet, war schon das nächste widerborstige Schoßtier dabei, die Flucht zu ergreifen. Oder irgendjemand sah, dass ein Bündel auf der Straße zurückgelassen worden war. Einer alten Dame war ein zusammengeknotetes Handtuch gestohlen worden. Das Bündel enthielt ihre sämtlichen Wertsachen und Besitzurkunden. Ein kleines Flittchen kam angerannt und berichtete, dass sie einen ihrer früheren Kunden gesehen hätte, der in Zivilkleidung in der Schule zu essen bekam. Es war ein deutscher Unteroffizier. Die MP machte sich auf die Suche nach ihm, aber ohne Erfolg. Die Leute trennte eine gewisse Kälte, aber niemand wurde kahlrasiert. All diese Menschen hatten zusammen das Kriegselend durchlebt und waren wieder Freunde. Vorerst.

> *»Depuis le XIIIe, où elle obtint ses libertés communales, Saint-Malo eut une existence calme et prospère – étant bien entendu que les incidents et accidents de la guerre maritime, menée a peu près continuellement contre l'Anglais ou le Hollandais, ne troublaient point la vie communale... Mieux même, ils en faisaient partie...«*[*]

* »Seitdem sie im 13. Jahrhundert ihre Gemeindefreiheit erlangte, durfte sich die Stadt Saint-Malo einer behaglichen Existenz in Wohlstand erfreuen, wobei davon ausgegangen werden kann, dass die Vorkommnisse und Unbill des permanenten Seekrieges gegen die Engländer und Holländer das Gemeindeleben nicht weiter beeinträchtigten... Besser noch, sie waren Bestandteil dessen...«

Es war dunkel. Der Waffenstillstand war beendet, und die Deutschen beschossen das Viertel rund um das Schulgelände. Noch immer befanden sich auf dem Schulhof kleinere Menschengruppen, die auf vermisste Angehörige warteten: ein feenhaftes Zwillingspaar, das exakt so aussah wie die beiden Engel am unteren Bildrand der Sixtinischen Madonna, und sechs oder sieben Männer, ehemalige Feuerwehrleute, die als Gaullisten im *Fort National* inhaftiert waren. Die *sapeurs-pompiers* leisteten passive Verteidigungsarbeit, indem sie die Docks vor Feuer und Sabotage schützten, und als Flugabwehrhelfer waren sie das Rückgrat der Widerstandsbewegung in diesem Teil des Landes. Ihre Tätigkeit war auch ein guter Ausweg, der Zwangsarbeit bei den Deutschen zu entkommen. Die örtliche Polizei und die Gendarmerien waren ebenfalls antideutsch eingestellt, und obwohl sie selbst kaum direkt an Sabotage beteiligt waren, so leisteten sie ihren Beitrag, indem sie so gut wie jeden übersahen, den sie im Auftrag der Krauts verhaften sollten.

Als Verdunkelungsbefehl gegeben wurde, ging ich zum Bataillonslazarett zurück, um einen Film zu wechseln und meine Sachen in Ordnung zu bringen. Zwei Verwundete wurden gerade verbunden. Zusammen mit Hauptmann Rosenbaum und zwei MPs begab ich mich draußen auf die Pirsch. Ich wollte zu den Docks, um das brennende Saint-Malo zu fotografieren, aber es wurde teuflisch heiß und ich musste mich bis zum Ende unserer Straße (Ave. Jean Jaures) zwischen ein totes Pferd und einige tote Deutsche zurückziehen. Die Jungs machten mich, mit ihrer Art auszuschwärmen, und ihrer Taktik, sich wie auf Zehenspitzen zu bewegen, ganz nervös. Sie hatten Angst vor einem Hinterhalt, erklärten mir das aber erst später. Ich hielt dem Brandgeruch für ganze drei Fotos stand, dann ging ich wieder zurück und setzte mich auf den Bordstein, bis ich mich wieder beruhigt hatte und mich müde zu fühlen begann. Ein junger Franzose, ein ehemaliger *sapeurs-pompiers*, lehnte mit seinem Gewehr an einer Mauer. Er erzählte mir, er sei bei der französischen Marine gewesen und nach der Selbstversenkung der Vichy-Flotte in Toulon (am 27. November 1942) in deutsche Gefangenschaft geraten. Er war unlängst nach Saint-Malo zurückgekehrt, um »in der Stadt als Feuerwehrmann zu arbeiten«. Seine Frau, mit der er erst seit einigen Wochen wieder zusammen war, hatte sich in den Trümmern der Altstadt aufgehalten. Er hatte sie mit ihrem verletzten Kind aus einem Ambulanzwagen steigen sehen und ihr einen Kuss zugeworfen. Er wusste nicht, wo man sie nun hinbringen würde. Er hatte in dieser Nacht Wachdienst vor dem CA-Büro und wollte am nächsten Morgen nach ihnen suchen.

Ich breitete meine Daunendecke auf einem Bett im Hinterzimmer aus, schob auf einer Seite ein paar Schlafsäcke zusammen und schlief so gut, dass mich auch Hunderte Flöhen- und Wanzenbisse nicht weiter störten. Ein- oder zweimal wachte ich von Granateneinschlägen in der Nähe auf, und einmal weckte mich Hauptmann Rosenbaum und sagte, ich solle mich auf den Boden legen, weil die deutschen Geschütze offenbar auf unsere Straße zielten.

Um sieben Uhr morgens klopfte der junge Franzose an mein Fenster, salutierte und meldete, von allen Anwesenden ausgerechnet mir gegenüber, sein Wachdienst sei nunmehr vorbei, und zog ab, um seine Frau zu finden. Ein aufgebrachter Franzose zwang mich, wegen eines mysteriösen Auftrags, in dem er unterwegs sei, den befehlshabenden Offizier zu wecken. Nichts als Wahnvorstellungen und zuviel Cognac. Ich ging über die Straße zu dem *Facteur-Cheval*-Haus, wo es einen Brunnen und einen Seilzug mit Eimer gab. Ich wusch mich mit meinem Helm als Waschbecken, aß eine »K-Ration« und kratzte an meinen Wanzenbissen. Über mir bebten die Lärmwellen unserer weitreichenden Artillerie.

Ich war jedesmal aufs Neue versucht, zu diesen ratternden Sphärenklängen aufzublicken. Schließlich landeten sie krachend auf der Festung, von wo aus wiederum mit einer Salve geantwortet wurde.

Ich trödelte und wartete, um mich an jemanden zu hängen, der vielleicht irgendwo hingehen oder etwas unternehmen und mich mitnehmen würde. Eine Panzerabwehrkanone rollte auf Kettenraupen über eine Nebenstraße und wurde aufgestellt und einsatzbereit gemacht. Ein paar Monteure befanden sich an ihrer Seite. Die Techniker hockten sich auf die Straße, und die Kanone feuerte auf die Festung. Nur wenige Minuten später zielte das Gegenfeuer auf uns mit 8,8 cm Flak. Pfiiiuuuh Bang, Pfiiiuuuh Bang, Pfiiiuuh Bang – landeten die Geschosse in den Bäumen, Dächern und auf dem Straßenpflaster. Die Jungs an der Kanone achteten nicht weiter drauf, aber da ich hier sowieso nichts zu suchen hatte, zog ich es vor, mich in die Villa zurückzuziehen, wo es aber auch nicht viel sicherer war als auf der Straße.

Im Korridor plapperte ein Mädchen auf Französisch wild drauflos und weinte. Einer der Offiziere von der Artillerie hatte sie im Schlepptau, und ihr Gesicht war zerkratzt. Sie erzählte mir drei Geschichten in zehn Minuten. Dass sie gestern in der Reihe der Flüchtlinge von ihren Freunden getrennt worden war, dass sie nach einer Arbeit suchte, um uns zu unterstützen, dass die Franzosen etwas gegen sie hätten und sie Schutz bräuchte. Ich nahm an, letzteres kam der Wahrheit ziemlich nahe, und als einige französische Sicherheitsoffiziere vorbeiliefen, fragte ich sie, was sie denn von der Angelegenheit hielten. Sie hielten sie für ein ziemlich schlimmes Mädchen, das sich mit allen möglichen Deutschen eingelassen hatte und im Großen und Ganzen eine unerwünschte und gefährliche Person sei. Ich sollte doch so freundlich sein, ein Auge auf sie zu haben, bis die Polizei sich ihrer annehmen würde, denn andernfalls könnte es dazu kommen, dass die Leute ihr die Kehle durchschneiden würden. Sie erblickte unseren französischen Wachmann von der Résistance und warf sich mir an den Hals. Sie heulte, küsste mir die Hände und klammerte sich an meine Beine. Ich konnte ihr keine Ohrfeige geben, wie ich es bei einer Hysterikerin normalerweise getan hätte, weil die Franzosen dies möglicherweise als eine Aufmunterung zu weiteren Haarschnittepisoden und Vergeltungsmaßnahmen missverstanden hätten. Ich musste sie also in den Arm nehmen und brachte sie in das Zimmer meines Kumpels Frank Nassburgh. Ich erklärte ihm mit sanfter, heuchlerischer Stimme auf Englisch, er solle sie dabehalten und so tun, als stünde sie unter seinem Schutz. Ich fühlte mich Judas – furchtbar –, als ich all die Dinge, die ich über sie herausgefunden hatte, mit einer Stimme berichtete, die so klang, als würde ich sie verteidigen.

Ein paar Gestalten von der Spionageabwehr waren angekommen, um den ebenfalls anwesenden Gefängnisdirektor abzuholen. Sie schienen etwas auf der Spur zu sein, und ich schloss mich ihnen an. Sie hatten vor, eine Frau zu verhören, die gestern auf einen Hinweis der Résistance hin ins Gefängnis geworfen worden war. Das CIC* kümmert sich nur um Fälle, die für die militärische Lage eine Gefahr darstellen. Andere Fälle von Kollaboration und ähnliches werden den zivilen Behörden übergeben. In das Gefängnis war ein gewaltiges Loch gesprengt worden, aber es war alles andere als zerstört. Die Frau und ihre drei Kinder wurden in das Büro des Direktors gebracht, ihre Akte auf den Schreibtisch gelegt. Zwei der kleinen Mädchen hatten blaue Samtjacken mit weißen Kaninchenfellkragen an, das dritte war noch ein Kleinkind. In den Akten fanden sich Gehaltsabrechnungen der deutschen Organisation Todt,** bei der sie als

* *Counter Intelligence Corps*, die Spionageabwehr der US Army im 2. Weltkrieg, Vorläufer der heutigen *Defence Intelligence Agency* DIA.

** Paramilitärische Nazibehörde, benannt nach dem »Reichsminister für Bewaffnung und Munition« Fritz Todt. Organisierte die Zwangsarbeit im Reich und in den besetzten Gebieten.

Sekretärin angestellt gewesen war, dazu gültige Ausweise und Lebensmittelkarten und mit »Heil Hitler« unterschriebene Briefe, alle mit Hakenkreuzstempeln. Außerdem noch eine Kollektion pornografischer Fotografien. Es mutete etwas seltsam an, dass eine leicht bieder wirkende Mutter dreier Kinder ausgerechnet diese Bilder aufgehoben hatte. Sie war liederlich, sobald aber nur eine heikle Frage an sie gerichtet wurde, beugte sie sich in der Pose einer Madonna über ihr kleines Kind. Der Mann vom CIC verhörte sie in einem Französisch, das noch stockender war als meines, allerdings mit einer Bing-Crosby-Stimme. Es war wie bei einer Schlange, die einen Vogel hypnotisiert. Sie behauptete, nie eine militärische Information an den Feind verraten zu haben, und falls ihr Ehemann und ihr Neffe, die Verfasser der nazifreundlichen Briefe, dies getan haben sollten, so hätte sie davon nichts gewusst, und ohnehin wären beide verschwunden, wohin wüsste sie nicht.

Wir brachten sie wieder in ihre Zelle. Sie posierte hübsch mit ihren Kindern, als ich sie fotografieren wollte. Die Kinder aßen ein paar bunte *Life-Savers*,* ohne viel Geschmack daran zu finden. Ihre großen, mürrischen Augen waren auf mich geheftet. Sie waren weder eingeschüchtert noch trotzig, sie waren finster und bedrückt, und ich fühlte mich, als müsste ich mich jeden Augenblick übergeben.

Wir fuhren nach Paramé und suchten das Haus, in dem die Frau gewohnt hatte. Es war eine hässliche Backsteinvilla mit einer freistehenden Garage. Wir brachen die Rolläden auf und kletterten in ein unaufgeräumtes Lotterzimmer. Alles darin war schlampig. Kindersachen und Nazipropaganda lagen zusammen verstreut auf dem Boden, daneben dreckiges Geschirr, Wäsche, Nähzeug und Pornografie, leere Schnapsflaschen und Koffer. Im Bade-

* Amerikanische Süßigkeitenmarke, eine Art Minzbonbon, so etwas wie Haribo.

zimmer war die Wanne mit Wasser gefüllt wie in allen Haushalten der Stadt, da die Wasserwerke für längere Zeit außer Betrieb waren. Der Kleiderschrank war voller Herrenbekleidung, in die die Adresse des Herstellers in Kiel genäht war. Die Unordung war im gleichen Maße die eines Alltags unter Bombenangriffen wie die des Haushalts einer nachlässigen Person. Nichts war aus Angst vor der Polizei weggeräumt worden. Alle inkriminierenden Dinge lagen noch offen herum, obwohl es sehr danach aussah, als wären sie von jemandem ziemlich gründlich durchstöbert worden.

Die Nachbarin von gegenüber kam, um nachzusehen, was vor sich ging. (Sie war fort gewesen und war erst an diesem Morgen in ihr kleines Haus zurückgekehrt; ein weiterer Flüchtling. Ihre Kanarienvögel waren noch am Leben. Sie hatte sie mit Bergen von Gemüse, einer Reihe von Untertassen mit Wasser und Samen für acht Tage zurückgelassen.) Sie hatte über die Dame in unserem Gefängnis nichts Gutes zu berichten. Sie erzählte von Festen mit deutschen Gästen und dem unablässigen Strom nächtlicher Besucher.

Einige junge, attraktive Frauen aus der Nachbarschaft kamen herein und erhoben weitere Anschuldigungen gegen unser Opfer. Sie erzählten, dass vor einigen Tagen zwei deutsche Offiziere mit Koffern angekommen wären und das Haus in Zivilkleidung verlassen hätten. Außerdem hätten sie davon gehört, dass der Ehemann der Frau, ein Franzose, der für die Deutschen Arbeitsangelegenheiten organisierte und sich eigentlich in Rennes hätte aufhalten sollen, an demselben Abend zurückgekommen wäre, um sie abzuholen. Wir fanden Fotografien, auf denen er zu identifizieren war. Wir stolperten auch über eine gepackte Tasche mit Frauenkleidung, von der mir klar war, dass sie der Dame des Hauses nicht passen konnte. Ich lief den beiden Mädchen von vorhin hinterher, und diese erkannten die Kleider als die des Dienstmädchens wieder, das in der Nachbarschaft gewohnt hatte und in diesem Haus, wo sie regelmäßig ihre Rendezvous mit ihrem deutschen Liebhaber abhielt, auf einen lasterhaften Pfad geraten war. Die Tasche enthielt Sommerkleidung, mehrere Paare eleganter Plateauschuhe, einen elastischen Badeanzug und dazu haufenweise Propagandamaterial usw. Damit war der Fall erledigt. Es ging nur noch darum, den Ehemann zu erwischen. Die beiden Mädchen hatten übrigens eine harte Zeit durchgemacht. Sie waren charmant und intelligent, wenn sie auch über ihre Nachbarin ihr Gift versprühten. Beide waren Schülerinnen, die sich auf die Universität vorbereiteten. Die eine hatte, nachdem sie nicht zu Unrecht angeklagt worden war, Gaullisten versteckt und unterstützt zu haben, sechzehn Monate in einem Konzentrationslager verbracht. Monate drohender Exekution und der Verzweiflung. Die andere war jünger und hatte gerade vier Monate abgesessen, weil sie das *Croix de Lorraine*[*] unter dem Revers trug.

> *»Nous sommes au cœur du quartier de la Cité, nous parlions au début de cette petite étude...«*[**]

In der Zwischenzeit war man in der Altstadt von Saint-Malo damit beschäftigt, eine Kapitulation zu organisieren. Mir wurde es nicht erlaubt, dabei zu sein, da der Kai sich noch immer unter nahem Maschinengewehrfeuer befand. Also lief ich zum Kommandoposten des 329. Regiments, um zu sehen, was es dort Neues gab. Es schien allerhand zu sein, und der Bataillonskommandant Major Speedie nahm mich auf eine Tour zu mehreren

* Das Lothringerkreuz, seit 1940 das Zeichen der französischen Exilregierung.
** »Wir befinden uns im Herzen dieses Stadtviertels, sprachen wir zu Beginn dieser kleinen Etüde...«

Observationsposten mit, die er für einen Angriff am nächsten Tag auf das *Fort de la Cité D'Aleth* einrichtete. Diese berühmte Festung befand sich auf einem Felsvorsprung bei Saint-Servan und sicherte die Mündung der Rance und den Hafen von Saint-Malo. Bis zu diesem Krieg war sie eine Ruine aus dem 18. Jahrhundert gewesen, die bei Touristen wegen der Assoziationen zu Piraten, Empire, Holländischen wie Englischen Invasionsversuchen und zum antiken Gallien sehr beliebt war. Die Römer hatten dort die Stadt Aleth errichtet, von der noch Spuren erhalten geblieben sind. In der Moderne unternahm Saint-Malos gefürchteter Korsarenkapitän Robert Surcouf unter dem Schutz des Forts seine Beutezüge.

Seit 1940 hatten die Deutschen das Fort mit Bunkern und Geheimwaffen befestigt. Sie gruben Stollen 15 Meter unter massivem Granit, bauten Belüftungsanlagen und Vorratsspeicher und errichteten Telefonverbindungen zu den Festungen von Cap Fréhel, Cézembre und Le Grand Bey. Als die Kämpfe auf dem Festland die Deutschen bis an die Küste zurückdrängten und zur Kapitulation zwangen, ließ der »verrückte Oberst« von Aulock seine berühmte Mätresse zurück und entschied sich dafür, sich mit dem Ausharren in der unüberwindlichen Festung Cité D'Aleth einen Namen zu machen. Er war der Militärgouverneur der gesamten Gegend gewesen, und unsere Leute hatten auf eine soldatische Art einen gesunden Respekt vor ihm. Seine Mätresse, eine deutsche Schönheit, die auch schon mit einem Mitglied der russischen Zarenfamilie etwas gehabt haben soll, begleitete ihn offiziell als Sekretärin und Dolmetscherin und war bei den Einwohnern von Saint-Malo und Saint-Servan gut bekannt. Sie schätzten sie dafür, dass sie sich heimlich in einigen Angelegenheiten diskret und menschlich für sie eingesetzt hatte. Sie nannten sie eine deutsche Nazipatriotin und waren mit ihr wiederholt in Kontakt gekommen. Nämlich immer dann, wenn jemand ein beschlagnahmtes Fahrrad zurückforderte, im Falle eines französischen Patrioten um

Milde bat oder sich für jemanden einsetzte, der die Härten der Zwangsarbeit zu erleiden hatte. Sie befand sich jetzt in strengster Haft. Die meisten Zivilisten hatten die romantische Vorstellung, sie wäre in der Festung zusammen mit dem Oberst, der erklärte, dort bis zum letzten Mann aushalten zu wollen. Damit hatte er das Schicksal der Städte Saint-Malo und Saint-Servan besiegelt.

Der Beobachtungsposten befand sich in einem hohen Apartmentgebäude mit Balkon. Mehrere Offiziere von der Artillerie berieten sich über die morgige Beschießung. Die Fernmeldeleitungen zu dem Gebäude waren noch intakt, doch wurden sie, um den Beschuss zu koordinieren, nicht benutzt. Während des morgigen Sperrfeuers sollten von hier aus die Auswirkungen des Mörserbeschusses beobachtet werden, um die Zielrichtung gegebenenfalls zu korrigieren.

Die Fenster reichten nach französischer Art bis an den Boden, und die Sonne schien fast direkt hinein. Es war deshalb nicht ganz einfach, dem Licht auszuweichen, um von den deutschen Beobachtungsposten in ihrer 820 Meter entfernten befestigten Stellung nicht gesehen zu werden, insbesondere bei reflektierenden Dingen wie Ferngläsern oder Kameraobjektiven in der Hand war Vorsicht geboten. Unsere schwere Artillerie nahm das Fort unter Beschuss, und ein Maschinengewehr ganz in der Nähe feuerte in unregelmäßigen Abständen Salven ab, die von den Sandbänken unterhalb des Forts den Staub aufwirbelten.

Wir gingen hinunter zu einem weiteren Beobachtungsposten, ungefähr 460 Meter vom Fort entfernt. Von dort aus richtete man das leichte Feuer auf die Randbefestigungen, um die Hunnen von ihnen fernzuhalten. Denn schließlich befanden sich dort mörderische 20mm-Kanonen, die auf unsere Beobachtungsposten sowie den Kommandoposten gerichtet waren.

»A l'entrée de la ville s'érige le Victoria Hôtel établissement de premier ordre renommé, aspecte splendidement sur la mer avec très belle vue sur la Cité.«[*]

Danach ging es zum Hotel Victoria. Wir fuhren mit dem Jeep bis zu einer Ecke des Kais und liefen schnell um einen Block und eine verwüstete Straße hinunter. Wir hatten uns ganz schön weit vorgewagt. Der einzige Beobachtungsposten auf dem Kai befand sich ziemlich weit hinten in dem *Château*, das bereits kapituliert hatte. Einer nach dem anderen – erst der Fahrer des Majors, dann ich, schließlich der Major selbst – rannten über die zum Fort hin offene Straßen und warfen uns in die Eingangstür des Hotels.

Dort herrschte ein heilloses Durcheinander. Bilder lagen herum, auf denen Hitler diversen Hunnen die Hände schüttelte. Deutsche Handgranaten bedeckten den Boden. Verschiedene Ausrüstungsgegenstände und persönliche Schätze lagen in der für aufgegebene Armeestützpunkte typischen Unordnung verstreut. Im zweiten Stockwerk lag eine sehr große, halb zerfetzte deutsche Artilleriegranate im Flur. Sie war am gestrigen Tag dort eingeschlagen. Glücklicherweise ein Blindgänger. Aber auch ohne explodiert zu sein, hatte sie Wände eingerissen und das Haus schwer beschädigt. Major Speedie warnte mich, ich solle ja vorsichtig sein, schließlich habe er sein ganzes Glück mit der Granate schon verbraucht, als sie gestern nur wenige Meter neben ihm einschlug.

Im dritten Stock lagen GIs auf Federbetten. Einige waren außer Dienst und schliefen. Es war bequemer, hier zu bleiben und K-Rationen zu essen, als einen Rückzug über

* »Am Eingang der Stadt befindet sich das Hotel Victoria, ein Haus von erstklassigem Ruf mit ausgezeichneter Lage am Meer und schöner Sicht auf die Innenstadt.«

die Straße zu riskieren, nur um dann genau das Gleiche vorgesetzt zu bekommen. Wie überall, wo ich hinkam, waren sie hocherfreut, mich zu sehen. Hauptsächlich, weil es sich bei mir um eine amerikanische Frau handelte, aber auch, weil ich Journalistin war, und sie in die Zeitung kommen wollten wie eben jeder. Die 83. Division hatte sich so lange auf der Geheimhaltungsliste befunden, dass sie glaubte, bereits vergessen worden zu sein. Sie befand sich seit 43 Tagen ohne Ruhepause an der Front, hatte fürchterliche Schlachten geschlagen, schreckliche Verluste erlitten und wurde dennoch immer nur als »amerikanische Truppe« erwähnt.

Im Zimmer nebenan schlief ein Junge zwischen einem Haufen Silbergeschirr. Eine legitime Beute, denn auf ihm befanden sich deutsche Embleme. Unglücklicherweise handelte es sich nicht um übermäßig gutes Silber. Auch die anderen hatten sich deutsche Abzeichen mit Gravur in Hülle und Fülle angeeignet. Außerdem hatten sie ihre Opfer, tot oder lebendig, um deren P38-Pistolen erleichtert.

Ich lag eine Weile auf dem Boden und schaute mir an, wie unsere Artillerie das Fort eindeckte. Der Junge am Fernsprecher sagte an, wann eine Salve losgehen sollte, und dann warteten wir im Schatten liegend mit unseren Ferngläsern.

Die Essenszeit war schon lange vorbei, als wir zum Kommandoposten zurückkehrten, aber die Jungs hatten ein wenig Cornedbeef für uns aufgehoben. Allerdings konnte ich vor Aufregung nichts hinunterbekommen. Auch der Major konnte nichts essen. Er musste zurück, um die Kapitulation der Altstadt entgegenzunehmen. Mitnehmen wollte er mich nicht, also blieb ich bei den Jungs und redete mit ihnen über die Hecken in der Normandie, die Kumpels, die sie verloren hatten, und über ihre Frauen und Kinder. Sie zeigten mir Fotos mit Eselsohren, unscharf und schief, aber für sie waren es die schönsten Kunstwerke der Welt.

Die Dinge entwickelten sich so rasch, dass ich mich entschloss, zum Civil-Affairs-Büro in Saint-Servan zu fahren. Dort gab es ein Telefon, das direkt mit der Front verbunden war, und Leutnant Briggs, der Civil-Affairs-Offizier des Regiments, meinte, es gäbe immerhin die Chance, am Morgen direkt nach Saint-Malo hinein zu kommen, wenn ich nur vor Ort bleiben würde. Hauptmann Frost würde sich jedenfalls mit seinem gesamten Kommando noch am Morgen dorthin aufmachen.

Die 88er-Flakgeschütze trieben wieder ihr Unwesen. Sie schlugen in Sätzen von ungefähr jeweils zwölf ein. Alles, was man hörte, war ein kurzes Pfeifen, das von einem Knall verschluckt wurde. Dann verging ungefähr eine Minute, bis der nächste Schub etwas näher oder weiter einschlug. Sie zielten auf die Regimentskommandantur des Majors, die sich in einer Knabenschule auf der anderen Straßenseite befand. Ich nahm meine Decke und schlug mein Lager draußen im Hinterhof auf. Man gab mir jede Menge gute Ratschläge, und die Stelle fürs Lager wählten wir danach aus, aus welcher Richtung die 88er kamen. Auch achteten wir darauf, eine Mauer als Rückendeckung zu haben. Wir hatten alles noch bei Tageslicht hergerichtet und ruhten uns aus. Alles war sehr bescheiden. Ich hatte seit dem letzten Sonntag weder meine Sachen noch meine Schuhe ausgezogen, und hatte dies auch in jener Nacht nicht mehr vor. In dem Hof stand eine Wasserpumpe und sogar eine Toilette, die wir mit Wasser aus Kübeln spülen mussten. Es gab auch einen Garten mit einem fast völlig intakten Gewächshaus, in dem schon beinahe reife Weintrauben wuchsen, und einen Eingang zum Keller des Gebäudes, der einen guten Unterstand abgab.

Aus dem Nachbarhaus kamen einige MPs, und wir quatschten miteinander bis spät in den Abend. Sie erzählten mir von den Heldentaten einiger der Offiziere, die ich tagsüber getroffen hatte. Hautmann David Gray aus Topeka, Kansas, hatte zusammen mit dem Sanitätsoffizier und Dolmetscher der Festung Dr. Weller mehrfach den schwierigen Austausch verwundeter Gefangener ausbaldowert. Die Deutschen hissten die weiße Fahne, um ihre Bereitschaft zu signalisieren, die bei einem misslungenen Nachtangriff gemachten Gefangenen gegen medizinische Ausrüstung auszutauschen. Manchmal handelte es sich dabei um einen beiderseitig anerkannten Waffenstillstand, in anderen Fällen um einen riskanten Deal, bei dem Dr. Weller in der Mitte der Staumauer unter Maschinengewehrfeuer von beiden Seiten geriet. Geschickt und fair verhandelte Hauptmann Gray über das Schicksal unserer Leute und holte Deutsche und Amerikaner aus der Festung, unter anderem auch zwei Frauen, die dort verschiedenen Zwecken dienten. Einer dieser Spaziergänge »in die Höhle des Löwen« hatte das Ziel, auf die Herausgabe eines Gefangenen zu bestehen, dessen Austausch man zuvor verweigert hatte, weil dieser zu krank gewesen war, um transportiert werden zu können. Weller zeigte die Krankenakte über dessen Beinamputation vor, dann verlangte der Marinearzt der Hunnen die Übergabe eines Arztes, der sich unter unseren Gefangenen befand. Es wurde ausgemacht, die Angelegenheit am nächsten Tag unter der weißen Fahne um zwei Uhr weiter zu verhandeln, sobald wir das Signal der Deutschen bemerken würden. Allerdings hatte Oberst Crabill unterdessen entschieden, dass es »keine weißen Fahnen mehr« geben sollte, »außer sie wären Zeichen der Kapitulation«, der ganze Unsinn müsse endlich ein Ende haben. Dr. Weller kam dennoch zu dem Treffen, allein, ohne jeden Begleitschutz, und wurde von Dr. Gray und Oberst Crabill empfangen, der ihm erklärte, dass er den für eine Stunde später geplanten Luftangriff auf keinen Fall für die Übergabe eines einzelnen Mannes abblasen lassen würde, sondern nur für die Kapitulation der gesamten Garnison. Der schwere Beschuss hatte längst wieder begonnen, als im Fort die weiße Fahne eingeholt wurde. Oberst von Aulock hatte diese Bedingungen abgelehnt. Dr. Gray wartete ab, da er wusste, dass der Luftangriff umgeleitet werden würde (dies war die Bombardierung von Saint-Malo, die ich am Sonntag gesehen hatte), und lief wieder zum Bunker, um die Herausgabe seines Patienten zu erbitten. Der Oberst ließ ihm ausrichten, dass nunmehr alle Verhandlungen beendet seien und er sich »für den fairen Kampf« bedanke.

Es wurden Geschichten über Hauptmann Boyd erzählt, der auf einen Bunker mit einer nicht anerkannten weißen Fahne kletterte, um sich zu überzeugen, ob die Deutschen nicht vielleicht doch ihre Meinung geändert hätten, und dem von einer aus einem Schützenloch herausgestreckten Hand zugewinkt wurde. Major Speedie, Dr. Gray und ein Freiwilliger mit dem Namen Rifferetti gingen mit ihrer Fahne einmal auf Kundschaft, um zu überprüfen, ob es zurückgelassene Deutsche gab. Es gab sie.

All diesen Heldengeschichten zu folgen, wäre schon verwirrend genug gewesen, hätte man mir nicht gesteckt, dass ausgerechnet der MP, der sie mir erzählt hatte, dafür verantwortlich war, einem Deutschen mit einer weißen Fahne, der wir die Anerkennung verweigerten, mit bloßen Händen entgegenzutreten und zu seiner Entschuldigung lediglich zu sagen hatte, dass es nun einmal zu den Pflichten eines MPs gehöre, für Kriegsgefangene die Verantwortung zu übernehmen, und um eben solche hätte es sich ja handeln können. Er war ein riesiger Kerl mit einer außergewöhnlichen Persönlichkeit, und ich bin froh, dass er mich mochte. Ich nehme alles zurück, was ich vielleicht über die MPs gesagt habe. Sie sind absolut wunderbar.

In der Nacht gab es lediglich gewöhnliches Artilleriefeuer. Ein Offizier mit dem Namen Knoblock und dessen Fahrer legten ihre Decken neben meine, und ich schlief etwa bis fünf, als das Feuer der 88er einsetzte. Ungefähr 60 Granaten schlugen in unserer Nähe ein, und wir wurden mit Ziegelsplittern, Baumzweigen und Dreck überhäuft. Knoblock und sein Fahrer legten sich wieder schlafen, ich aber hatte fürchterliche Kopfschmerzen – eine Lektion für mich, keinen allzu jungen Cognac zu trinken, egal, ob erbeutet oder nicht.

Leise schlich eine Gestalt im Garten hinter dem Gewächshaus im grünlichen Licht der Dämmerung herum. Sie trug ein Maschinengewehr, und ich dachte schon, es würde sich um einen Deutschen handeln. Ich stieß Knoblock in die Rippen, aber der wollte nicht aufwachen, also setzte ich mich, in die Meerjungfrauenschleppe meiner Decke gewickelt, auf. Die Gestalt hatte uns nicht bemerkt und war dann ebenfalls überrascht. Es handelte sich um einen MP von nebenan. Die Jeeps, die vor den beiden Türen standen, waren von einer der 88er kaputtgeschossen worden. Eine weitere hatte zwei Wände unseres Hauses direkt über mir durchlöchert. Wir legten uns wieder schlafen.

Am nächsten Morgen blieb ich fürs Erste und hoffte, nach Saint-Malo zu kommen. Ich frühstückte mit den MPs, die für alles sorgten und sogar heißes Wasser hatten, das sie im Keller kochten. Draußen waren Feuer, Beleuchtung und das Rauchen von Zigaretten streng verboten, da sie die Aufmerksamkeit von Scharfschützen und feindlichen Beobachtungsposten hätten erregen können. Die nachlässigen französischen Zivilisten machten allerdings soviel Licht, wie sie wollten. Seit die Flüchtlinge zurückgekehrt waren, hatte es jede Menge Ärger mit dem Beschuss beleuchteter Ziele gegeben. Sogar vereinzelte Fälle von Signalen an feindliche Posten und Brandstiftung waren vorgekommen. Häuser waren innerhalb von zwei Stunden nach dem Waffenstillstand und der Auslieferung der Flüchtlinge mit deutscher Gerätschaft in Brand gesetzt worden. Zweifellos hatten die Hunnen getarnte Saboteure und Soldaten losgeschickt, die sich unter den freigelassenen Franzosen befanden. Außerdem hatten sie uns damit verwirrt, dass sie anstatt der angekündigten 500 mehr als tausend Menschen freiließen. Eine solche Anzahl konnte innerhalb der verbliebenen Stunde des Waffenstillstands, die zudem in die Zeit der Verdunkelungspflicht hineinreichte, nicht überprüft werden.

Die MPs erhielten den Befehl abzuziehen, und packten ihre Sachen. Aus Dankbarkeit für das Frühstück machte ich für sie den Küchendienst. Schon während ich abwusch, fing ich an, sie zu vermissen. Letzte Nacht hatten sie noch erzählt, dass sie lieber Infanteriesoldaten geworden wären, und nun sah es ganz danach aus, als müssten sie eine Ewigkeit lang zu Fuß gehen, weil ihr Fuhrpark während der Nacht von den Granaten zerstört worden war. Wenigstens konnten wir unsere Feuerzeuge am leckenden Tank eines Jeeps wieder auffüllen.

Ich erwischte eine Mitfahrgelegenheit nach Saint-Malo, das aber gerade von den Truppen evakuiert wurde, da diese sich im Bereich des für den Nachmittag geplanten Luftbombardements befanden. Ich sah mich nicht groß um. Es handelte sich bloß um eine weitere zerstörte Gegend, und ich konnte nicht aufhören, daran zu denken, dass dies der Ort war, an dem ich vor fünf Jahren meine letzten Stunden in Frankreich verbrachte, bevor ich, einen Tag vor der Kriegserklärung, das Land verließ. Ich hielt mich aber nicht weiter mit den Sentimentalitäten auf, die dieser Augenblick für mich bedeutete.

> *»Saint-Malo, ville unique par la grandeur de ses souvenirs et par son charme personnel, est, de plus, un délicieux centre d'excursions.«* *

Eine Kompanie zog aus Saint-Malo ab und war kampfbereit. An den Revers ihrer Jacken hingen die Handgranaten

* »Saint-Malo, eine einzigartige Stadt, ist mit ihren großartigen Denkmälern und ihrem persönlichen Charme ein herrliches Ausflugszentrum.«

wie Anstecknadeln von Cartier und drohten bündelweise mit dem Tod. Alle waren dabei, die Stadt zu verlassen wie das sprichwörtliche sinkende Schiff. Man räumte nicht einmal die Leichen beiseite, die in den Straßen lagen. Der Krieg war ihr Geschäft, und sie begaben sich auf einen abschüssigen Marsch durch die Stadt Saint-Servan hinunter zum Platz vor der *Mairie* (Rathaus) – ein hübscher kleiner Platz, wenn Nationalfeiertag gewesen wäre, nun aber war es ein Platz in der Hölle mit ausgehobenen Bunkern und Handgranaten. Ich begab mich zum Kommandoposten in der Knabenschule. Telefone und Funkanlage befanden sich auf dem Balkon zum Hof genau vor dem Büro des Bürgermeisters. Ich setzte mich und hörte den Befehlen und Anfragen zu, die von allen Seiten hereinkamen. In einer Ecke lagen Rucksäcke auf einem Haufen. Sie gehörten dem neu eingetroffenen Nachschub, der für die Schlacht bereits eingeteilt war. Reservesoldaten und Teile der Mannschaft des Hauptquartiers, die gerade außer Dienst waren, lümmelten in den Klassenzimmern in der Nähe des Balkons herum. An den Tafeln waren noch mit Kreide geschriebene deutsch-französische Vokabellektionen zu lesen, und deutsche Tourismusplakate zierten die Wände.

In einem anderen Raum hingen an den Wänden die albernen 19.-Jahrhundert-Bilder der »Familie Durand«* mit ihren Katzen, Kanarienvögeln und überfüllten Zimmern. Ein langer Zeigestock wies auf einen Herren mit Backenbart: *ce monsieur est un soldat*. Dieser Herr ist Soldat, beachten Sie seine Sporen, sein *fusil* (Flinte, Gewehr), *ses cartouches* (Munition), *et la plume de ma tante est sur la puptire* (und der Federkiel meiner Tante befindet sich auf dem Pult) meines Onkels.

* Eine inzwischen vergessene Reihe populärer Karikaturen der exemplarisch kleinbürgerlichen Familie »im Theater«, »im Wohnzimmer« usw., meist auf Postkarten u.ä. verbreitet.

Sie waren vergilbt vom Alter und bedeckt mit Fliegendreck, nostalgisch, aber wahrer als die Eisenbahnplakate von britischen Touristenattraktionen wie Bath und Coventry, die den übrigen Raum ausfüllten. Ich fragte mich, was die Schüler wohl dazu gesagt haben mögen.

Soldaten aller Dienstgrade kamen ins Büro des Bürgermeisters und schauten auf Karten und Frontbewegungen. Es gab nach den Informationen von Kriegsgefangenen angefertigte Skizzen und von Deserteuren ausgehändigte Zeichnungen verminter Gebiete. Am anderen Ende des Balkons instruierte ein Hauptmann seine Mannschaft. Ich lehnte mich über das Geländer und hörte zu, wie Befehle gegeben und Aufgaben verteilt wurden. Es wurde auf Barrieren und Minenfelder hingewiesen, Signale erklärt, man diskutierte über die Höhe eines Damms oder die Feuerkraft einer bestimmten Anzahl von Geschützen.

Am Treppengeländer zum Hof stand eine Gruppe fremd wirkender GIs. Es stellte sich heraus, dass es sich um Polen handelte, die in der Nacht zuvor aus der Festung desertiert und zu uns übergelaufen waren. Sie hatten sich freiwillig gemeldet, unsere Truppen in die Zitadelle zu führen. Keiner von ihnen sprach Englisch, doch einige unserer Jungs mit polnischer Abstammung gaben kompetente und begeisterte Dolmetscher für mich ab. Die Polen hatten alle mehr oder weniger dieselbe Geschichte: Sie wurden zum Militärdienst gezwungen oder hatten Angehörige, die als Geiseln gehalten wurden. Sie fügten sich und verrichteten ihren Dienst mit einem Minimum an Pflichtgefühl. Einer von ihnen sprach eine Art Französisch, und ich berichtete ihm alles, was ich über die polnische Armee in England wusste, alles, was ich in den Zeitungen über die Tapferkeit und den Wagemut der polnischen Piloten gelesen hatte, über deren Galanterie und ihren Erfolg bei den Mädchen. Höflich verschwieg ich dabei alles über ihre finsteren politischen Pläne und reaktionären Motive. Sie waren begeistert, endlich für die eigene Sache kämpfen zu dürfen. Sie hatten Kumpels in der Festung, die ebenfalls auf eine Gelegenheit zu entkommen hofften. Sie wollten sie befreien.

Hauptm. Roland Penrose

Liebster,
der entscheidende Angriff auf die Zitadelle steht bevor. Ich bin bei der Belagerung von Saint-Malo dabei und in wenigen Augenblicken, falls man mich bei der allgemeinen Geschäftigkeit nicht vergisst, werde ich mich in einer Operation inmitten des bombardierten Gebiets befinden, um mir alles anzuschauen und Fotos zu machen. Natürlich bin ich ein bisschen nervös, schließlich werden bald 200-Pfund-Bomben, unsere, vom Himmel fallen. Ich bin mir sicher, dass mir nichts geschieht, denn ich weiß, dass unser gemeinsames Leben weitergehen wird, für immer. Ich werde nicht mystisch, ich bin mir einfach sicher und ich liebe dich.

Lee*

Es war an der Zeit aufzubrechen. Ich folgte einem Draht bis zu den Granatwerfern. Dort führte man Probeschüsse mit Rauchbomben aus und justierte Zieleinstellung und Munitionierung. Man nennt das »auf die Leiter steigen«. Ich konnte die Stimmen der Soldaten hören, die an einem kleinen Platz auf ihren Einsatz warteten. Wir befanden uns alle innerhalb des Bereichs, der bombardiert wurde.

Die Zeit verging langsam; langsam und angespannt. Vereinzelte Schüsse prallten auf die Festung: erst in der Nähe der Brüstung, dann an jener großen Bresche, die von anderen Bomben bereits geschlagen war.

* Diese Notiz wurde per Hand in dunkelblauer Tinte auf einem 133 x 103 mm großen, mehrfach gefalteten Bogen Papier geschrieben.

Der Junge am Telefon sagte, es seien Flugzeuge zu hören. Wir warteten. Dann hörten wir sie auch, wie sie langsam die Luft erbeben ließen, ähnlich wie ich sie schon in England gehört hatte, wie sie die Luft vibrieren ließen. Diesmal warfen sie ihre Bomben auf jenes kauernde Mauerwerk, das 640 Meter von uns entfernt war. Sie kamen pünktlich – Bomben los! Ein schwaches Knattern des Todes war zu vernehmen, als sie in der Zitadelle einschlugen – tödlicher Treffer! Für einen Augenblick konnte ich sehen, wo und in welchem Ausmaß, dann war alles von dem schwarzweißen Rauch verschluckt, der sich in pilzförmigen Säulen stoßweise auftürmte. Unser Haus wackelte. Dinge flogen durch die Fenster. Weitere Bomben krachten, donnerten, blitzten – wie der Vesuv. Der Rauch verzog sich in einer langen Schwade. Dann ein dritter Schlag. Die Stadt bebte von der Explosion. Eine gewaltige Lücke war bereits ins Fort gesprengt worden, und wir warteten auf den nächsten Angriff. Der war weniger gut gezielt und traf die Häuser, die sich links von der Auffahrt zur Zitadelle befanden. Feuer brach aus. Die nächste Ladung krachte wieder genau ins Ziel. Einen Augenblick der Stille lang lag sie wie in der Festung vergraben, bevor sie explodierte. Eine Brandbombe traf in die Lücke, und eine schwarze Rauchsäule stieg langsam auf – hoch und vielversprechend. Ein Treibstofflager oder etwas Ähnliches brannte im Fort.*

Blitzartig explodierten einige der im Boden steckenden Bomben mit Zeitzünder. Mit der nächsten Angriffswelle wurden leichte Brandbomben geworfen. Viele fielen ins Wasser zur Rechten des Forts, einige auf den Boden des

* Lee Miller war sich mit großer Sicherheit nicht im Klaren darüber, dass dies in Wahrheit einer der ersten Luftangriffe war, bei denen Napalm eingesetzt wurde, was zu diesem Zeitpunkt noch *top secret* war. Als man ihren Film später bei *Vogue* in London entwickelte, wurde er von der Zensur zunächst konfisziert, dann aber zurückgegeben.

Abhangs, mehr noch aber in die Festung. Unsere Artillerie begann mit dem Sperrfeuer. Während der letzten Welle des Luftangriffs hatten die Soldaten begonnen, sich die Straßen hinunterzubewegen, um sich zwischen den brennenden Gebäuden in der unmittelbaren Nähe des Forts zu versammeln. Das trockene, schnelle Knattern unserer Maschinengewehre hatte einen gespenstischen Hall. Die 200-Schuss-die-Minute-Geschütze des Feindes gaben grausame Antwort. Die Rauchwand vor unseren Mörsern bebte und verzog sich. Unsere schwere Artillerie feuerte auf den Festungsgraben, das Fort und die Befestigungsanlagen. Unsere Soldaten verließen die Häuser. Ich konnte sie neben einem orange gekachelten Gebäude erkennen, wie sie auf die Felsen zukrochen und sich der Auffahrt zum Fort näherten, während sich schon die nächste Abteilung geduckt vor den Häusern zu den Felsen schlich, um darauf zu warten, bis sie an der Reihe war. Es war ein schwerer Anstieg, und die Uniformen der Soldaten hatten die Farbe der verbrannten Erde, auf der sie sich bewegten. Ich versetzte mich in ihre Lage. Meine Arme und Beine schmerzten und verkrampften sich. Der erste Mann, der über die Absturzkante kletterte, zögerte ein wenig, dann drehte er sich um und streckte seine Hand aus, um den anderen hinaufzuhelfen. Einer nach dem anderen gelangten die Männer nach oben und scherten nach rechts aus. Es ließ einem vor Angst das Knochenmark gefrieren. Das Gebäude, in dem wir uns befanden, wurde jetzt genauso beschossen wie alle anderen in der Nähe des Forts auch. Ping, Bang – schlug es über unserem Fenster ein, dann im Haus neben uns sowie dem Balkon unter uns. Eine rasche Folge seltsamer Geräusche. Der Einschlag erfolgte schon vor dem Schussgeräusch, immer nach demselben Muster. Prasselnde Hundertersalven, die von dort, wo wir uns befanden, widerhallten. Maschinengewehrfeuer kam von der Brüstung der Befestigungsanlage. Die Männer legten sich flach auf den Boden. Sie krochen und stolperten in Deckung, wozu ihnen auch Granateinschlaglöcher dienten. Einige krochen weiter, andere rannten nach links, raus aus dem Schussfeld. Ein Mann kam oben an. Es war ein Riese. Eine breitschultrige Silhouette, die sich zwischen einem Bunker und dem Fort schwarz vor dem Himmel abzeichnete. Er hob seinen Arm. Die Geste eines Kavallerieoffiziers, der mit seinem Säbel die anderen zum Angriff auffordert. Er winkte dem Tod zu und fiel, während die Hand auf das Fort zeigte. Die Männer zogen sich vom Weg, dem er gefolgt war, zurück und wichen nach links aus. Es war ein Rückzug. Einzeln oder zu mehreren gingen sie in Deckung.

Gebückt, kauernd, krabbelnd halfen sie einander. Kurz herrschte eine Stille der Erwartung oder Verzweiflung. Ich konnte am Abhang Stimmen, Befehle und Anweisungen mit albtraumhafter Undeutlichkeit rufen hören.

An der Stelle, wo sich eben noch die Männer befunden hatten, die am weitesten vorgedrungen waren, gab es eine große, schwarze Explosion. Cézembre feuerte mit Granaten auf ihre Geschwister-Festung. Es sollte jedoch nicht die Besatzer treffen, sondern unsere Soldaten zerfetzen, die die Böschung, die sie so mühevoll hinaufgeklettert waren, nun wieder hinabrutschten. Weitere Ladungen aus Cézembre landeten am Rand des Forts. Sie wurden per Funk dirigiert, möglicherweise aus Cité D'Aleth selbst, und befolgten die Anweisungen mit grausamer Genauigkeit. Eine Ladung traf und zerstreute die Männer unten am Anstieg. Unser Mörserfeuer deckte die Befestigungen ein, um sie ruhig zu halten, Artillerie und Rauchbomben feuerten auf das Fort über den Köpfen unserer Männer hinweg, damit die Krauts sie nicht auf dem Rückzug abschlachteten.

Sie schafften es zurück zu den Häusern. Unsere Maschinengewehre trommelten munter weiter. Die einschlagenden Geschosse aus Cézembre erwischten weitere unserer sich zurückziehenden Soldaten zwischen den Felsen, Abhängen und Gebäuden. Die Geschütze aus der

Cité D'Aleth konnten sie dort nicht erreichen, sie widmeten dafür uns ihre Aufmerksamkeit. Wir verteilten uns auf mehrere Zimmer. Alle waren bedrückt, schweigsam und schmerzverzerrt wie bei einem schrecklichen Kater. Die Männer waren auf den Rathausplatz zurückgekehrt. Um die Verwundeten kümmerte sich die Ambulanz, die Toten waren zurückgelassen worden.

Hauptmann Patterson, der den Angriff angeführt hatte, stampfte verbittert, wütend und verdreckt zu seinem Kommandoposten zurück. Ich saß in einem der Klassenzimmer und sah vor meinem inneren Auge noch immer, wie sich die kleinen Männer den Anstieg hinaufkämpften. Ich sah sie vor mir auf dem Boden, an der Tafel, auf den Plakaten, an der Decke, höher und immer höher, wohin ich auch blickte: die Dromomanie des Aufstiegs, den massigen Mann mit dem winkenden Arm, das Einschlagen der die Männer hinwegfegenden Granaten. Eine Schande, eine so tapfere Schande.

Ein Soldat bat mich, nach draußen zu kommen. Drei Männer saßen hinten auf einem Jeep. Es waren die Polen. Der vierte, jener, der Französisch sprach, war tot. Sie fragten mich, ob ich sie nicht zusammen mit ihren Habseligkeiten vor dem Jeep fotografieren wollte? Und ob ich ihnen nicht einen Kuss geben würde?

Ich hockte mich auf die Veranda zusammen mit Hauptmann Marcovitch, der mit der Gruppe das Fort stürmen sollte, die sich beim Beginn des Rückzugs noch zwischen den Felsen befunden hatte. Sie hatten Leitern, Flammenwerfer und Panzerfäuste bei sich. Er war deprimiert. Er hatte das Fort schon einmal gestürmt und diesmal gehofft, erfolgreich zu sein.

Der Kommandoposten wurde in die Altstadt von Saint-Malo verlegt. Die Jungs verließen die Klassenzimmer und sammelten ihre Ausrüstung zusammen. Hauptmann White nahm mich mit. Ich saß auf dem Beifahrersitz auf einem Berg von Rucksäcken. Wir fuhren niedergeschlagen zum Hotel Univers in der Altstadt. Wir bemerkten nicht mal die 88er, die während unserer Fahrt auf die Dächer der Häuser einprasselten, und achteten auch nicht auf gesunkene Schiffe oder brennende Speicher.

> *»Entrons en ville, parcourons les petites rues bizarrement enchevêtrées, aux noms surannés.«*[*]

Auf dem Place Châteaubriand befand sich niemand bis auf einen Wachposten. Stiefel und Munitionshülsen lagen herum. Wo früher einmal vor dem nunmehr ausgebrannten Hotel Châteaubriand die Kaffeehaustische standen, befand sich jetzt Stacheldraht mit Sprengfallen. Die Toten stanken, Staub wirbelte auf. Das Hotel Univers war so gut wie intakt geblieben. Das 389. Regiment sollte dort einziehen, um in den Genuss von Wein und frischen Bettlaken zu kommen. Die Straßen waren schwarz vom Schutt einer Mauer. Es wirkte wie Malta – und war auch ebenso gefährlich. Vereinzelte Schornsteine überragten die Reste der Gebäude unter ihnen und rauchten. Verängstigte Katzen streunten einsam herum. Ein aufgequollener Pferdekadaver hatte dem hinter ihm liegenden amerikanischen Soldaten keine ausreichende Deckung geben können. Blumentöpfe standen in Fenstern, hinter denen es keine Zimmer mehr gab. Fliegen und Wespen schwirrten aus unterirdischen Gewölben, die nach Tod und saurem Elend stanken. Das Artilleriefeuer ließ weitere Mauerbrocken auf die Straßen fallen. Ich suchte in einem ehemaligen Unterstand der Krauts Deckung und kauerte mich an die aufgeschüttete Erde. Mein Siefelabsatz bohrte sich in eine abgetrennte Hand, und ich verfluchte die Deutschen für die fürchterliche Zerstörung,

* »Lassen Sie uns in die Stadt gehen und durch die seltsam verschlungenen kleinen Gassen mit den altmodischen Namen spazieren.«

die sie über diese ehemals so schöne Stadt gebracht hatten. Ich fragte mich, wo meine Freunde aus den Zeiten vor dem Krieg abgeblieben waren. Wie viele von ihnen wohl zum Verrat gezwungen und erniedrigt, wie viele erschossen oder ausgehungert worden waren oder was auch immer. Ich hob die abgetrennte Hand auf und warf sie auf die Straße. Dann rannte ich den Weg zurück, den ich gekommen war. Ich stolperte über Steinhaufen und rutschte in Blutlachen aus. Gott, es war grässlich.

Die Soldaten kamen durch einen Torbogen angelaufen. Sie schwärmten aus, kletterten mit Telefondrähten auf Mauern, richteten sich in der Speisekammer häuslich ein, lehnten Gewehre an Erdwälle, säuberten ihre Waffen, rasierten sich am Informationsstand für Touristen, errichteten ein Lazarett im Hof des Hotels. Sie lachten, machten Witze, veralberten mich. Sie baten mich darum, amerikanisch zu sprechen, weil sie so großes Heimweh hätten, überbrachten mir Souvenirs und zogen dieselbe Nummer ab, die ich in Lazaretten, in der Schlacht und am Piccadilly Circus schon oft erlebt hatte: »Hey Lady, machen Sie mal 'n Foto und bringen Sie's in der Zeitung.«

»Des temps héroiques, le château est le noble temoin.« *

Im Innenhof des Schlosses sah es abscheulich aus. Blindgänger lagen herum, ein ungeheuer widerlicher Gestank verbreitete sich. Das Denkmal stand noch, zu seiner Linken befand sich das Grab eines Amerikaners, der als Kriegsgefangener gestorben war. In seinem Helm waren zwei gezackte Löcher. Slawisch aussehende Karren standen vor der Eingangstür der Bank, in der 200 Millionen Francs deponiert waren. Zwangsverpflichtete Soldaten

* »Von heroischen Zeiten ist das Schloss der edle Zeuge.«

russischer Herkunft hatten diese Kutschen in dieses Desaster hier gefahren. Die Pferde lagen tot und aufgequollen in den Ställen. Sie waren zu groß gewesen, um sie durch die Tür zu bekommen.

Ein oder zwei Gebäude waren ausgehöhlt, in einem weiteren aber wohnte noch eine Familie, die es abgelehnt hatte, evakuiert zu werden, weil das Pflichtgefühl ihr die Bewachung der Bank befahl. Sie steckten ihre Köpfe aus einem mit Geranien geschmückten Fenster. Ein sehr fetter Mann unter einem weißen Schutzhelm, der Buchprüfer der Bank, war der erste Gefangene gewesen, den unsere Jungs gemacht hatten, als sie am Tag zuvor in die Stadt gekommen waren. Er hatte während einer Gefechtspause draußen ein wenig herumgestöbert und nach Brot gesucht. Er gab mir ein großes Blechmegaphon, das mir die GIs am folgenden Tag wieder abnahmen. Die Deutschen hatten es benutzt, um der Zivilbevölkerung Befehle zuzubrüllen.

Die Telefone wurden in der Schreibstube der Rezeption des Hotel Univers installiert. Die Rezeption der *Concièrge* diente einigen Soldaten als Behausung. Der gläsern überdachte Durchgang zum Restaurant sah ziemlich mitgenommen aus, die Palmen waren verdorrt und zerrupft. Ein älterer, im blauen Kittel des *Sommeliers* gekleideter Mann sagte, dass der Hoteleigentümer ihm aufgetragen hätte, für alles zu sorgen, was die Amerikaner brauchen würden. Der Weinkeller war unser! Wir machten uns mit Kerzen auf den Weg nach unten in die Katakomben. Durch ein Fenster im Hof kletterten wir über Wäschehaufen, um schließlich auf Kisten Sauternes, Vouvray, Magnumflaschen Champagner, Bordeaux, Burgunder und alles, was man sich nur wünschen konnte, zu stoßen. Mir fiel die Aufgabe zu, für einige der Jungs die Weine auszusuchen. Sie wussten, dass ich die Etiketten lesen konnte, und wollten unbedingt die süßesten Weine haben. Ich gab ihnen Graves und Sauternes. Für mich suchte ich Vouvray und Pouilly aus – beide wunderbar –, ein paar

Weine aus Beaume und ein paar halbe Flaschen aus Bordeauxlagen, denen ich auf sentimentale Weise zugetan war.

Fast alle Offiziere hatten sich im Zimmer des Majors versammelt. Nummer 88. Der Major machte eine Flasche Champagner auf und zielte dabei mit dem Korken so akkurat auf einen Helm wie die Bomber auf das Fort. Wir tranken aus Kristallgläsern, die ich mit einer Bettdecke poliert hatte. Ich war gerade dabei, die Erkennungshymne des Regiments zu lernen, als ein gewaltiger Sturm losbrach, der das Geschützfeuer mit Blitz und Donner erstickte und sintflutartig den Staub der Bomben von den Ruinen spülte.

Inzwischen waren mir die Filme ausgegangen, und ich erhielt die Erlaubnis, aus einem Fotogeschäft am Ende der Straße zu holen, was ich brauchte. Von Rolleiflex war nichts im Angebot, aber es gab jede Menge Leica-Filme – deutsche Herstellung – und einen Haufen Zubehör. Im Keller befand sich, so gut wie unbeschädigt, eine komplett eingerichtete Dunkelkammer. Im Trockenständer lagen noch die Filme deutscher Soldaten in Siegerpose vor ihren Waffen. Vorhanden waren auch drei oder vier Vergrößerer und eine Automatik zur Herstellung von Hochglanzfotos. Die Chemikalien befanden sich opak und schaumig in den Becken. Wie überall in der Stadt gab es auch hier kein fließendes Wasser, aber es schien, als ob jemand meine Gebete nach solch einem Laden erhört hätte. Hauptmann MacFarlane, der meine Familie in den Staaten kannte, ein Feldwebel, der vor dem Krieg professioneller Fotograf gewesen war, und ich richteten den Laden her, um die Fotos zu entwickeln, die die Jungs während des Feldzugs in der Normandie bisher gemacht hatten. Ich hatte das Fotografieren in Frankreich erlernt, die Formeln, Fachbegriffe und auch die Maßeinheiten (für Gewichte und Flüssigkeiten) waren mir daher alles andere als fremd. Wir maßen die Chemikalien im Vorderzimmer ab, weil dort wegen eines Bombeneinschlags das Licht hereinschien, und arbeiteten hinten mit einer GI-Taschenlampe. Fotopapier war ausreichend vorhanden, aber Abzüge zu machen wäre ohne zu tricksen nicht möglich gewesen.

Ich versuchte, mich mit dem Major zum Essen zu verabreden, aber der wurde abgeholt, um die 200 Millionen Francs zu zählen oder etwas in der Art. Also ging ich zurück zu Hauptmann Frosts CA-Büro, dem vormaligen Quartier der Militärpolizei, und suchte mir ein kleines Zimmer aus. Vier oder fünf Wände weiter war man schon im Zielgebiet der 88er, aber das Fenster war klein genug, um es mit einer Decke zu verdunkeln. Die Gelegenheit, eine der vielen Kerzen zu benutzen, die ich eingesackt hatte, um ein bisschen an diesem Artikel zu arbeiten. Ich schrieb dann aber gar nichts, weil bestimmt jemand das Fenster unter Beschuss genommen hätte. Ich lag also im Dunkeln und sah wieder die Männer, wie sie den Anstieg hinaufkletterten, während irgendwo eine in der Falle sitzende Katze um ihr Leben schrie. Es war eine schlaflose Nacht voller Wanzenbisse. Sobald ich mich aufraffen wollte, um im Keller bei Frank Nassburgh und Victor Onmann, zwei Feldwebel bei den CA, zu schlafen, hörte ich das Knattern einer weiteren Salve von 88ern. Da der Flur mit Glas überdacht war, verzichtete ich. Draußen hörte man die Aufklärungsflieger des Feindes, Schüsse im Dunkeln und vereinzelte Schritte umherschleichender Männer. Ich kratzte an meinen Wanzenbissen und spielte in völliger Dunkelheit mit Tarzan, einem kleinen Kätzchen, das unbekümmert zu sein schien und ganz bestimmt auch nicht weniger Flöhe hatte als ich.

Am nächsten Morgen sagte mir Leutnant Briggs, dass Dinard während der vorletzten Nacht befreit worden sei und ich seinen Fahrer Fred Feekart dorthin begleiten könne, sobald der gegen Mittag aufbrechen würde, um weitere Befehle entgegenzunehmen. Ich hatte das Gefühl, dass es vernünftig war mitzugehen, schließlich ist Dinard ein berühmtes Seebad, auch wenn ich es nie besonders gemocht hatte und verdammt wenig darum gab, wie es mittlerweile dort aussah, nachdem die Deutschen in der Stadt das Kommando gehabt hatten. Früher dauerte die Überfahrt mit dem Boot nicht länger als fünfzehn Minuten. Außerdem gab es eine Schnellstraße. Der Seeweg kam jetzt nicht in Frage, und die Brücke nach Dinard war zerstört. Also nahmen Fred und ich den Umweg über Dinan, das von Blumen und Fahnen übersät war. Schwärme von Kindern wollten Bonbons, Zigaretten für Papa oder eine Fahrt im Jeep. Alle Kinder in diesen Städten haben die unselige Angewohnheit angenommen zu betteln. Sie sind lebhaft und bezaubernd, aber das Schmarotzen ist bei ihnen zu einem Spiel und zu einem Sport geworden. In den zerstörten Städten ist das noch etwas anderes, aber Dinan war nicht in Bedrängnis geraten und hatte keinen Krieg und keinen Mangel erlebt. Die Läden und Restaurants waren geöffnet, der Zugang dem Militär aber nicht gestattet, so dass die Preise stabil geblieben und Vorräte reichlich vorhanden sind. Im Abkommen mit der französischen Regierung sind alle zivilen Einrichtungen für Armeeangehörige »out of bounds« (Betreten untersagt), und die Militärpolizei kontrolliert dies, so dass auch Offiziere von ihr aus dem Café gezerrt werden, falls sie nicht die Zeit hatten, von den Verbotsschildern Notiz zu nehmen.

Wir rasten nach Dinard. Fred hat offensichtlich fliehende Wildpferde und eine Spitfire im Blut, wenn er am Steuer sitzt. Aber ich kenne den Trick, seit ich am Roten Meer auf Kamelen geritten bin. Die Muskeln vergessen es nie wieder, sich zu lockern, sobald sie sich einmal an die Gangart eines Kamels gewöhnt haben. Das ist nicht wie bei dem Muskelkater, der sich bei der jährlichen Eröffnung der Reitsaison auf einem Pferderücken zwangsläufig einstellt.

Im Kampfgebiet wird die Windschutzscheibe immer auf die Haube zurückgeklappt und abgedeckt, so dass sie nicht in der Sonne reflektieren und vom Feind bemerkt werden kann. Das Anbringen des Zeltstoffdaches ist nicht erlaubt, ganz gleich, ob es regnet oder die Sonne scheint. Man trägt einen Stahlhelm, einen Overall und Fallschirmspringerstiefel. Man trägt eine Waffe (außer Nichtkombattanten) und hält an, sobald Militärpolizei in Sicht ist. Eine Wasserflasche (Kanister) ist eine Notwendigkeit, Essgeschirr ist überflüssig, weil es außer K-Rationen ohnehin kein Essen gibt. Porzellan und Silberbesteck wie in den Hotels und requirierten Haushalten sind ebenfalls nicht vorhanden.

Je näher man an die Front kommt, desto einfacher werden die Dinge. Auf einem Stützpunkt, wo man im Schnitt drei Formulardurchschläge anfertigt, bevor man sie ungelesen wegschmeißt, gibt es Duschen, saubere Laken und keine Flöhe, aber weder die Zigarettenration noch die Post kommen an, und Milch für den Kaffee ist auch keine da. Es gibt auch kein Toilettenpapier auf Toiletten, deren Spülung wirklich funktioniert. An der Front gibt es Zigaretten, die auf einem Haufen liegen, von dem sich jeder bedient, ebenso Streichhölzer, Papier und Flöhe. Man fährt per Anhalter, ohne extra einen Antrag auszufüllen. Wenn jemand hört, dass dir der Film ausgegangen ist, gibt er dir welche von seinen Filmen. Kaffee ist immer genug da. Denn bis du gelernt hast, wie man ein rauchfreies Feuer macht, um Wasser zu kochen, hast du schon soviel von dem Nescafé aus der K-Ration gespart, dass es noch für einen zweiten oder dritten Kaffee reicht. Hier findet man keine Kinder, die um Kaugummi betteln. Man sucht eher nach jemandem, dem man einen geben könnte. Wenigstens geht das mir so. Tabak ist eine der größten Mangelwaren in Frankreich, und obwohl die Menschen hier sowieso schon immer große *»Megot«*-Raucher gewesen sind, haben sie nun keinen Stummel mehr übrig, weil sie ihn bis zum Ende aufrauchen.

Am Straßenrand befand sich ein neu ausgehobenes amerikanisches Grab. Am Kreuz hing ein Yank-Helm, und Hunderte von Blumen bedeckten das, was einmal ein

Schützengraben gewesen war. Er wurde am Tag zuvor beim Entminen der Gräben getötet. Äpfel, Birnen und Unmengen Getreide waren reif. Während der vier Besatzungsjahre war die Apfelernte für den Cidre nicht der Rede wert gewesen, und die Bauern sind auf ihre abergläubische Art dafür dankbar, dass ausgerechnet in diesem Jahr der Landung der Amerikaner die Bäume schwer mit Äpfeln beladen sind. Es wird die reichste Ernte geben, von der man je gehört hat. Nicht nur in der Erinnerung Einzelner, sondern in der Geschichte überhaupt. Die Ernte sollte nun, da die Kämpfe abgeflaut sind, eingefahren werden, um sie in den Hafen zu bringen und von dort aus in das übrige Frankreich zu verschiffen.

Die wogenden Getreidefelder waren eine schöne Umgebung für den staubigen grünlichen Haufen abertausender Kriegsgefangener, die auf einem eingezäunten Gelände auf ihren Abtransport in die Gefangenenlager warteten. Wir hielten, um den Anblick zu genießen. Die zertrampelte Erde war knöcheltiefer Staub. Ein paar gepanzerte Fahrzeuge hatten ihre Turmgeschütze auf das Feld gerichtet, auf dem sich die Gefangenen befanden. Ein Yank saß unter einem Apfelbaum und zielte mit einem Maschinengewehr aus deutscher Produktion noch aus dem letzten Krieg in ihre Richtung. Es war ein bunt gemischter Haufen – Infantrie, Marine und Luftwaffe. Alles war dabei – Eurasier, Spanier, Russen. Eine Gruppe der dänischen Handelsmarine hielt sich abseits. Sie waren die einzigen mit wirklich fröhlichen Gesichtern. Sie sollten später überprüft werden, und falls ihre Geschichte der Wahrheit entsprach, wäre es ihnen freigestellt, sich auf unsere Seite zu schlagen.

Einige Meter entfernt gab es einen kleinen abgetrennten Bereich. Er war den Frauen vorbehalten. Die meisten von ihnen waren französische Mädchen, die für das Rote Kreuz arbeiteten oder das zumindest behaupteten. Sie trugen die Armbinden und Hauben von Krankenschwestern, aber es gab gute Gründe anzunehmen, dass es sich bei ihnen um die Freundinnen von Deutschen handelte, die sich diese Kluft im letzten Augenblick geschnappt hatten, um damit den Konsequenzen ihrer Verfehlungen zu entgehen. Sie wirkten schlecht gelaunt und gleichgültig. Zwei deutsche Armeekrankenschwestern saßen deutlich abseits auf dem Gras an ihre Koffer gelehnt. Frank konnte perfekt Deutsch und sprach auf meinen Wunsch mit ihnen. An den Mädchen, die behaupteten, Krankenschwestern zu sein, hatten sie kein Interesse, und Respekt empfanden sie auch nicht für sie, beschuldigten sie allerdings auch nicht. Eine der Schwestern hatte eine stark geschwollene Lippe und schien sich nicht gut zu fühlen. Sie sagte, die Schwellung wäre eine Folge von Sonnenbrand und schlechter Ernährung. Erstmal im Lager, würde unser medizinisches Personal es sich näher ansehen. Bei ihrer Gefangennahme lehnte sie es ab, auf die Krankenstation gebracht zu werden, weil sie dann von dem anderen Mädchen getrennt worden wäre, das dasselbe durchgemacht hatte wie sie.

Eine Französin mittleren Alters bat mich nachzusehen, ob ich Frauenhygieneartikel auftreiben könne. Auf der anderen Seite des Feldlagers durchforstete ich bergeweise ausgepackte Erste-Hilfe-Pakete nach Binden. Der Baumstamm in der Mitte des für die Frauen abgetrennten Feldes war mit Blechwänden für Unterstände abgedeckt worden, so dass man sich zurückziehen konnte. Wasser war auch ausreichend vorhanden.

Dinard war langweilig. Außerhalb der Saison und leer sind Badeorte schon dumpf und höhnisch genug, aber eine entstellte, verminte und betäubte Stadt aus Hotels und Kasinos war schlicht trostlos. Die Deutschen hatten sie so chaotisch verlassen wie üblich. Ich suchte nach hübschen Suiten, um sie modegerecht fotografieren zu können, aber die heruntergelassenen Rollläden in den eleganten Häusern mit Seeblick ließen sich aufgrund der Erschütterungen durch die Bombenexplosionen nicht öffnen, und ich hatte nicht genügend Licht. Andere Zimmer waren noch nicht von den Sprengfallen befreit worden. Man hatte mich gewarnt, die Fensterläden nicht zu entfernen, also ließ ich es bleiben. Die MPs, einige davon Freunde aus Saint-Malo, servierten mir einen köstlichen C-Rationen-Eintopf mit Erbsen und Mais im Keller des *Gallic Annexe*, wo sie sich für ein paar Tage des Luxus' einquartiert hatten.

Der Eingang des Hotel Royal war verbarrikadiert und trug ein deutsches Schild. Der Garten war mit Unkraut überwuchert und sah aus, als würde es dort spuken. Der Ort war noch nicht freigegeben worden, also hielt ich mich nicht länger auf. In das Kasino hatte man eine Bühne gebaut. Auf einem Fries waren deutsche Sprüche über Ehre und Tapferkeit zu lesen. Ein großer Ballsaal diente als Lager für Betten und Öfen. Vom Baccarat-Raum aus genoss man die Aussicht auf den verminten Strand an der Malouine, der Straße mit den bedeutenden Villen. Die Malouine war der Länge nach mit Tellerminen gepflastert, und die Häuser waren noch nicht untersucht worden. Ich lief sie dennoch entlang, schließlich waren die Minen gut sichtbar, außerdem war das Gewicht eines Fahrzeugs notwendig, um sie auszulösen.

Die Villen boten einen Anblick des Schreckens. Sie waren verdunkelt, und möglicherweise spukten dort noch die Geister wahrscheinlich sehr unangenehmer Menschen. Die Hotels Balmoral und Windsor waren Ruinen, genau wie viele Gebäude in England auch, und auf der Straße, wo sich die vielen schmucken Geschäfte befunden hatten, schwelten noch vereinzelte Brände. Sie war nun von den Feuerwehrleuten mit ihren Messinghelmen bevölkert, und mitten drin standen die hübschen roten Feuerwehrwagen. Eine Salve 88er dröhnte über unseren Köpfen, und ich drückte mich flach an eine brandheiße Mauer. Die Gefahr, in einem brennenden Gebäude geröstet zu werden, war genauso groß wie die, von den 88ern getroffen zu werden. Also verzogen wir uns. Ich hasste diesen Ort ohnehin.

Die 88er waren das Abschiedsfeuerwerk der Festung Le Grand Bey. Sie kapitulierte, und ich verpasste es. Als ich zum Hotel Univers zurückkehrte, waren die Gefangenen mit den drei überlebenden Polen als Begleitschutz schon abgeführt worden. Der Major versuchte mich darüber hinwegzutrösten, dass ich die Schau verpasst hatte. Die Gefangenen liefen bei Ebbe aufs Festland, und Hauptmann White befand sich nun mit seinen Leuten draußen in der Festung. Das machte mich um so wütender, denn ich war davon überzeugt, dass mir erlaubt worden wäre mitzukommen. Davie Scherman von *Life* und ein paar andere Reporter waren zufälligerweise zur selben Zeit wie ich eingetroffen, und es war ein kleiner Trost, dass sie die Kapitulation ebenfalls verpasst hatten. Ich hätte es besser wissen sollen, statt in die verfluchte Stadt Dinard zu fahren. Nichtsdestotrotz war es natürlich wunderbar, Davie zu treffen, obwohl er mit seinem Trupp sofort wieder aufbrechen musste. Er versprach aber, am nächsten Morgen wiederzukommen.

Alle waren damit beschäftigt, einen neuen Angriffsplan auf die Zitadelle für den Nachmittag auszuhecken. Es sollte ein niedrigschwelliger Angriff werden. Zunächst nur Brandbomben, dann Sperrfeuer und die Männer. Cézembre sollte während der Infantrieattacke bombardiert werden, um deren Geschütze außer Gefecht zu setzen. Saint-Malo müsste evakuiert werden. Zivilisten seien um Himmels Willen aus dem Feuerbereich herauszuhalten. Der fette Mann mit dem weißen Helm, der sich geweigert hatte, die Bank zu verlassen, heulte und musste mit Gewalt von der zivilen Polizei aus Saint-Malo entfernt werden. Flüchtlingsströme suchten das CA-Büro heim, fragten nach dem Aufenthaltsort ihrer Familien und bettelten darum, nach Saint-Malo gelassen zu werden. Davie und ich aßen K-Rationen im Hotel Univers und berieten, wie wir vom Hotel Victoria aus am besten fotografieren sollten.

Unsere Stühle waren bequem. Das Telefon lag auf dem

Bett, und Major Speedie lief wiederholt zu weit auf den Balkon hinaus. Sein Sergeant zog ihn am Gürtel wieder zurück. Der Angriff war für drei Uhr geplant. Es war fast soweit. Aus dem Fort kam keinerlei Beschuss. Wir hatten ebenfalls andere Sorgen. Irgendjemand dachte, er hätte weiße Fahnen an der unteren linken Seite des Forts gesehen. Falls es sie gab, hätten sie sich nicht an der verabredeten Stelle befunden. Der Wind kam aus der falschen Richtung, und mit großer Sicherheit war dort etwas Weißes zu sehen, das vorher nicht da gewesen war. Allerdings sah es eher nach zwei großen, krummen, weißen Stöcken aus. Fieberhaftes Telefonieren. Die Telefonverbindungen waren dabei zusammenzubrechen. Andere Beobachtungsposten wurden kontaktiert. Hatten die vielleicht bessere Sicht? Man nahm mit dem Kommando des Luftangriffs Verbindung auf – ein General war am Apparat. Nein, der Angriff könne nicht mehr abgesagt werden. Sie hatten schon losgelegt – die Bomben bereit. Wir konnten jetzt Hauptmann Boyd mit seinem Flaggenträger und seinem Dolmetscher auf der linken Seite des Forts sehen. Es standen auch noch andere Leute dabei. Deutsche. Und noch jemand. Es war MacFarlane, der zwischen den Gebäuden zu ihnen rannte, um sie zu warnen. Die Flugzeuge kamen näher. Boyd und seine Leute bewegten sich in Richtung der Gebäude. Sie winkten mit Fahnen und machten mit scharlachroten Leuchtsignalen auf sich aufmerksam, um den P38-Piloten zu zeigen, dass die Festung uns gehöre. »Gottverdammt, das sind meine Jungs«, sagte der Major, als zwei Bomben aus dem ersten Flugzeug über ihren Köpfen im offenen Bauch des Forts einschlugen. Flammen brachen aus, und Rauch stieg auf. Das zweite Flugzeug drehte ab, ohne eine Bombe abzuwerfen, ebenso das dritte. Die Flieger kreisten durch den Rauch. Man hatte sie ihrer Beute beraubt und nun warteten sie ab, ob es sich vielleicht um eine Täuschung gehandelt haben könnte. Wir rannten durch die Straßen hinauf zu den am Damm befindlichen Gebäuden. Das

Terrain war aufgeweicht und voller Munitionsrückstände und dann wieder fest und voller Steine, kaputter Waffen, beschädigter Eisenbahnschienen und Schwellen. Man musste über deutsche Blindgänger und Minen steigen. Ein großer Metallkarren versperrte die enge Straße, die noch immer brannte.

Als wir auf offenes Feld kamen, konnten wir Boyd, MacFarlane und die anderen sehen, die die Signalfeuer nach einem anderen Muster anordneten. Der Major befahl mir, bei den Signalen zu bleiben, und dann verschwanden alle im Durchgang. Ein Kurier mit Walkie-Talkie kam herauf. Eine Abteilung legte die Waffen ab und bewegte sich vorsichtig auf den Anstieg zu. Es war noch nicht zu spät. Die Geschütze in Çézembre konnten uns immer noch wegfegen, und der Befehl lautete, sich gut zu verteilen. Eine bewaffnete Einheit kam nach oben – was wohl bedeutete, dass die Kapitulation echt und vollständig war.

Ich konnte erkennen, wie eine hoch aufgeschossene Gestalt eskortiert wurde, es war mit Sicherheit kein GI. Ein Polizeihund ging ihr voraus. Es war Oberst von Aulock. Er trug einen flatternden Mantel mit Camouflagemuster und eine eingedellte Schirmmütze. Ich schoss ein Foto und machte einen Schritt nach vorn. Als er die Kamera bemerkte, hielt er sich seine grau behandschuhte Hand vors Gesicht. Er war bleich und trug ein Monokel, um den Hals ein Eisernes Kreuz am Band. Er lief weiter und hatte offensichtlich bemerkt, dass es sich bei mir um eine Frau handelte. Er sagte mit deutlicher Stimme etwas ähnliches wie »something Frau« und hatte leuchtende kleine rote Flecken auf beiden Wangen, so als hätte er Rouge benutzt. Ich drängte mich weiter vor und drehte mich um, um noch ein Foto von ihm zu schießen, wie er stolperte und rannte. Er verschwendete ungefähr genausoviel Energie wie ich und ruinierte seinen würdevollen Abgang damit, sein Gesicht zu verbergen. Ein Jeep wartete hinter den Felsen auf ihn.

Unter seiner Kleidung schien er schrecklich dünn zu sein, als er im Jeep stand und sich von den Männern verabschiedete, die ihm seine Taschen getragen hatten. Er schüttelte ihnen die Hand und verscheuchte den Hund. Man schaffte ihn ins Hauptquartier. Ich ging zur Zitadelle zurück und stand dort zusammen mit Major Speedie und Hauptmann White, während Scharen von mit Koffern und Bündeln beladenen Gefangenen herunterkamen. Einige strauchelten, andere trödelten und mussten dazu angehalten werden, schneller zu gehen. Manche bemerkten, dass ich eine Frau war und wollten eine Unterhaltung anfangen, was jedoch untersagt war. Hauptmann Weller stand daneben. Zu unserem Hauptmann Dr. Gray sagte er: »Sie verstehen doch, dass ich diese ganze Szenerie für höchst unerfreulich halte.« Er versicherte, dass die Tunnel nicht vermint waren und dass es keine versteckten Sprengfallen gab. Zum Ausgleich für das, was sie als einen sauberen Kampf von unserer Seite erachteten. Er wählte sechs deutsche Unteroffiziere aus, die als Führer mit unseren Männern zur Aufrechterhaltung der Stromversorgung in das Fort zurückkehren sollten.

Major General Macon rannte den Anstieg hinauf wie eine Gazelle und gratulierte dem Major zum Erwirken der Kapitulation. Die letzten Horden der Deutschen waren an uns vorübergegangen, und nun kamen die Verwundeten heraus. Es war nicht einfach, die Bahren durch den bröckelnden Tunneleingang zu tragen. Die Träger mussten sich bücken und kriechen und dabei vorsichtig sein, denn der erste, der heraustransportiert wurde, war der amerikanische Junge, dessen Evakuierung abgelehnt worden war. Es gab noch weitere Amerikaner. Einer, der unverletzt war und sich im Fort inzwischen bestens auskannte, sagte, dass die Luftangriffe niemanden besonders aufgeregt hätten. Man hätte sich einfach in die tiefen Tunnel zurückgezogen und abgewartet. Allerdings seien die Geschütztürme ausgefallen, so dass man auf Handfeuerwaffen hätte zurückgreifen müssen, obwohl auch das sehr wirksam gewesen wäre, und unseren Angriff hätte das teuer zu stehen kommen können. Ein polnischer Junge kam heraus. Es ging ihm sehr schlecht. Unsere polnisch sprechenden Soldaten setzten sich zu ihm, während er sich an die Luft und das Tageslicht zu gewöhnen versuchte, bevor man ihn wegtrug. Er war mit den Vieren, die entkommen waren, befreundet und hatte ebenfalls die Flucht geplant, hatte aber beim Einatmen von Phosphordämpfen eine Vergiftung erlitten.

Ich ging in den Tunnel. Eine kurze, nur grob behauene Passage führte in einen langen höheren Tunnel. Es gab Schienen für einen Metallkarren und elektrisches Licht in einem Abstand von jeweils fünfzehn Metern. Zu beiden Seiten gab es Eingänge in hohe, grob gebaute, bis an die Decke gewölbte Räume. Darin befanden sich unordentliche Etagenbetten, Flaschen, Kleidung, Fotos, Briefe und Raubgut aus französischen Städten. Es gab Lagerräume, Büros, Telefone, Generatoren, Munitionsdepots und Keller voller Wein, Rum und in Flaschen abgefüllten Wassers. Unsere Jungs fanden jede Menge Souvenirs. Es gab Seitentunnel, die an manchen Stellen glitschig waren. Die Belüftung war im Großen und Ganzen gut. Die Verwundeten lagen auf Bahren in den Korridoren des Lazaretts.

Der Marinesanitätsoffizier der Hunnen lehnte es ab, fotografiert zu werden, und zitierte via Dolmetscher die Genfer Konvention. Es gab nur einen Behandlungsraum. Die Ausstattung war allenfalls »hinreichend«. Sie war mit dem, was ich in unseren fortschrittlichen mobilen Feldlazaretten gesehen hatte, nicht vergleichbar. Von ihrer medizinischen Ausrüstung war noch einiges vorhanden, obwohl sie doch um solche von uns im Austausch mit Verletzten gebettelt hatten.

Ich ging wieder ans Tageslicht. Draußen hatte sich eine Menge angesammelt. Reporter von überall bis nach Rennes rotteten sich zusammen wie die Geier vor dem Aas. Einige Franzosen versuchten bereits wieder, ihre Häuser zu beziehen. Ich verzichtete darauf, um den großen Bunker herumzugehen, um vielleicht die Leiche des Mannes zu sehen, der gewinkt hatte. Ich verschob es auch bis auf Weiteres, bis ganz nach oben zu gehen und danach den Anstieg wieder hinunterzulaufen, wo ich die kleinen Männer hatte klettern sehen. Ich holte es nicht nach. Dr. Grays amerikanische Flagge wehte über dem Fort, und das war genug.

Der Krieg ließ Saint-Malo – und mich – zurück.

D/87
Samstag - Sonntag
26.-27. August (1944)

Liebe Audrey,

unter keinen Umständen werde ich in Paris die erste Journalistin sein, falls jedoch niemand unerwartet noch mit dem Fallschirm abspringt, denke ich, dass ich der erste weibliche Fotograf in der Stadt sein werde. Wir sollen um sieben Uhr abreisen, das ist in einer Stunde, und ich bin völlig erschlagen.

Ich hatte mich um eine Akkreditierung bei der 83. Division beworben, aber die ist abgelehnt worden. Ich gehe davon aus, dass ich die einzige Dame bin, die tatsächlich über eine Schlacht berichtet hat. Ich bin ganz verrückt nach der 83. Division und natürlich dem 329. Regiment, die zum Zeitpunkt unserer Veröffentlichung bereits abgezogen sein werden.

Vielen Dank für den Spiegel, die Druckfahnen, die Baedeker-Reiseführer - und danke auch für die Blitzlichter. Ich habe jetzt genug, um in Paris loszulegen, und schreibe Dir in ein paar Tagen, wie die Dinge dort liegen.

Bitte schicke mir doch Ausgaben der amerikanischen und der Londoner *Vogue*. Die Pariser werden sie sehen wollen, und es wäre ein guter *»point de départ«*, um neue Leute kennenzulernen.

Ich bin hier ein paar Tage dafür im *»doghouse«* gewesen, weil ich mit meinem Bericht über die Schlacht (in St. Malo) den Knüller gelandet hatte. Der PRO [Public Relations Officer] hatte das durchaus freundlich aufgenommen, meine Kollegen nicht ganz so. Ich hatte, nachdem die Kämpfe nachgelassen hatten, fleißig Material über eine Reihe wunderbarer Menschen gesammelt, Heldengeschichten usw., als eine Patrouille ausgesandt wurde und mich in Sicherheitsverwahrung nahm. Wie dem auch sei, ich hoffe, Du magst den Artikel. Es ist für mich sehr bitter, nach Paris zurückkehren zu müssen, jetzt, da ich Geschmack an Pulverdampf entwickelt habe. In Paris tragen sie bereits schicke Ausgehuniformen, genau wie in London. Und ich habe nur Kampfanzüge. Kannst Du bei French Kilgour & Stanbury* eine Uniform für mich abholen, die so gut wie fertig sein müsste, und sie mir schicken? Falls ein Bezugsschein notwendig sein sollte, bitte doch das PRO in der Grosvenor Street 28, einen auszustellen.

Heute in Rennes ging ich zu einer öffentlichen Bestrafung von Kollaborateuren. Den Mädchen wurden die Köpfe rasiert, obwohl ihre Befragung kaum Beweise für die später folgende Gerichtsverhandlung geliefert hatte. Es waren dumme kleine Mädchen, nicht einmal intelligent genug, um Scham zu empfinden. Darunter waren zwei Schwestern, achtzehn und zwanzig Jahre alt, die beide gleich in der ersten Woche der Besatzung schon Hunnen-Freunde hatten. Die dritte Schwester hätte es auch erwischt, hätte das Komitee sie nicht für ein paar Tage frei gelassen, um ihre Mutter zu besuchen, die mit Krebs im Sterben lag und von der Schande nichts ahnte. Später sah ich vier Mädchen, die man auf der Straße zur Schau stellte. Ich rannte an der Parade vorbei, um ein Foto zu machen, und befand mich auf einmal an deren Spitze. Die Leute hielten mich für einen weiblichen Soldaten, der die Mädchen gefangengenommen hatte, und gratulierten mir und küssten mich, während die Opfer bespuckt und geschlagen wurden.

Könntest Du dafür sorgen, dass Roland Penrose so schnell wie möglich meinen Ar-

* Ein berühmter historischer Herrenausstatter aus der Savile Row.

tikel zu lesen bekommt, denn ich hatte weder ihm noch sonst jemandem bisher geschrieben.

Ich wollte vor Paris unbedingt noch über weitere Kämpfe berichten, stattdessen sitze ich hier in Rennes auf meinem Hintern und schreibe, dass ich beim Krieg hätte dabei sein können.

Alles Liebe
Lee

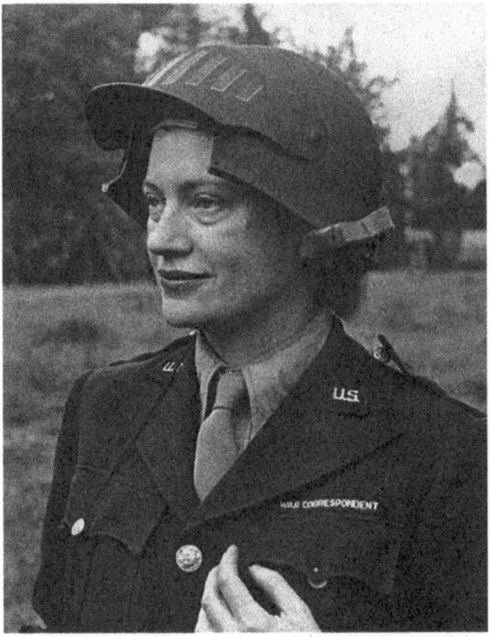

Lee Miller, Normandie 1944.

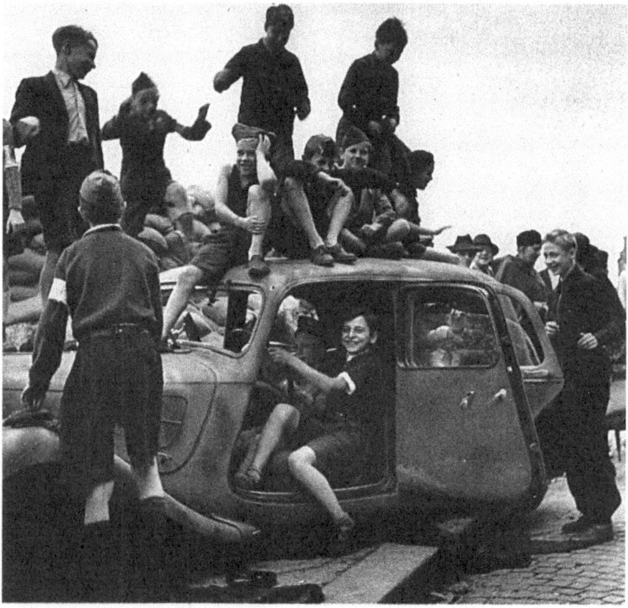

Kinder feiern auf einem liegengebliebenen Auto.

Paris

Seine Freude - sein Geist - seine Entbehrungen

Paris war verrückt geworden. Die langen, anmutigen, würdevollen Avenuen waren voller Fahnen und schreiender, jubelnder, gutaussehender Menschen. Mädchen, Fahrräder, Küsse und Wein. Und um die Ecke Scharfschützen, eine explodierende Granate und ein brennender Panzer. Die Einschusslöcher in den Fenstern kamen einem wie Schmuck vor und der Stacheldraht auf den Boulevards wie eine neue Dekoration. Die demolierten deutschen Kampffahrzeuge waren jetzt Spielzeugkisten für die Gassenjungs, die dieselben Panzer am Vortag noch im Einsatz hatten sehen können. Die Pariser hatten aus ihrer Woche des Krieges ein fantasievolles Spiel gemacht. Zwar ging es genauso um Leben und Tod wie in den letzten vier dunklen Jahren auch, ihre lang ersehnte Befreiungsschlacht aber schlugen sie mit Fröhlichkeit, Leichtsinn und Blumen im Haar.

Jungs, die unter der Besatzung aufgewachsen waren, bekamen jetzt auf einen Schlag Gewehre in die Hand und wurden zu Männern. Sie kämpften an Barrikaden oder stiegen auf die Dächer, um auf Scharfschützen zu schießen. Aufreizend gekleidete Mädchen transportierten Munition, Proviant und wichtige Nachrichten. Familien zerrissen die verhassten Plakate der Hunnen und überfielen die Hochburgen der Kollaborateure. Das viel geschmähte französische Telefonnetz hörte für die Franzosen nicht auf zu funktionieren. Jean Pierre konnte Philippe anrufen, um ihm zu sagen, er solle seine Granaten in ein Hinterhofnest der Krauts werfen. Marie, die den Eingang zum Laden von Monsieur Le Gros sehen konnte, warnte ihn vor dem Feind, der darauf zielte. Marcelle konnte aus dem Fenster schauen und telefonisch mitteilen, dass die FFI (Spitzname: die Fifis) hinter dem Denkmal eingekreist wurden und dringend Verstärkung gebraucht wurde. Die gesamte Armee konnte sich auf das Netz von den *Banlieues* bis ins Zentrum verlassen, um vor Anschlägen zu warnen, Nachschubrouten zu organisieren oder das taktische Vorgehen zu besprechen. Das Telefon war in dieser Schlacht das wirkliche Wunder. Die Flics (für Sie: die Cops) werden wohl nie wieder verachtet werden. Demonstrierten sie doch in Zivilkleidung am Tag des Aufstands zusammen mit den Akteuren des Generalstreiks, versteckten Geheimdossiers vor den Deutschen und stifteten bei den Rückzugsplänen des Feindes auf eine Art und Weise Verwirrung, wie nur professionelle Hüter des Gesetzes es sich auszudenken in der Lage sind.

Unsere Jungs wurden geküsst, umjubelt und mit Geschenken überhäuft. Man kämpfte an einem Platz, und am nächsten feierte man schon. Man besetzte eine Flak an der Straßenecke mit einem kleinen Jungen und einem Wörterbuch. Jeder Jeep hatte seine »Jill«,* jeder GI ein paar »Mademoiselles« im Arm. Die Menge winkte und winkte und winkte und brachte es fertig, keinen Wagen und keinen Panzer ohne eine weitere Jubelarie passieren zu lassen.

Vom millionenhaften Händeschütteln, den Umarmungen von Großmüttern, französischen Scharfschützen und Schwärmen von Mädchen war ich irgendwann völlig erschöpft. Ich war die *femme soldat* – was half es da zu sagen, dass ich lediglich eine Journalistin war und ich meine Hände lieber fleißig am Auslöser meiner Kamera

* Anspielung auf die Redewendung »Every Jack has his Jill«, beziehungsweise »auf jeden Topf passt ein Deckel«.

behalten hätte, wie sehr ich die Leute auch liebte. Wie dem auch sei, ich war in Paris. Ich hatte mit meinen eigenen Augen das unzerstörte Versailles und seinen Orangengarten gesehen. Ich hatte den geliebten Eiffel-Turm gesehen, wie er mit seiner Spitze in den blauen Himmel über dem sonnendurchfluteten Paris ragte. Die Sacré Cœur schimmerte am Horizont, und der Place de la Concorde verbarg seine Wunden, den Stacheldraht und die ausgebrannten Fahrzeuge unter den Röcken der jubelnden Menge.

Am nächsten Tag begann Paris mit dem Aufräumen der Überreste der gigantischsten Party der Welt. Das Klirren des (zerbrochenen) Glases erinnerte mich an die ersten Tage des »Blitz« (der Luftangriffe) in London. Die Geschäfte zogen ihre Rollläden hoch und dekorierten ihre Schaufenster mit den Gütern, die sie in den Tagen der Besatzung gehortet hatten. Die großen Modehäuser öffneten ihre Pforten, und einige der Cafés stellten zögerlich ihre Stühle nach draußen, um sofort überfallartig von Menschen überschwemmt zu werden. Jahrelang hatten die Pariser beispielsweise die Champs Élysées gemieden, um den Hunnen den Spaß zu verderben.

An der Ecke zwischen der Rue de Paris und der Avenue de l'Opera lagen noch die Trümmer eines Panzergefechts. Wirbelnde Fahnen verbargen die halb ausgestrichenen Beschriftungen deutscher Behörden. Die Balkone des *Monde Couture et Luxe* stöhnten unter der Last der drei Farben der Stars and Stripes und des Union Jack. Im Ritz ging es ruhig zu, nur ein paar Offiziere saßen, ihre K-Rationen vertilgend, an einem kleinen Tisch unweit der Tuilerien.

In der Stadt gab es keinerlei Nahrungsmittel. Kein Restaurant war geöffnet. Ich ging in *Les Halles* (die Markthallen). Dort stapelten sich die leeren Kisten, leer schon seit Monaten. Massen von Lagerarbeitern warteten darauf, die ersten Nahrungsmittel abzuladen, die Paris seit Wochen erreichen sollten. Die Jungs von der Résistance (die FFI der Fleischergewerkschaft) übten schon, den Konvoi mit allen Ehren zu empfangen. Sie freuten sich über ihren Sieg in Paris und waren stolz auf die Schrammen, die sie abbekommen hatten, die Beulen an ihren Autos und ihre *copains* (Kampfgenossen), die vermisst wurden oder verwundet waren.

Überall in den Straßen waren die umwerfenden Mädchen zu sehen. Beim Fahrradfahren oder dem Besteigen von Panzertürmen. Nach der Nüchternheit und den Entbehrungen, die ich aus England kannte, wirkte ihr Anblick auf mich überaus seltsam und faszinierend. Sie trugen Röcke aus fließenden Stoffen mit enger Taille und Frisuren, die in welligen Locken im Pompadour-Stil auftoupiert waren.

Ihre Füße wurden von extravaganten schweren Schuhen mit dicken Keilsohlen auf dem Boden gehalten. Der Gang der französischen Frau hat sich zusammen mit ihrem Schuhwerk völlig verändert. An die Stelle des wiegenden Hinterteils und des gezierten Stöckelns der Vorkriegszeit ist nun ein kräftiges Auftreten in schnellen langen Schritten getreten.

Alle sehen unglaublich jung aus. Hauptsächlich wegen einer Stilveränderung im Make-up zugunsten gesunder Natürlichkeit bzw. deren Imitation, die man aufgrund nachhaltiger Gerüchte, die Hunnen würden jede Art Make-up verbieten, vorgenommen hatte, teilweise aber auch wegen der Sommermode, die an Strandkleidung erinnert. Verschwunden ist die Raffinesse der *maquillage* (dick aufgetragene Schminke). Grundierungscreme wird nicht mehr verwendet. Der Nagellack ist von so einer miesen Qualität, dass auf ihn verzichtet wird. Während der Siegesfeierlichkeiten war er aber vereinzelt zu sehen.

Die Zeiten der Verhätschelung der französischen Frau sind lange schon vorbei. Die Frauen tragen ihr Gepäck, erledigen das Schnorren selbst und fahren bei Wind und Wetter Fahrrad. Ihre Röcke bauschen sich im Wind auf wie die Glocken des Siegesgeläuts. Unbekümmert und selbstbewusst lassen sie die Haare wehen. Die GIs hielten angesichts einer Stadt der ihnen zufliegenden *Pin-up-Huris*[*] *en masse* den Atem an. Sie hatten gedacht, alle Märchen von den wilden Frauen aus Paris seien wahr geworden, mussten aber bald schon feststellen, dass die guten wie die schlimmen Frauen, die flotten und lockeren genauso wie die prüden, diesen Bekleidungs- und Lebensstil nur in der Absicht ausgebildet hatten, um sich über die Hunnen lustig zu machen, deren schwerfällig seriös auftretende Frauen graue Uniformen trugen und *souris gris* (graue Mäuse) genannt wurden.

Hatten die Deutschen kurzgeschorene Haare, ließen die Franzosen ihre lang wachsen. War der Verbrauch von zweisiebzig Meter Stoff für ein Kleid verordnet, fanden sie Mittel und Wege, 14 Meter allein für einen Rock zu verbrauchen. An Arbeit und Material zu sparen, war gleichbedeutend mit der Unterstützung der Deutschen, folglich gehörte Verschwendung statt Sparen zu ihren Pflichten.

Ein eigenartiges Phänomen war der veränderte Geruch von Paris. Früher war er eine Mischung aus Patschuli, öffentlicher Toilette und dem Gestank von verbranntem Rizinusöl, der die vorbeifahrenden Motorräder umflorte. Die Soldaten bemerkten alle diesen Geruch, und danach gefragt, wie sie Paris denn fänden, bekamen sie leuchtende Augen. »Es ist der schönste Ort der Welt, und die Menschen riechen alle so wunderbar«, sagten sie. Die meisten waren erfreut und überrascht, dass die Pariser so gut angezogen und liebenswürdig waren und nicht abgemagert, hungrig und verdrossen. Tatsächlich gab es jede Menge Leute, die schmal und hungrig aussahen, nur die Verdrossenen waren möglicherweise zu Hause geblieben. Alle anderen ernährten sich von Träumen und waren vom Adrenalin der Siegesfreude aufgeputscht.

* Ironische Verwendung des arabischen Begriffs für Jungfrauen im Paradies, die den Seligen beigegeben werden.

La Ville Lumière [die Stadt des Lichts] gibt es nicht mehr. Nicht wegen verordneter Verdunkelung, sondern weil es buchstäblich kein Licht gibt. Seit Wochen war nicht mehr genügend Kohle vorhanden gewesen, um den nötigen Strom zu erzeugen. Die Metro war Linie für Linie geschlossen worden, die Busse fuhren schon lange nicht mehr, und Strom gab es für zwanzig Minuten am Tag, meistens zwischen 10 Uhr und 10 Uhr 30. Kerzen sind ein gehüteter Schatz. Ein Diner bei Kerzenlicht mag schön sein und ein Bad mit kaltem Wasser gut abhärten, aber dass Seife nicht einmal auf dem Schwarzmarkt aufzutreiben ist und dass es Woche für Woche keinerlei Treibstoff gibt, ist ziemlich bitter.

Hohe Turbane sind eine warme Haube für nasse Haare, wenn man frisch vom Friseur kommt, der keinen Fön hat. In ganz Paris gibt es nur einen einzigen Friseur, der in der Lage ist, Haare zu trocknen – Gervais. Und der war schon seit dem Krieg der Sternträger unter den Coiffeuren. Er hat seine Haartrockner an die Rohre eines mit Trümmerholz beheizten Ofens angeschlossen. Die Luft kommt von Fächern, die von dem Dynamo eines stationären Tandems im Keller angetrieben werden. Mehrere Jungs strampeln sich abwechselnd darauf ab. Sie strampeln etwa 320 km am Tag und trocknen damit etwa halb so viele Köpfe.

Die Pariser tragen ihre Wäsche, kalt gespült und ungebügelt, mit Stil. Sie nehmen es gelassen, dass sie noch ein paar Wochen auf die Filme warten müssen, die sie unbedingt sehen wollen. Oder auf die Dauerwelle, die sie sich gerne machen lassen würden. Bis Magazine wie *Vogue* oder *Life* erhältlich sind, um ihnen die große, weite Welt zu zeigen. Dass die Werkstätten erst wieder öffnen, wenn die Arbeiter aus den Vorstädten wieder ins Stadtzentrum gelangen können. Sie zucken mit der Schulter und lachen: »Ja, wenn es wieder Strom gibt.« Dann wird man wieder Radio hören können und etwas anderes als ein Lagerfeuer oder einen Holzkohlegrill zum Kochen benutzen. Es ist nicht mehr so wichtig, die Rundfunknachrichten zu hören, wie es das noch vor zwei Wochen war, als man die BBC oder andere ausländische Sender heimlich hören musste. Jetzt hören die Franzosen den Radios aus den Jeeps auf der Straße zu. Sie klettern auf die Kühlerhauben, applaudieren und übersetzen sich gegenseitig. Obwohl es keinerlei Notwendigkeit zur Heimlichkeit mehr gibt, werden die Nachrichten weiterhin mündlich verbreitet, falls jemand es verpasst hat, zur richtigen Zeit an einem Jeep vorbeizukommen.

Die Zeitungskioske werden regelrecht gestürmt, Zeitungsaushänge in Schaufenstern sind von Menschen umringt. Die Zeitungen werden seit dem Tag des Aufstandes gedruckt und ausgeliefert, und die Schlangen vor den Kiosken sind oft mehr als einen Häuserblock lang.

Das erste, was mir einfiel, war natürlich, bei alten Freunden vorbeizuschauen. Wie bei meinem alten Doktor Dax vom amerikanischen Krankenhaus. Er war dünn geworden. In den letzten Monaten hatte er bestimmt dreißig Kilo verloren. Jedes Mal, wenn er einen Deutschen sah, löste sich ein Gramm von ihm in Luft auf. Die ständigen Demütigungen durch Überwachung und Schnüffelei hatten sein Englisch verkümmern lassen, genauso wie das seiner Frau, die Britin ist.

Ich besuchte Michel de Brunhoff, den früheren Herausgeber der *Vogue* in Paris, in seiner Wohnung über dem *Palais de Legion d'Honneur*. Er war *exalté* und sprach trotz der Tragödie der Hinrichtung seines Sohnes ausgiebig über die Befreiung und die Panzerschlacht, die er von seinem Fenster aus beobachtet hatte. Die Büros des *Jardin des Modes** hatten den Résistance-Leuten als Postfach gedient. Wurde jemand verhaftet, konnte er verfängliche Unterlagen loswerden, indem er sie einer der Sekretärin-

* Pariser Modezeitschrift, die mit Unterbrechungen von 1922 bis 1997 erschien.

nen übergab, die sie dann vor der Nase der Deutschen herausschmuggelte.

Vogue ist immer das frankophilste aller amerikanischen Modemagazine gewesen, und während der dunklen Jahre das treueste. De Brunhoff hatte alle seine Blätter zur Zeit des Deutsch-Französischen Waffenstillstands von sich aus zugemacht, dennoch brachte er es fertig, während der Besatzung vier Bücher zu produzieren. Er tat es ohne Genehmigung oder Unterstützung des Feindes. Er trieb die Materialien hier in Paris auf und ließ die Vorlagen in den Vorstädten anfertigen. Die wurden dann zum Druck nach Monte Carlo gebracht, das fertige Produkt dann in der unbesetzten Zone vertrieben, um schließlich zum großen Ärger der Krauts wieder in Paris aufzutauchen.

Bébé Bernard und Boris Kochno leben in einer fantastischen Wohnung am Place de l'Odeon. Bébé hatte sich kein bisschen verändert. Ich war der erste *»soldat«*, mit dem er Kontakt hatte, und wurde zur Begrüßung erstmal in die Luft gehoben, von seinem Bart geherzt und mit Farbe beschmiert. Er besitzt nur eine einzige Hose, und beim Malen dient ihm ein alter Trenchcoat als Kittel.

Während der Schlacht um Paris standen die beiden auf ihrem Balkon und luden die Gewehre für die Résistance-Jungs, die auf die Scharfschützen schossen, die wiederum auf die Panzerbesatzungen zielten, und die griffen das Odeon an, das von Doriots* Miliz gehalten wurde (eine Kette fast wie in dem Kinderreim »The House that Jack Built«). Bébés Arbeiten sind wundervoll, und er sagte mir, dass er während des Krieges keinerlei »Blockaden« oder Schwierigkeiten beim Arbeiten gehabt hatte. Er unterscheidet sich darin von bestimmten Malern in England, die frustriert sind, wenn sie malen sollen, während andere zur Waffe greifen.

* Jacques Doriot, militanter französischer Faschist, 1898-1945, Mitbegründer der Parti Populaire Français.

Picasso und ich fielen uns in die Arme, und zwischen Lachen und Weinen, nachdem er mir in den Hintern gezwickt und meine Haare durcheinandergebracht hatte, tauschten wir zusammenhangslos Neuigkeiten über gemeinsame Freunde und deren Arbeit aus. Wir schauten uns einige neue Bilder an, die während der Schlacht um Paris gemalt wurden. Die Mauern von Haus und Hinterhof waren schwarz und löchrig von den Schießereien, was ihn zu einer Malorgie stimulierte. Er sang aus vollem Hals, während er arbeitete.

Er sagte mir, er wolle ein neues Porträt von mir malen, denn das in Pink und Gelb sei ja noch in Ägypten, und nun sei ich Soldat und sehe ohnehin anders aus. Auf irgendwelchen krummen Wegen gibt es warmes Wasser in seinem Studio (soweit ich weiß, das einzige in ganz Paris), und er nötigte mich dazu, mir den Hals zu waschen. Ich versprach ihm, für ein Bad zurückzukommen, denn ich bin noch genauso dreckig wie vor einem Monat, als ich London verlassen hatte. Danach probierte ich eine seiner Tomaten aus dem Gewächshaustopf, der ihm sein liebstes Motiv war. Sie schmeckte ein wenig schal, aber ich mochte die Idee, ein Kunstwerk zu essen. Picasso ist so sorglos, großzügig und redselig wie gewohnt. Er bot mir Kaffee, Seife und Zigaretten an – alles, was davon da war.

Er ist so geistesgegenwärtig, so unvorhersehbar und ungestüm wie immer. Er saust im Studio herum, um eine bestimmte Zeichnung zu suchen, an die ich mich erinnere, er zeigt mir Nippsachen, die er erstanden hat, oder ein von ihm entdecktes altes Gemälde. Gleichzeitig möchte er alle Neuigkeiten über alle Leute in England erfahren – besonders, was die Maler so machen. Ich versuchte ihm das »Künstler-im-Krieg«-Komplott zu erklären, aber er hielt das für einen psychologischen Fehler. Er entwickelte eine Marx-Brothers-Theorie darüber, was Roland Penrose wohl in Camouflage anstellen würde.

Dora Maar hat das Fotografieren aufgegeben und in

letzter Zeit ziemlich gute Sachen gemalt. Sie sieht *soignée* und glücklich aus. Picasso hat immer noch seinen abessinischen Terrier. Das treue Tier in seiner haarlosen Eleganz wartet geduldig, abschätzig und hochmütig mit gekreuzten Vorderpfoten, nacktem Bauch und leeren Augen. Marcel, Picassos Chauffeur und Freund, ist nur noch halb so korpulent und träumt von einer Zukunft, die wieder ein neues Superauto und eine richtige Mahlzeit mit Aioli, Ratatouille und Bouillabaisse bringen wird.

Wir gingen zum Essen in ein kleines Bistro um die Ecke. Ich gab meine K-Rationen zum Feiertagshuhn dazu. Wir tranken jede Menge Wein und *Fine* (franz. Trester) und tratschten, hielten uns die Hände und weinten ein ums andere Mal. Picasso zeigte sich von Dalis Kollaborationsaktivitäten in Spanien schockiert. Ich hatte keine Ahnung, wie er davon erfahren hatte.

In Hinsicht auf die Kunst in Paris war es der wertvollste Beitrag Picassos, eine Inspiration für die Anderen während der Besatzung gewesen zu sein. Die Tatsache, dass er das Schiff nicht verließ, sondern in seiner Arbeit still und unaufdringlich fortfuhr und sich in der Öffentlichkeit außerhalb der unmittelbaren Umgebung seines Studios wenig zeigte. Er hat während der vier Jahre Erstaunliches gemalt, hatte von den Deutschen nichts angenommen und verwies zufrieden auf den notwendigen Erfindungsreichtum im Umgang mit neuen Materialien. Einmal malte er nach dem Essen ein kleines Porträt von Nusch Eluard auf einem Papiertischtuch und färbte es mit dem Saft von Obst und Gemüse. Er sagte, Malen in Kriegszeiten mache genausoviel Spaß wie das Malen auf einer Papiertischdecke, und dass es in der Isolation der Kriegszeit sogar leichter war als zuvor, ernsthaft und hingebungsvoll zu arbeiten. Es gab ohnehin nichts zu tun als zu arbeiten, Essen aufzutreiben, unauffällig Freunde zu besuchen und sich auf den Tag der Befreiung zu freuen.

Ich betrachtete abermals Picassos Porträt eines imaginären Résistancekämpfers. Dessen Gesicht sieht exakt so aus wie das eines jeden Jungen mit einem über die Schulter geworfenen Gewehr in den Straßen: sanft und entschlossen, jung, aber dennoch klug und vorsichtig, lebhaft und poetisch, mit spärlichem Bart und warmen Augen. Sei es ein Student an der Universität oder ein *chasseur du café* (Page), er ist im selben Maße stolz, ebenbürtig und frei. Er hat im Zweikampf und im Guerillakrieg Feindesblut gekostet und ist nun bereit, der richtigen Armee beizutreten, um seinen Appetit zu stillen.

Beim Essen sprachen wir über die kahlrasierten Frauen. Mit Schrecken faszinierten ihn die Charakteristika ihrer Gesichter, die man auf so grausame, aber gerechtfertigte Art und Weise exponierte. Er beschrieb, wie in den Bordellen der Betrieb auch mit den Deutschen aufrecht erhalten wurde, was nicht als kompromittierend galt, solange es auf einer streng professionellen Ebene blieb. Wie auch immer, im »Haus« in der Nachbarschaft seines Studios gab es ein Mädchen, das einen Kraut zum *amant du cœur* hatte. Am Tag der Befreiung schleppte man sie durch die Straßen, wo sie von ihren Kolleginnen, die selbst unzählige Hunnen bedient hatten, geschoren, ausgezischt und geschlagen wurde. Das Kahlrasieren nimmt langsam ab, und ich habe in Paris nicht eine einzige Parade gesehen, wie ich sie in Rennes erlebt hatte. Eines der schreckenerregendsten Anblicke auf der Welt gab es im *Vel d'Hiver*,* wo Tausende Frauen Turbane und Kappen trugen, um ihre nackte Kopfhaut zu verbergen. Aus irgendeinem Grund nahmen sie auf einmal massenweise ihre Kopfbedeckungen ab und winkten damit. Es war albtraumhaft – mehr als diese Journalistin ertragen kann, denn die Frauen erwarteten bettelnd menschliches Mitgefühl, das ich ihnen nicht geben kann, niemals.

Ich traf Paul Eluard. Er telefonierte im Hinterzimmer einer *Librairie*. Er hatte nicht bemerkt, wer in diese

* Das Velodrom, das die Nazis 1942 mit Unterstützung der französischen Behörden zur Internierung von Juden benutzten.

finstere kleine Stube gekommen war, und gab mir ein Zeichen, mich ruhig zu verhalten. Dann erkannte er meine Uniform und zuckte ein wenig zusammen. Er hatte mit einem »Soldaten« schon lange keinen freundschaftlichen Umgang mehr gepflegt. Ich stand still da und betrachtete seine zitternde Hand. Er hat dieses schreckliche Zittern seit einer Operation wegen eines Pneumothorax. Wir hatten uns außer der albernen Frage, wie ich ihn aufgespürt hatte, und idiotischen Bemerkungen über das Wetter nicht viel zu sagen. Glücklicherweise hatte mich Boris Kochno begleitet und brachte Ordnung in das Programm. Wir kehrten zu jener Adresse zurück, wo die *Concièrge* geleugnet hatte, von den Eluards oder irgendeinem anderen Mieter der betreffenden Wohnung jemals gehört zu haben.

Nusch war zu Hause. Eine dünne, blasse, grinsende Nusch mit ihrem lustigen elsässischen Akzent, ihren fusseligen Haaren und ihrem wunderschönen Profil. Es schien von ihr nicht allzu viel übrig zu sein. Sie war so dünn und zierlich, dass ihre Ellbogen größer wirkten als ihre Arme. Ihre Hüftknochen drückten sich wie Zwillingsberge durch ihren lose herabhängenden Rock, und ihre Bluse konnte die Spuren von Krankheit und Entbehrung nicht verbergen. Sie bestand nur aus ihrem breiten Grinsen und ihren großen Zähnen. Keine von uns sagte irgend etwas, das einen Sinn gehabt hätte, teilweise, weil unsere Gefühle uns überwältigten, teilweise, weil die Umstände nicht dazu angetan waren.

In einer der schönsten Wohnungen in ganz Paris waren die beiden praktisch am Verhungern.* An den Wänden hingen einige der berühmtesten Bilder in der Stadt. Es gab Kunstobjekte, die ein Vermögen wert waren, aber weder Essen noch Tabak. Sie waren hier untergekom-

* Es handelte sich um das Apartment des Schriftstellers und Verlegers Christian Zervos, Herausgeber der *Cahiers des Arts* und von Picassos *Catalogue Raisonné*.

men, nachdem sie ihr Domizil in den letzten sechs Monaten acht Mal gewechselt hatten. Der Besitzer hatte ihnen die Wohnung zusammen mit seinen Büros in einem anderen Stadtteil überlassen, und noch in der Woche zuvor hatte Paul auf dem Dachvorsprung des Nachbarhauses gelegen, während das Gebäude durchsucht wurde.

Man wird wohl nicht allzu viel Sinn darin finden, Bücher und Gedichte unter falschem Namen in Monaco zu veröffentlichen oder klandestine Kritiken und Flugblätter aus besetzten Gebieten zu schmuggeln. Welchen Sinn sollte es haben, dass Paul und Nusch mit Hilfe eines Arztes, den wir alle kennen, monatelang als unheilbar geisteskrank in einer staatlichen Klapsmühle aufgenommen wurden? Paul und Nusch mochten ihre Irrenanstalt sehr, aber über kurz oder lang mussten sie wohl wieder an ihre Arbeit gehen. Paul hatte enorm viel geschrieben, Revolutionäres und Herkömmliches. Die konventionellen Sachen konnten in Paris relativ offen erscheinen. Ein guter Deckmantel für seine weiteren Aktivitäten. Niemand, der Paul kannte, hätte gedacht, dass er so produktiv wäre, wie er es tatsächlich war – seine Gedichte, die Herausgabe der *Editions de Minuit* (Wiederauflagen von in Frankreich verbotenen ausländischen Romanen und Reportagen) und die berühmten *Lettres Françaises*, eine Monatsschrift, die in bestimmten Teilen Frankreichs noch immer nur heimlich vertrieben werden kann.

Nach einigen Telefonaten mit Jean Cocteau machten wir aus, dass wir uns wegen der beschränkten Fahrmöglichkeiten zunächst bei Rochas (Modehaus) treffen, um uns danach privat zu verabreden. Wir fielen uns in die Arme. Trotz der 24 Pfund, die ich in den letzten zwei Wochen verloren habe, bin ich noch immer ein recht stattliches Mädchen und konnte ihn ohne Schwierigkeiten hochheben. Er sieht unglaublich gut aus, jünger als ich es für möglich gehalten hätte, und nicht so nervös und larmoyant, wie es noch seine Art war, als ich Paris vor genau fünf Jahren verlassen hatte. Er lebt in einer winzigen

Zwischengeschosswohnung im Palais Royal, deren Bogenfenster so tief unter den Archiven liegen, dass das Kerzenlicht Tag und Nacht brennen muss. Um uns Bilder anzuschauen, mussten wir uns entweder auf die Toilette setzen oder uns aus dem Fenster lehnen, wo uns kleine Mädchen – Bewunderinnen von Cocteau und Jean Marais – zuriefen. Die Unordnung in dem Apartment war typisch für ihn, allerdings auch ein Kontrast zu der luftigen Wohnung in der Nähe der Madeleine, in der ich ihn zuletzt getroffen hatte. Es ist ein Film mit dem Titel *La Belle et la Bête* in Vorbereitung. Die Modelle sind bereits fertig. Es handelt sich um die alte Märchengeschichte von der Schönen und dem Biest. Marais wird die Doppelrolle des jungen Prinzen und der Bestie spielen. Christian Berard hat den Tierkopf, die Klauen und das Kostüm des Prinzen im Stil von Vermeer van Delft entworfen. Alles steht bereit, mit der Produktion zu beginnen, sobald die Studios geöffnet werden.

Cocteau ist von den Doriot-Anhängern unnachgiebig verfolgt worden, wurde aber von den Hunnen selbst nicht weiter belästigt. Es hatte rund um die Premieren und Absetzungen seiner Stücke dramatische Auseinandersetzungen gegeben, in deren Verlauf gedungene Schläger von Stinkbomben bis zu Tomaten alles Mögliche auf die Bühne warfen. Er selbst wurde von der *Milice* (Miliz) übel zusammengeschlagen. Fast hätte man ihn geblendet, als er es ablehnte, während einer Parade mehrerer Hundertschaften von Franzosen, die zur deutschen »Antibolschewistischen Legion«* gehörten, vor der französischen Fahne zu salutieren.

* Gemeint ist die LVF, die *Légion des volontaires français contre le bolchévisme*, eine französische Freiwilligenarmee, die in Wehrmachtsuniformen am Russlandfeldzug teilnahm, mitbegründet von Doriot, der auch persönlich am Feldzug teilnahm. Die LVF war allerdings keine Initiative der Wehrmacht, sondern ein Verein fanatischer französischer Faschisten.

In den Kriegsjahren waren die Brüche zwischen Picasso, Eluard, Aragon und anderen vollständig verheilt. Sie sahen einander regelmäßig, und Picasso illustrierte das Gedicht Cocteaus »Plain-chant«. Ich war von den Büchern, Drucken und kleinen Zeichnungen geblendet, verwirrt vom Überfluss der Objekte und Geschichten und den Anspielungen auf Filme, die ich nie gesehen hatte und möglicherweise niemals sehen werde, wie von den Splittern all der Abenteuer, des Herzeleids und der Hoffnung. Tatsächlich denke ich, bereitet es aus journalistischer Sicht einen Höllenspaß, alte Freunde wiederzusehen.

LEE MILLER + WAR CORR + COM Z + ADLS SERVICE MESSAGE + AN AUDREY WITHERS VOGUE + NEW BOND ST 1 + LONDON + 7. OKT + TEXT EINS

GESTERN IM SALON D'AUTOMN. ARAGON LUD MICH EIN, IHN ZU EINER ÜBERRASCHUNG ZU BEGLEITEN. TREFFE IHN HEUTE UM HALB FÜNF. ER BRINGT MICH IRGENDWO HIN. KONNTE MIR NICHT VORSTELLEN WOHIN UND VERSUCHTE AUCH NICHT BESONDERS ZU ERRATEN ZU WEM ODER WAS + ES KÖNNTE SICH UM ALLES MÖGLICHE HANDELN. DOCH AUFGRUND MEINES VORBEHALTLOSEN VERTRAUENS IN ARAGON SAGTE ICH MEIN HÜBSCHES DATE AB UND PACKTE EIN PAAR BLITZLICHTER EIN.

Tatsächlich scheint Maurice Chevalier wieder in der Stadt zu sein. Das war eine Überraschung; ich wusste nur noch nicht, ob eine gute oder eine schlechte. Alle Gerüchte aus den letzten vier Jahren krochen wieder aus den Schubladen meines Hirns hervor. Er hatte für die Deutschen gesungen. Er hatte kollaboriert. Er war hingerichtet worden. Er war einem Mordanschlag der FFI erlegen. Einen Augenblick lang fragte ich mich, ob man mich veräppeln wollte oder ob ich zu einer Gerichtsverhandlung, einer Hinrichtung, einem Begräbnis oder zu einer Varietéshow eingeladen war. Ich fischte im Meer meiner Erinnerungen und ertappte ihn im Strohhut, vulgär, aber bezaubernd. Ich erwischte ihn außerdem auf den Seiten von *SIGNAL*, der mehrsprachigen deutschen Propagandazeitschrift, die ihn in einem cleveren Layout mit Hitlers diabolischem Gefolge zusammenbrachte und andeutete, er sei der Verbindungsmann in einem neuen deutsch-französischen Theater. Ich erinnerte mich daran, Radio Paris vor Trauer und Abscheu abgeschaltet zu haben, als ich seine Stimme hörte. Ich hatte ihn mal auf einer Party in New York getroffen, intelligent und aufrichtig, und auch einmal am Strand, aber jetzt, was zum Teufel...? Plötzlich wurde mir klar, dass alles gut werden würde.

Aragons präzise schöne Stimme und gewählten Worte trafen mich in meiner ganzen Scham, an einem Idol gezweifelt zu haben, während er erklärte, dass fünf Vertreter der französischen Presse ausgewählt worden waren, Chevalier bei seiner Rückkehr nach Paris zu treffen, und ich die Vertreterin der amerikanischen Presse bei dieser Veranstaltung sei.

Der Fahrstuhl funktionierte nicht. In Paris ist das jetzt so. Der Putz bröckelte zusammen mit dem aufgemalten falschen Marmor von den Wänden. Die Leute im ersten Stock kochten etwas inmitten der Dämpfe von Holzkohle, jungem Holz und Knoblauch. Eine seltsame Atmosphäre für ein elegantes Apartmentgebäude. Aber in Paris ist das jetzt so.

Aragons Wohnung war nach seiner langen Abwesenheit noch nicht wieder hergerichtet. Die Gestapo hatte Telefonbücher durchkämmt und Papiere durchwühlt, auf ihr sonst übliches Zerstörungswerk an Büchern und Kunstwerken aber verzichtet. Es gab keine Gespenster, und ich fühlte mich wie zu Hause, wie immer, wenn Elsa (Triolet, seine Frau) ihre Gastfreundschaft anbot.

Chevalier sah aus wie Chevalier. Blauer Serge-Anzug, eine unregelmäßig gepunktete Fliege, ein hellblaues Leinenhemd und sein gebrochener linker Zeigefinger. Alles Identifikationsmerkmale der Existenz des Maurice Chevalier, einschließlich des Taktgefühls, sich an mich zu erinnern.

Es wurde ein wenig bei einem in schweren Gläsern servierten Cinzano geplauscht, bevor es ernst wurde. Es war wie auf einer von einem Dramatiker ausgedachten Pressekonferenz. Chevalier saß auf der Klavierbank, und die französischen Journalisten stellten neugierige Fragen. Sie hingen an seinen Fersen, verfolgten falsche Fährten und taten so, als wüssten sie nicht, dass er bereits auf behördlichem Wege zum *Comité d'Epuration* (Säuberungskomitee) vorgeladen (und rehabilitiert) worden war. Sie wollten von ihm erfahren, dass er in Deuschland nur ein einziges Mal gesungen hatte, und zwar in einem Lager für französische Kriegsgefangene. Dass er sein Bestes gab, um sie zu unterhalten, da er sich noch gut an seine 26 Monate Gefangenschaft bei den Hunnen im ersten Weltkrieg erinnern konnte, und dass er es nur unter der Bedingung der Freilassung von zehn französischen Gefangenen tat. Dass er bei Radio Paris gesungen hatte, weil eine Absage noch am selben Abend einen Besuch von der Gestapo bedeutet hätte. Und schließlich, dass er bereits Monate vor der Casablanca-Konferenz (im Januar 1943) völlig aufhörte, öffentlich zu singen, da ihm klar wurde, von den Deutschen und Vichy für deren Zwecke benutzt zu werden.

An diesem Punkt übernahm Aragon die Regie und berichete dramatisch, dass Chevalier seit dieser Zeit mit ihm und der Résistance in Verbindung gestanden hätte und ein Mitglied der Organisation *ETOILE* gewesen wäre, die sich um die Rekrutierung und Anbindung neuer Mitglieder für die Résistance bemühte. Aragon war am Ende für 50 000 Mitglieder verantwortlich gewesen und hatte mit Chevalier mehr als zwei Jahre lang zusammengearbeitet, keiner der beiden jedoch hatte die Möglichkeit, unsere Missverständnisse ausräumen zu können.

Als ich die Bernards anrief, verabredete ich mich mit Madame Bernard zum Essen, um mal eine typische Kriegsmahlzeit mitzumachen. In diesem Fall war das besonders interessant, da die Bernards Juden sind. Die ganze Familie trug den Davidstern – Papa Tristan, Jean-Jacques, seine Ehefrau und die in England erzogene Teenagertochter.

Ihre Stücke und Bücher waren verboten und die Auszahlung der Tantiemen gestoppt. Es war ihnen auch nicht erlaubt gewesen, ihre Teppiche, Bücher, antiken Stühle oder ihren Schmuck zu verkaufen, um die exorbitanten Schwarzmarktpreise für Mehl, Kohl oder Fleisch bezahlen zu können. Sie durften sich in die Schlangen vor der Lebensmittelausgabe nur zwischen elf und zwölf Uhr morgens einreihen, das heißt zu einer Zeit, da längst alles ausverkauft war. Ständig mussten sie den Stern tragen, der so eng an die linke Brusttasche genäht war, dass kein SS-Mann in der Lage gewesen wäre, eine Bleistiftspitze dazwischenzuschieben. Wann immer ein Sternträger versuchte, einen Platz zu überqueren oder eine Abkürzung über die für Juden verbotene Champs Elysées zu nehmen, hielt er einen Schirm oder eine Handtasche über den Stern. Die Gestapo und die SS gingen dazu über, alles, was Leute über der Brust hielten, wegzureißen. Handelte es sich um Juden, kam er oder sie geradewegs nach Drancy – Ende der Geschichte, denn von dort ging es für sie in das Vernichtungslager Auschwitz, wo sie dann Teil jener Geschichten über Menschen wurden, die verhungerten, lebendig mit Benzin verbrannt oder Opfer der Gaskammern wurden, die Sie, liebe Leser, sicher noch als reine Propaganda abtun.

Nun, wenn man weder in der Lage ist, der Erste in der Schlange zu sein, noch auf dem Schwarzmarkt einkaufen kann, wenn man kein Geld hat, keine Arbeit und keine Freunde, außer jenen, die Gefängnisstrafen riskieren nur dafür, dass sie einen kennen, dann ist man am Verhungern und zum Schweigen verurteilt. Alle Familienmitglieder übten, über die hintere Gartenmauer zu springen. Sie wussten nur zu gut, dass sie es, aus Altersgründen, sonst nicht schaffen würden, wenn es einmal morgens um fünf Uhr an die Tür hämmern sollte. Unter großem Risiko und großen Verlusten schafften sie es, Erstausgaben, wertvolle alte Bände usw. zu verkaufen. Sie verbrachten nicht mehr als die übliche Zeit im Gefängnis – Jean-Jacques viele Monate, er sieht noch immer wie ein ausgehungerter Schatten seiner selbst aus.

Ich aß mit ihnen zu Mittag. Es gab Kartoffelpuffer ohne Ei, Butter und Gewürze. Das meiste war nur halbgar, weil das Gas aus war. Es schmeckte bitter, und ich musste leicht würgen. Wir hatten Salat ohne Dressing und eine Süßspeise, die aus einer Art Graupen bestand, die in Mehl gewälzt, mit Wasser vermischt und – ungekocht – als Pastete serviert wurden. Sie hatte wegen der verbrannten Graupen einen leichten Mokkageschmack und war im höchsten Maße grauenhaft. Ich würgte mich durch die gesamte Mahlzeit. Ich täuschte einen Kater vor. Einen solchen zu imitieren, bin ich schließlich erfahren genug. Meine Indisposition war zum Teil dem Gefühl geschuldet, wirklich zu begreifen, was mangelhafte Ernährung bedeutet. Ich ließ die Hälfte meiner Katoffelpuffer unangerührt auf dem Teller liegen – und schämte mich. Die Tochter kratzte die Reste auf ihrem Teller zusammen und starrte auf die Portion, die ich nicht essen konnte.

Telegramm via Radio France
LEE MILLER
WAR CORRESPONDENT
HOTEL SCRIBE PARIS
13. OKT. 12 UHR 34

EDNA KRITISIERT SCHNAPPSCHUSSFOTOREPORTAGE
UND BESONDERS BILLIGE MANNEQUINS VERLANGT
MEHR ELEGANZ VON STUDIOFOTOGRAFEN +
GEPFLEGTERE FRAUEN UND EXZELLENTE
ZEICHNUNGEN STOP HABE KRITIK ÜBER

MANNEQUINS BEREITS TELEGRAFIERT ERACHTE REPORTAGE ABER ALS LEBENDIG UND EINZIGE MÖGLICHKEIT ÜBER KOLLEKTION IN STADT OHNE LICHT HEIZUNG UND TRANSPORT ZU BERICHTEN STOP EDNA SAGT ZITAT KANN NICHT GLAUBEN DASS BILDER TYPISCH FÜR HOCHKLASSIGE FRANZÖSISCHE MODE SIND … OB SOLANGE NICHT RICHTIGE DAMEN DAZU BRINGEN KANN ZU POSIEREN ZITAT ENDE TELEGRAFIERE DOCH EIN STATEMENT DAS WIR IHR SCHICKEN KÖNNEN STOP HABE FILME DER ZWEI PATOU MODELLE BEKOMMEN FÜNF VOM WÜTENDEN CARPENTIER EBENFALLS DIETRICH ÜBERHOLT DA AM SECHSTEN OKTOBER GESCHICKT - AUDREY WINTERS +*

Ich halte Edna für sehr unfair. Diese Schnappschüsse sind unter schwierigsten und deprimierendsten Umständen gemacht worden. Ich hatte nicht mehr als die zwanzig Minuten, die ein Model mir von ihrer Mittagspause spendierte, und davon ging noch Zeit für weitere Anproben unfertiger Kleider drauf. Dazu war es oft nach fünf Uhr Nachmittags in Räumen ohne Strom mit dem wenigen Licht, das aus einem Hoffenster hereinfiel, während ein heulender Mob um mich herumtobte. Mein einziges Interesse war, dass auch du etwas von der Geschichte haben solltest. Jeder Vorschlag, dass *dames du monde* Modell stehen sollten, ist einfach weltfremd. Man sollte Edna sagen, dass man hier vielleicht im Krieg ist, dass Solange sich vielleicht nicht mit vollem Herzen konzentrieren kann, während sie von den Schrecken weiß, denen ihre Familie und ihr Ehemann in deutschen Gefangenenlagern ausgesetzt sind.

* Telegramm von Audrey Winters, Redakteurin der britischen *Vogue*, an Lee Miller. »Edna« ist Edna Woolman Chase, Chefredakteurin der amerikanischen *Vogue*.

Balenciaga* kehrte aus Spanien zurück, sobald die Verkehrswege es erlaubten. Er warf einen Blick auf die Entwürfe seines Partners und schrie das ganze Haus zusammen, riss alle losen Fäden aus den Modellkleidern und ist nun damit beschäftigt, alles noch einmal neu zu machen. Die Show hatte sich deshalb bis heute verzögert. Die Veranstaltung wurde mit Hurrahs und Buhrufen aufgenommen, war aber, obwohl ein wenig zu sehr Dr. Jekyll und Mr. Hyde und zu sehr Licht und Schatten, unterhaltsam und sehr gut. Er betont die weibliche Figur im Renaissance-Stil mit einem leicht schwanger aussehenden Bauchansatz, runden Hüften und einem kurvigen, aber nicht aufgebauschten Hinterteil. In diesem Jahr hat es ihm das Verdikt der Kontrollkommission, er habe für seine Modelle zu viel Stoff verwendet, unmöglich gemacht, für die Sommerkollektion noch Hüte zu entwerfen. Da er nun seine Modelle ohne Hüte präsentieren musste, entwarf er mit der Hilfe von Guillaume voluminöse Frisuren mit geflochtenen Haaren. Diese gaben den Mannequins eine besondere Silhouette. Mit Sicherheit werden diese Frisuren die kommende Wintermode stark beeinflussen.

Morgen Molyneux und Lelong, und danach fahre ich los, um mir das Loiretal anzusehen.

* Cristobal Balenciaga, baskischer Modeschöpfer, Pionier und Gründer des gleichnamigen Modehauses.

MISS CROCKETT, LIFE MAGAZINE, LONDON.

Auf diesem Rolleiflex-Film befinden sich Aufnahmen von einer überraschenden Kapitulation. Die Filmleute und ich waren zufälligerweise die Einzigen, die dabeiwaren, also betrachte ich die Sache als eine Art Pflichtübung, aber auch mit Vergnügen. Könnten Sie den Film entwickeln lassen? Auf den beiden Contax-Filmen befinden sich private Aufnahmen und einige Soldatenporträts. Erkundigen Sie sich nach den Umständen der Kapitulation - sie sind absolut erstaunlich.

Die Reihen der Kriegsgefangenen sind teilweise zehn Meilen lang - zusammen mit Wagen, Waffen usw. Die meisten sehen zufrieden aus. Sie verhalten sich ruhig. Dabei könnte man meilenlang an den Reihen bewaffneter Krauts entlangwandern. Die Generäle bestanden auf der Einhaltung der Formalitäten vor der Kapitulation. Da es eine schriftliche Erklärung gab, wussten Oberst Speedie und General Montague Bescheid. Sie richteten sich auf einem Feld darauf ein. Es war alles sehr komisch.

Ich werde so langsam zum Kapitulations-Mädchen. Meine anderen Sachen mit der Kapitulation des wichtigsten Generals habe ich gestern an die *Vogue* geschickt.

Liebe Grüße an alle

Wie die Deutschen kapitulieren

Nach allem, was ich südlich der Loire gesehen habe, denke ich, dass nirgendwo sonst als in diesem Gebiet die Geschichte Frankreichs neu geschrieben wird. Nur dort kamen der Maquis, die FFI und die Deutschen wirklich zur Sache. Die Deutschen sind inzwischen verjagt, und die Franzosen haben nun mit sich selber zu kämpfen. Es könnte blutige Säuberungen geben, und es könnte die Zeit für eine Appeasement-Politik gekommen sein, doch wie es bisher aussieht, haben die Franzosen das wenigstens selbst in der Hand.

Ich fuhr an schier endlosen Reihen deutscher Kriegsgefangener vorbei, ich sprach mit den Männern der FFI und vom Maquis, die von vertraglichen Abkommen in Schranken gehalten werden. Ich sprach auch mit Leutnant Magill und Oberst French, die die Massenkapitulation der Deutschen aushandelten. (Vergegenwärtigen Sie sich, dass Leutnant Magill die Loire mit einer Abteilung von 24 Leuten überquerte und das Gebiet eine ganze Woche lang halten musste, während er über die Kapitulation der 20 000 Deutschen unter Generalmajor Elster* verhandelte.)

* Botho Elster wurde wegen seiner Entscheidung von einem deutschen Gericht 1944 »wegen gefährlicher und falsch verstandener Menschlichkeit« in Abwesenheit zum Tode verurteilt. Dieser Urteilsspruch wurde erst 1998 vom Deutschen Bundestag aufgehoben.

Ich war auch bei einer anderen Kapitulation in diesem Landstrich dabei – eine, die ihre komische Seite hatte. Die Filmleute und ich waren die einzigen Augenzeugen. Die Krauts näherten sich Orléans auf drei zusammentreffenden Routen, einige auf Pferdewagen, einige hoch zu Ross und andere zu Fuß nebenhertrottend. Eine dieser Kolonnen wollte unbedingt von einem General, einem Oberst und einem Ehrenspalier von vierzig amerikanischen Soldaten in Empfang genommen werden. Sie bestanden hartnäckig auf die Einhaltung dieses Protokolls und hielten die gesamte Parade damit auf, indem sie sich weigerten zu kapitulieren, bis das Protokoll nicht ordentlich eingehalten werden würde.

Schließlich taten ihnen ein General und ein Oberst den Gefallen. Sie setzten sich mit einer amerikanischen Fahne auf einen Jeep. Die Krauts bestiegen ihre hübschen Pferde, stellten sich in einer exakten Reihe auf und heilhitlerten ihrer Mannschaft zu. Wagen zogen in Formation vorbei, und aus jedem ragte ein Heil-Hitler-Arm heraus, während unsere Männer salutierten. Als das dann vorbei war, bewies unsere Seite ganz schlechte Manieren. Oberst French war mehr damit beschäftigt, Futter für die Pferde aufzutreiben, als dem eleganten Auftreten des Offiziersstabs Aufmerksamkeit zu schenken.

In der Entwaffnungszentrale sah es aus wie in einem Kaufhaus. Ferngläser hier, Messer dort, die Stielhandgranaten auf einem anderen Haufen, Munition, Pferde, Fahrräder – und sogar Frauen, alles hatte seinen Platz. Gab es irgendwelchen Ärger, plärrte ein Lautsprecher etwas auf Deutsch. Einige der Männer waren ganz offensichtlich bereit, im nächsten Krieg wieder gegen uns anzutreten. Viele sprachen aber überhaupt nichts. Es gab Fälle des Ungehorsams gegenüber höheren Offizieren. Beispielsweise wurde es älteren Offizieren zusammen mit jenen, die zum Laufen zu schwach waren, gestattet, im Jeep zu fahren, und alle Männer im Zug, die nur wenig bei sich hatten, wurden aufgefordert, das Gepäck der anderen zu schleppen. Mehr als einmal kam es dazu, dass das Gepäck von der Brücke geschmissen wurde. Oder man warf es auf den Jeep, rannte weiter und kümmerte sich nicht mehr um irgendwelche Befehle.

Die Männer behielten ihre Kameraden vor ihrer Internierung ängstlich im Auge. Man musste in der Nähe desjenigen bleiben, der die Zigaretten hatte, während man selber für die Schuhe zuständig war. Es gab Fußballenthusiasten oder Männer, die mir ihre Rationen oder ihre Beute der letzten Jahre direkt in den Schoß warfen. Manche warfen sie durch die Fenster der französischen Häuser, die sie vor zwei Wochen noch durchsucht und geplündert hatten. Und geplündert hatten sie. Ich besuchte Häuser in der Gegend, in denen der Putz vom Wein dunkel war und feucht vom Inhalt der letzten zersplitterten Champagnerflasche, die man gegen das Porträt des Hausvaters an die Wand geschmettert hatte. Nun verhielten sie sich gegenüber der Zivilbevölkerung ein wenig schüchterner. Sie waren bewaffnet, aber machtlos, zu einer ordnungsgemäßen Kapitulation verpflichtet, aber misstrauisch und vorsichtig. Sie waren gereizt von den äußeren Bedingungen dieses Truppenaufmarsches, zogen diese Prozedur aber immer noch einer Konfrontation mit der rachedurstigen FFI vor, die die Flanken dieser Herde so begehrlich beäugte wie Wölfe, die Schafen auflauern.

Die Franzosen zeigten mir ihre Gräber, die Schuhe ihrer Söhne, die Fotos mit Trauerrahmen ihrer Ehemänner, die in einen unbekannten, aber sicheren Tod verschleppt wurden. Sie hielten Frieden mit Fäusten in der Tasche und sagten: *»C'est la guerre«*.

An einer Kreuzung befanden sich große graue Busse voller deutscher Soldaten, die gerade dabei waren, sich zu ergeben. Sie fragten mich, ob die Kameras um meinen Hals Beute waren, und boten mir Feldstecher im Tausch gegen sechs Zigaretten an. Es war alles andere als einfach, den Leuten der FFI zu erklären, dass diese Kapitulation eine wesentlich sauberere Angelegenheit war, als jeden Kraut einzeln mit einer Handgranate in die Luft zu jagen. Letztlich stimmten sie zu, dass es taktische Vorteile hätte – und wenn auch nur als Beispiel für die nächste Horde Hunnen, denen man sonst nur gezeigt hätte, dass es nicht sicher wäre, sich zu ergeben, und die sie dann auf Leben und Tod würde bekämpfen müssen. Die Leute aus dem Dorf waren ebenfalls verbittert. Sie mussten die Deutschen vorbeiziehen sehen und durften dabei nicht einmal das Privileg genießen, sie anzuspucken. Sie konnten nur zuschauen und hassen.

Es schien mir außerordentlich passend zu sein, dass dieser lange, beladene Zug feindseliger Menschen sich in der Gegend rund um Orléans und Beaugency ergeben sollte – Orléans der Ort des Triumphes der Heiligen Johanna und eine Stadt, deren Bewohner 1940 schwere Bombenangriffe des Feindes auszuhalten hatten und dann auch noch unsere Bombenangriffe. Die Stadt liegt in Trümmern – alte Ruinen liegen neben neuen. Die Statue der Heiligen Johanna steht schief auf ihrem Sockel. Die Kathedrale, die das ursprüngliche Vorbild jeder dreistökkigen Hochzeitstorte ist, ist halb abgebrannt. Säulen an ihrer Spitze stützen weinende Engel, der gewölbte Innenraum ist instabil, und Wasser dringt in das Kirchenschiff ein.

Nachdem ich diese *vendange* (Weinlese, Ernte) der Deutschen beobachtet hatte, fuhr ich per Anhalter in die Bretagne. Ich gewann eine neue Sicht auf das Landleben. Es war wunderbar, bei der Ernte dabei zu sein und Leuten zuzusehen, wie sie Pferde beschlagen; es war wunderbar, sich in Städten aufzuhalten, die voller Soldaten und Panzer gewesen waren und nun wieder sich selbst überlassen sind. Die Schützengräben werden nur noch markiert, damit das Vieh nicht hineinstürzt. In den Provinzstädten zersägte man kleine grünliche Holzklötze, auf denen man den Ersatzkaffee kochte. Einige Städte hatten bereits wieder Elektrizität, in einem Hotel gab es sogar heißes Wasser, und jedermann war begierig auf Neuigkeiten.

Tours ist nicht zerstört, mit Ausnahme der alten Schäden von 1940. Die Brücken sind von den Deutschen gesprengt worden, was ein wenig lästig ist, wenn man auf die Schnelle von einem Ort zum anderen kommen will. Die Stadt sieht in der Dämmerung ganz reizend aus. Kirchen und Kathedralen ragen mit ihren Schnauzen aus dem Nebel wie die Dinosaurier in »King Kong«.

Am Sonntagabend läuteten die Glocken der Kathedrale von Chartres über das flache Land. Im Großen und Ganzen hatte sich das Leben hier wieder eingerichtet. Die Kriegswunden, die der Boden und die Vegetation erlitten hatten, waren verheilt. Die Panzer und verbrannten, verrostenden Fahrzeuge sahen aus, als würden sie schon so lange stehen wie die mittelalterlichen Kirchen, dabei war es erst zwei Wochen her, dass sie brannten und gen Himmel stanken. Nur hier und da stören sie den Blick auf die langen pittoresken, von Pappeln gesäumten Chausseen, und die gestörte Symmetrie verhindert, dass man beim Fahren einschläft. Die Wracks erinnern gar nicht mehr an den Krieg. Viele Baumstämme sind zerfetzt. Abgerissene Zweige, die noch vor zwei Wochen zur Tarnung gebraucht wurden, liegen unter winterlich braunen Laubhaufen begraben. Laub, das nie wieder abfällt, denn auch die Zweige liegen am Boden. Die Pappverpackungen der Verpflegungsrationen faulen allmählich zu Kompost, Blechdosen, deren Glanz nicht nach einem Picknick aussieht, mögen schon seit drei Jahreszeiten herumliegen.

Andererseits war es aber auch sehr aufregend, in den Süden zurückzukehren, wo die Befreiung gerade erst stattgefunden hatte. Das Winken der Menschen zu erleben, die Blumen, Tomaten und Pfirsiche in unser Auto warfen, ohne dabei auf die verderblichen Eigenschaften dieser Dinge Rücksicht zu nehmen – und weniger noch auf unsere Augen und Knochen. In eine Stadt zu kommen, die von den Deutschen bereits vor Tagen aufgegeben wurde, die »zu besetzen« aber noch keiner die Zeit gefunden hatte, ist eine zeitaufwendige Angelegenheit.

Irgendjemand muss schließlich den Champagner, die Reden und die Schlüssel der Stadt entgegennehmen. Manchmal war ich diejenige, die das tun musste – und zwar aus keinem anderen Grund, als dass es sich dabei um Zeremonien handelt, und keine öffentliche Verwaltung ihre Arbeit aufnehmen kann, bevor nicht auch diese Pflicht getan ist.

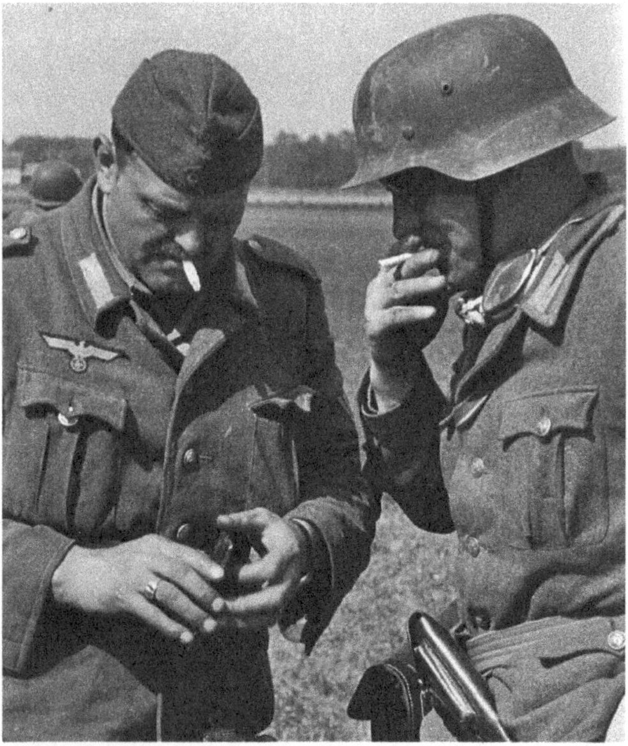

Deutsche Gefangene.

Dienstlicher Brief und beigefügter Text

PASSED FOR PUBLICATION AS CENSORED
115
Date: 7 DEC 1944
NAME. ... No. 3
SHAEF
FIELD PRESS CENSOR

Liebe Audrey,

hier der Teil der Reportage, den ich wegen des Luxemburgartikels liegen lassen musste. Möchtest Du, dass ich daran und an verwandten Themen weiter arbeite? Dieselbe Frage betrifft auch den Abschnitt über die Résistanceleute und die Party, zu der mich Hardy (Amies) mitgenommen hatte. Du lässt mich wieder einmal in einem Vakuum arbeiten, und mein Normalzustand an Verfolgungswahn holt mich langsam ein.

Ich weiß nicht, was Du davon magst oder was Du drucken möchtest, und meine Arbeit ist jetzt vollständig und ganz unnötig unterbrochen, da Du nie einen Kommentar - gut - schlecht - indifferent - abgibst. Es kann bis zu sechs Wochen dauern, bis ich sehe, was Ihr veröffentlicht habt, also laviere ich herum und fühle mich nutzlos, so als würde man einen Stein in einen Brunnen werfen, der so tief ist, dass kein Geräusch zurückkommt, auf das man eine Schätzung gründen könnte.

Es haben sich kleine Mauern aufgebaut - nichts von Beatons Ankunft gesagt bekommen zu haben und nun für ihn die Bürohilfe zu spielen; nicht zu wissen, wo mein Weg Auric* oder Mauriac oder irgendjemand sonst kreuzt.

Jedes Wort, das ich schreibe, fällt mir so schwer wie »einem Stein eine Träne abzupressen«. Dank meiner Hingabe an die Geißelung einer Schreibmaschine verliere ich meine Freunde und meinen gesunden Teint, und obwohl es am Ende wahnsinnig

* Gemeint ist vermutlich Georges Auric, der Filmkomponist u.a. für Cocteau.

befriedigend ist, alles, was ich einsende, gedruckt zu sehen, verbringe ich viel Zeit mit unproduktiver Depression, beinahe Selbstmordgedanken, oder ich denke an eine berufliche Veränderung.

Möglicherweise hast Du bemerkt, dass ich »moralische« Bedenken hatte, Dir einen lyrischen und ekstatischen Leitartikel über die Befreiung zu schreiben. Also schrieb ich vier Geschichten.

Ich sah keine andere Möglichkeit, die von Dir verlangte Seite zu schreiben, ohne dem rosigen Optimismus einer Pollyanna* anheimzufallen, angesichts von Griechenland und Belgien. Und da ist auch noch das Elsass.

Ich weiß nicht, ob ich Dir zu häufig schreibe oder zu selten oder nicht häufig genug. Sobald ich fertig sein werde, was mit meiner Bursitis und dem »Steinepressen« zugegebenermaßen seine Zeit braucht, wirst Du wenigstens alles schwarz auf weiß erhalten, was ich zu dem von mir in Angriff genommenen Thema zu sagen habe. Aber möchtest Du mehr Persönlichkeiten oder weniger? Möchtest Du mehr über die tonangebenden Frauen und Premierminister? Oder soll ich etwas darüber schreiben, was die Straßenbahnschaffnerin erzählt, die nicht weiß, dass ich Französisch spreche? Interessiert es Dich, dass die GIs genausoviel Heimweh nach Bristol und Manchester haben wie nach Pine Plains oder Madison, Wisconsin?

Mehr als alles andere möchte ich in der Lage sein, den Krieg in Europa bis zum Ende zu verfolgen. Und wichtiger noch - danach den Wiederaufbau Europas - oder wie man's nennen will - zu beobachten. Trifft

* Anspielung auf die notorisch optimistische Heldin des gleichnamigen Kinderbuches der amerikanischen Autorin Eleanor H. Porter von 1913, das von anderen Autorinnen in einer Reihe von Pollyanna-Büchern fortgesetzt wurde; synonym für eine kindlich hoffnungsfrohe, unschuldig ungetrübte Seele.

sich das mit Deiner Planung? Lass es mich wissen.

Darüber hinaus gibt es noch einige praktische Angelegenheiten zu erledigen. Könnte jemand mir die folgenden albernen Dinge besorgen und schicken - zunächst einmal Ohrenstöpsel - Sylvias Bote weiß, wo es die gibt, sie nennen sich »Quies«, dann Takazyma, das ist ein Medikament, das die Verdauung von Stärke fördert. Mein Apotheker weiß Bescheid, ich könnte auch noch was davon in der großen Kommode bei mir in Horlicks, Downshire Hill 21 haben - ich fühle mich nämlich ständig hungrig. Dann Kohlepapier, die dicke Sorte für die kontinentale Papiergröße, schließlich zwei Schreibbänder für meine Hermes-Reiseschreibmaschine.

Ich habe Edna (Woolman Chase) und Betty (Miller) große Flaschen »Moment Supreme«-Parfüm geschickt und an Cipe (Penellis) und Jessica welches von Lelong. Besser Du schreibst ihnen entsprechend.

Grüße und Küsse
Lee

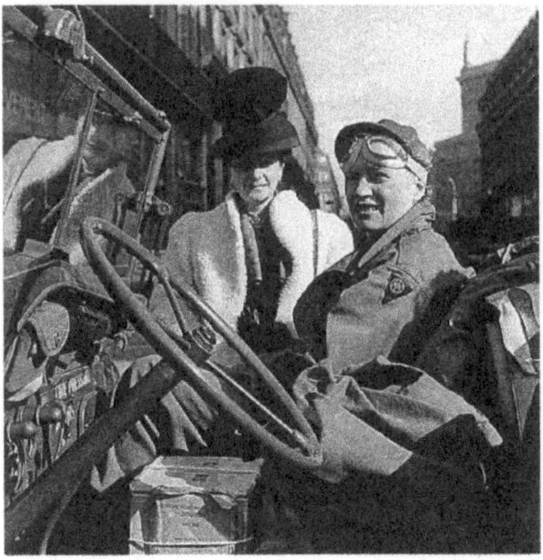

Lee Miller in ihrem Jeep, Paris. Foto: David Scherman.

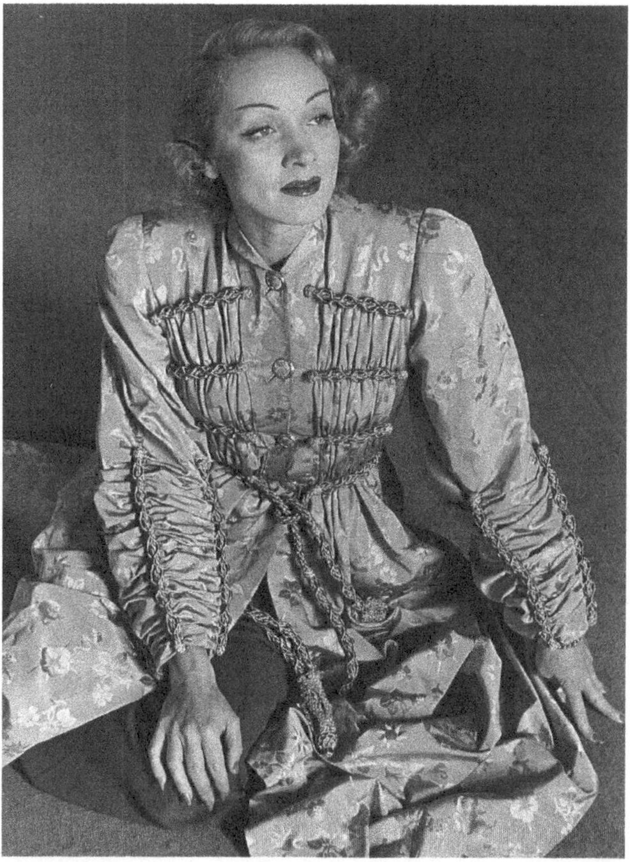

Marlene Dietrich.

Schauspieler in Paris

Marlene Dietrich war bereits auf Tourneen der USO* in Nordafrika und Italien. Kürzlich war sie auf einer weiteren Tournee in Frankreich. Ich traf sie in Paris und fotografierte sie in ihrem neuen Abendkleid von Schiaparelli.** Es ist ihr erlaubt, in Paris einzukaufen, obwohl die Stadt gerade Sperrgebiet ist, aber schließlich muss sie für die Jungs von der Truppe ordentlich angezogen sein.

Da steht sie und verleiht Schiaparellis magentafarbener, leicht taillierter Kunstseidenjacke ihren Glamour. Das Design ist so subtil, dass man kaum bemerkt, wie sich das Emblem des britischen Löwen unter das bläuliche Blumenmuster mischt. Die blau-goldenen Kordeln, die das weiche Oberteil und die Ärmelfalten zusammenhalten, geben dem Ganzen einen Kosaken-Look. Unter der Jacke trägt sie ein violettes Abendkleid. In Paris trägt man zum Abendkleid keinen Mantel, so dass solche im Allgemeinen als Wintercape verkauft werden, und Dietrich weiß den wärmenden Aspekt ihres Mantels im ungeheizten Paris sehr zu schätzen.

* *United Service Organizations*, eine Stiftung, die bis heute Unterhaltungsprogramme und unterstützende Maßnahmen für die amerikanischen Streitkräfte organisiert.

** Elsa Schiaparelli, italienische Modeschöpferin, 1890-1973, vertrat eine eher künstlerische Modelinie gegenüber der sich durchsetzenden industriellen.

Ich ging zur Eröffnung der ersten Pariser GI-Show im Théâtre Olympia. Sie bestand aus dreieinhalb Stunden mit amerikanischen und französischen Nummern. Ich war sehr aufgeregt. Es war für mich die Premiere in diesem Theater, und dazu eine, die hauptsächlich von Soldaten und nicht von den hohen Tieren besucht wurde.

Fred Astaire war die Hauptattraktion. Ganz Paris hatte in der letzten Woche von nichts anderem gesprochen und wollte ihn unbedingt erleben. Die Zuneigung der Pariser hat ihn sehr berührt. Hinter der Bühne standen die Tänzerinnen mit nacktem Hintern und Federboas Schlange, um ein Autogramm von ihm zu ergattern. Und auch alle Polizisten und Botenjungen der Stadt bahnten sich mit dem Autogrammheft in der Hand ihren Weg ins Theater.

Er kam gerade aus Holland und beabsichtigte, demnächst nach Deutschland zu fahren, allerdings haben wir die Stadt, in der sein Auftritt stattfinden soll, noch nicht eingenommen, und bis dahin wird er noch für seine Show hier gebraucht. Er vermisst seine Familie wie verrückt und denkt wie jeder GI an nichts anderes als an seine Post, die ihm in entgegengesetzter Marschroute zwei Tage hinterher ist.

Er gehörte zu einer größeren (unbenannten) Einheit, die sich unter normalen Umständen meilenweit hinter der Front aufgehalten hätte, allerdings von einem General befehligt wird, der von der Idee fasziniert ist, sich immer dort, wo sich etwas abspielt, befinden zu müssen. Deshalb war er alle Arten Beschuss und Unannehmlichkeiten, die vom Feind herrühren, aber genauso von unseren Plagegeistern, bestens gewohnt.

Mit der ihn belagernden Menge ging er geduldig und effizient um. Er zeigte sich nur wenig davon irritiert, dass sein Auftritt um Stunden zu früh angekündigt wurde. In der Garderobe saß er auf einem langen Ankleidetisch und wippte mit den Füßen zum Takt entweder der Show, die durch die Wände zu hören war, oder zu den Melodien, die der Akkordeonspieler, der seine Nummer begleitete, aus seinem Instrument herausquetschte. Seine Schuhe waren von vielen Stunden des Tanzens abgenutzt und hatten zu meiner Überraschung Metalleinlagen an Absatz und Spitze, denn schließlich war ich mein ganzes Leben lang davon überzeugt gewesen, er tanzte mit weichen Sohlen.

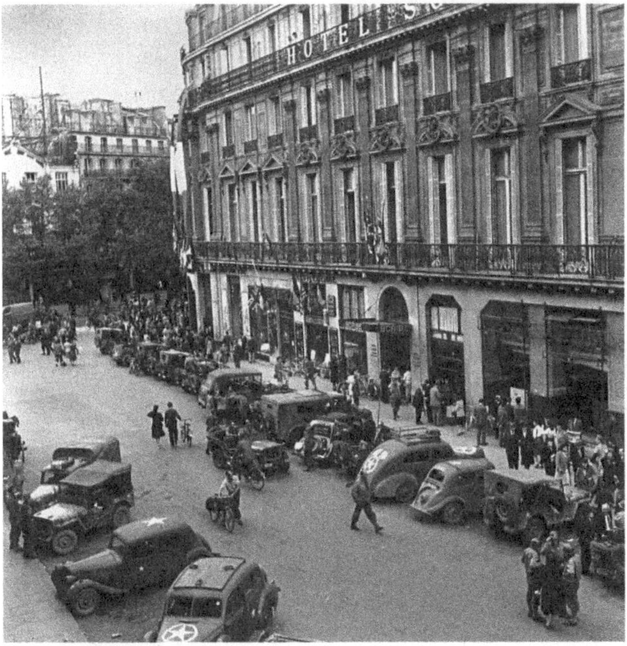

Hotel Scribe, Paris 1944.

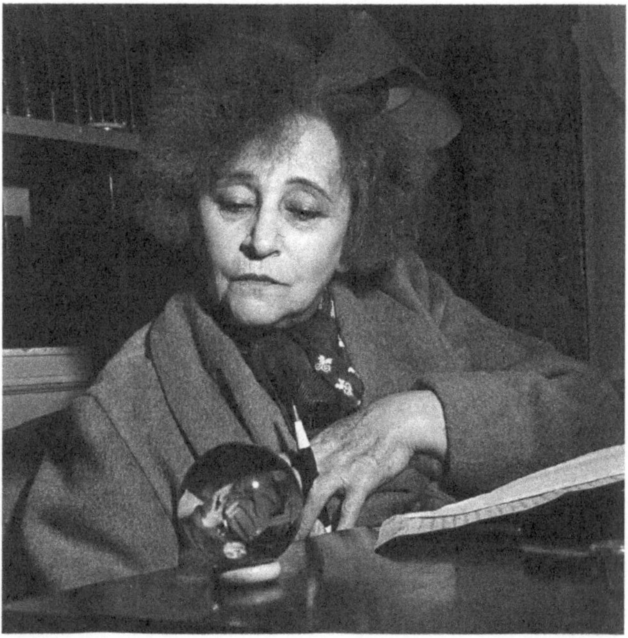

Colette.

Colette

Eines der Fenster über den anmutigen Bögen im Park des Palais Royal gehört, wie man mir zeigt, zu der Wohnung von Colette. Die Kinder spielen Himmel und Hölle, und die gebeugte, alte Dame, die die reservierten Stühle abwischt, unterbricht ihre Tätigkeit, um die auf der Jagd nach modisch-eleganten oder berühmt-berüchtigten Geistern der Vergangenheit durch die Galerien wandelnden Besucher auf das Fenster hinzuweisen. Die schauen dann auf die Fensterläden von Cocteau, Jean Marais und Colette mit einer Ehrfurcht, die ihre Vorgänger aus früheren Generationen kaum für die »Hehlerware« der Juweliere und die Fenster ähnlich berühmter Revolutionäre und Kurtisanen aufbringen konnten.

Ich stieg das dunkelste Treppenhaus von ganz Paris hinauf, drückte auf den Knopf einer stummen Klingel ohne Strom und klopfte mir an der Tür die Knöchel wund, bis schließlich Pauline – die mit der Mentalität einer Menschenfresserin ausgestattete, ergebene Sklavin Colettes – durch einen dunklen Korridor heranschleicht und der Besucherin nach einem prüfenden Blick mit voller Zufriedenheit ihren Segen gibt. Denn befindet Pauline einen nicht für gut, braucht man kein zweites Mal vorbeizukommen.

Im kalten, durch die hohen Fenster fallenden Licht sieht das Haar von Colette wie ein Heiligenschein aus. Im Zimmer ist es warm, schwere braune Pelzdecken liegen auf dem Bett, und die Wahrscheinlichkeit ist hoch, dass Colette mit einem Telefongespräch beschäftigt ist. Sie nahm ihre grotesk dicke Hornbrille von der Nase, stellte das Telefon ab, nahm mich an die Hand und zog mich zum Bettrand, auf den ich mich setzen sollte, während sie weiter mit einer aus dem Telefon ins Zimmer dringenden, sanften Frauenstimme zankte. Schlussendlich ist alles erledigt: Ihre Schreibmaschine würde ihr – wie die sanfte Frauenstimme bestätigt – zurückgebracht werden, zudem würde sie ein Transportmittel nach Limoges beantragen und am nächsten Tag zum Tee vorbeischauen. *À demain!*

Colette drehte sich zu mir und fragte: *»Alors, qu'est-ce que vous voulez?«* Ihre Stimme klang barsch, aber ihre Hände waren warm, und das Leuchten und die Klarheit ihrer kajalgeränderten Augen passten zu den im Zimmer verteilten Myriaden an Kristallkugeln und Glasnippes.

Ihre Augen blitzten mich scharfsinnig an, also sagte ich meinen Spruch auf: *»Pour vous dire bonjour et pour vous demander si je peux faire votre portrait en photo.«* (Um Ihnen guten Tag zu sagen und Sie zu fragen, ob ich von Ihnen ein Porträtfoto machen dürfte.) *»Tiens, elle parle le français!«* (Sieh mal einer an, sie spricht ja französisch!) Sie entspannte sich. »Sind Sie soeben erst angekommen?« »Oh, ich bin schon seit einiger Zeit in Paris, aber es hieß, Sie lägen krank im Bett, und ich traute mich nicht recht, Sie anzurufen.« »Aber natürlich, ich liege immer im Bett, das wird sich nicht mehr ändern. Gelegentlich gehe ich aus, aber...«, und sie machte einen Schmollmund.

Wir plauderten über Amerika und England genauso wie über das alles beherrschende Dreigestirn: die Kälte, den Schwarzmarkt und das Ausklingen des Krieges. Sie fand es lustig, dass ich von der Statue aus Cocteaus »Das Blut eines Dichters«* in einen *poilu* (Frontsoldat) verwandelt worden war.

Sie verlieh ihrer Begeisterung in Böen Ausdruck und wurde davon durch das Zimmer gewirbelt, suchte hier

*Lee Miller spielt in Cocteaus Film von 1930 eine Statue, die einzige Filmrolle in ihrer Karriere.

und da gezielt nach einem Buch oder einem *objet* und verließ doch nie das Bett. Ich wurde zu einer Erweiterung ihres Körpers, und sie legte ihre Hand auf meinen Arm, um nach einem Umschlag mit Bildern zu greifen, der sich im Regal weit oben befand und aus einer weit zurückliegenden Vergangenheit – ihrer wie die ihrer Freunde – stammte.

In verblichenem Sepia wurde mir die Parade von fünfzig ereignisreichen Jahren präsentiert wie eine Rückblende oder ein Kinotrailer. Colette als Colette, Colette die Sirene, die *gamine* (Göre), die Herrin der Mode, die Diplomatengattin, die Mutter, die Autorin … Mitglied der Ehrenlegion und der Akademie. Colette auf dem Dach des Chryslergebäudes barfuß in St. Tropez-Sandalen, was vor zehn Jahren noch die blasiertesten New Yorker Sensationsfotografen dazu veranlasste, die Verschlusskappe von der Kamera zu nehmen.

Da gab es ihren ersten Ehemann, den dandyesken, lasterhaften Monsieur Willy. Er war ein sehr seltsamer Vogel. Colette hatte ihn geheiratet, als sie zwanzig war und er beinahe doppelt so alt wie sie. Er war ein Lebemann, über den viel geklatscht wurde, ein glänzender und erfolgreicher Autor. Das komfortable, wohlbehütete Leben bei ihrer Familie ließ sie für eine unregelmäßige und prekäre Existenz mit einem unverantwortlichen und pervertierten Mann hinter sich. Ihr Leben bestand aus Einsamkeit, Elend, Zurückweisung und schlechter Gesundheit. Und wie aus den Büchern hervorging, hatte sie das Los der Frau eines betrügerischen Schuftes getroffen. Sie schämte sich, ihre Enttäuschung ihrer Familie mitzuteilen.

Sie lernte die Methode kennen, mit der ihr Mann zum Bestsellerautor wurde. »Autor« war er lediglich auf stellvertretende Weise, er war eine Art Impressario, Svengali und Hochstapler. Eine psychische Sprachbehinderung machte es ihm unmöglich, zu schreiben, und zwang ihn dazu, Anerkennung als Autor durch das zu finden, was man mittlerweile *»Ghostwriter«* nennt. Er ließ eine Reihe junger Männer für sich unter seinem Namen arbeiten und verwandte mehr kreative Energie darauf, seine krummen Touren zu organisieren, als auf seine eigentliche Arbeit. Colettes erster Versuch, »Claudine à l'école«, ausgeschmückte Erinnerungen an ihre Schulzeit, enttäuschte ihn. Angeekelt ließ er den Roman in der Schublade verschwinden.

Ein Jahr später zeigte er ihn einem Verleger, der sich vor Begeisterung überschlug. M. Willy machte die frustrierende Erkenntnis, dass er die Perle, die er gefunden hatte, selbst nicht erkannt hatte. Er sperrte sie so lange in ihr Zimmer, bis sie ein bestimmtes Soll an Seiten geschrieben hatte, und mit dieser Kindergartenmethode presste er noch drei weitere »Claudines« aus ihr heraus.

Dann waren da Bilder von der zierlich schönen Polaire, die erste Rolle, die Claudine auf einer Bühne spielte. Auf einem Bild sah man, wie M. Willy die identisch angezogenen Colette und Polaire auf die Pferderennbahn begleitete. Es sollte eine skandalträchtige Publicity hervorrufen. Dann Bilder von Colette mit Haaren bis zu den Knöcheln. Colette im Vaudeville-Kostüm nach ihrer Scheidung; in Straßenkleidung, gelassen und stilsicher. Im Theater in Hosen und mit kurzgeschnittenem lockigen Haar. Eine Aufmachung, die viel Aufsehen erregte. In Stoffe gehüllt: Ihre schönen Füße galten als gewagt, damals. Colette, als sie sich wieder dem Schreiben zuwandte, insbesondere nach ihrem Erfolg mit »La Vagabonde« 1910.

Die Bilder waren ungeordnet. Sie lagen unter- und durcheinander neben dem Bett. Jedes von ihnen hielt eine Anekdote oder eine Erinnerung fest. Der Ärger, den sie mit jenem monströsen kleinen Hund hatte. Der Streit nach jener ersten Nacht. Fast alles zog ein weiteres Objekt oder Buch in die Nähe des Bettes.

Zwei kleine Pastellzeichnungen, die sie gemacht hatte, ihre beiden einzigen »Kunstwerke«, evozierten die Erinnerung an einen »Lagerbummel«, um ihren zweiten Ehemann Leutnant Henri de Jouvenal zu treffen, der in jenen schwarzen Heldentagen in Verdun stationiert war. Sie machte sich auf den Weg mit einem gefälschten Pass und fünf Kilo Schwarzmarktbutter, die ihr in einem Truppentransportzug abhanden kamen. Der Zug brachte sie bis in das Leningrad des letzen Krieges. Die Stadt war evakuiert worden und für Frauen verboten. Sie musste sich deshalb vor dem Stadtkommandanten genauso hüten wie vor den Granaten. Als gute Journalistin schrieb sie, obwohl eher eine inoffizielle Kriegskorrespondentin, auf der Grundlage dieser Visite »Les Heures Longues«. Auch die verständnisvolle Behandlung der Kriegsthematik in ihren späteren Büchern beruhte auf dieser persönlichen Erfahrung.

Dann wieder Bilder von ihr und ihrem Mann als Diplomaten in Algerien und von der flachsblonden Tochter Colette de Jouvenal. Sie war es, die am anderen Ende des Telefons war und deren Gespräch mit Colette ich hörte. Sie war mittlerweile 32 Jahre alt und befand sich zum ersten Mal in Paris, seit die Gegend, in der sie lebte, befreit worden war. Sie gehörte nach mehreren Jahren des Untergrunds zum Maquis. Es gab auch neuere Bilder in früher Hollywood-Technik, eines davon sah besonders giftig aus, so wie eine Kostümballversion von Theda Bara. Colette schien sehr daran zu hängen. Dann Porträts all der Katzen und Hunde aus ihren Büchern. Porträts von ihr, die Man Ray, Hoyningen-Huene und ich gemacht hatten. Ein Foto sowie Briefe von Proust. Ein Bündel von Aquarellen, wie Schulkinder sie malen, die eine Passage aus einem ihrer Bücher illustrierten: ein Haus, ein Feld, die Sterne. Der Absatz selbst war mit kindlichem Perfektionismus in demselben großformatigen Gekrakel gehalten wie Colettes Manuskripte auf dem Nachttisch neben dem Bett. Ihre Handschrift ist ebenfalls ein Gekritzel, das durch Ausstreichungen, Umschreibungen, Ausradierungen und Unterstreichungen noch komplizierter wird.

Wenn das hellblaue Papier keine Folter mehr erträgt, kopiert sie alles mit größerem Zeilenabstand, danach beginnt das Ausradieren und Korrigieren von neuem.

Jedes ihrer vollkommen sicher gesetzten Worte hat um seine Existenz ringen müssen, jedes ist erbarmungslos an seinen Platz gehämmert worden, und jeder ihrer anmutig leichtfüßigen Sätze musste den totalen Krieg überleben. Viele behaupten, das Französische sei zu einer toten Sprache gefroren. Das Regelwerk ist starr und abweisend. Die berühmte *clarté* ist das Ziel französischer Schriftstellerei. Gibt es aber nur eine korrekte Art und Weise, einen Gedanken auszudrücken, so würde der Schriftsteller mit dem größten *Thesaurus* auch derjenige mit den meisten Gedanken und somit alle Mitglieder der französischen Akademie mit demselben Vorrat an Wissen gesegnet sein. Dieselben Ideen würden dieselben Sätze hervorbringen und sich, entscheidender noch, dessen nicht schämen. Ungeachtet ihres erstaunlichen Wortschatzes, um den sie all ihre Kollegen von der Akademie beneiden (sie war das erste weibliche Mitglied der belgischen Akademie), gelingt es Colette, die französische Sprache zugunsten einer leichten Vertrautheit zu entspannen, die dennoch technisch präzise ist.

Die Manuskripte ihrer vier ersten Bücher wurden in Schulheften mit rosa und blauen Deckblättern niedergeschrieben, die mit violetter Tinte beschriftet sind. Sie sehen so gepflegt aus, als seien sie für die Ausstellung auf einem Jahrmarkt geschrieben, aber sie sind die Endfassung vieler Entwürfe. Ich bin mir nicht sicher, ob es sich für nachwachsende Autoren ermutigend oder defätistisch auswirkt, wenn man weiß, dass eine brillante professionelle Schriftstellerin wie Colette nach nunmehr fünfzig Jahren der Erfahrung für jeden Absatz noch immer dieselben Seelenqualen erleidet wie bei diesen ersten vier Büchern. (Mich persönlich hat es alarmiert und sehr entmutigt.) Sieben Füllfederhalter und ein paar Bleistifte stehen in einem runden, blauen Krug. Sie sagte, ich solle mit allen schreiben. Harte Spitzen für Hervorhebungen; weiche, leichte für Erstentwürfe und Briefe. Einem alten, weisen Stift vertraute sie sich an, wenn sie völlig festgefahren war. Sie zeigte mir einen Schatz, der zu kostbar war, um ihn zu benutzen. Ein Paket *Patapar*-Papier, das sie liebte und bevorzugt hätte, tatsächlich aber niemals verwendete. Sie kann kochen, tut es aber nicht. Sie besitzt einige Lieblingsrezepte, die sie jeder neuen Köchin aufdrängt.

Während sie noch redete, schaute sie über meine Schulter, ich drehte mich um und erblickte einen stillen Mann, der uns nachsichtig anlächelte. Das war der Journalist Maurice Goudeket, Colettes Ehemann. Er sprach ein schönes Englisch und führte mich durch das Zimmer, während Colette mit einem weiteren Telefongespräch beschäftigt war, das sie gelegentlich unterbrach, um ihn mit einem schrillen Schrei aufzufordern, mir dieses oder jenes zu zeigen. Die gewölbten Glaskrüge auf den höheren Bücherregalen hatten Verzierungen, die aussahen wie an Bojen hängende Minen. Es handelte sich um kleine Hände und Gestalten, Schiffe und Akrobaten, Weihgaben, die in heiligem Wasser versiegelt worden waren, und hätte ich nur lange genug hingesehen, hätte ich wahrscheinlich auch Kohlköpfe und Könige entdeckt. Magische Märchenlandschaften waren in gläserne Briefbeschwerer eingelassen; die Schneestürme der letzten Generation wirbelten durcheinander, und den Kaminsims schmückten die Kristallkugeln von Wahrsagern mit dem zweiten Gesicht. Alle bis auf eine waren milchig und spröde. Sie bestanden aus Glas und nicht aus reinem Kristall, waren bereits ein wenig *chambré* und verrieten so ihre niedere Herkunft.

Goudekets winziges Arbeitszimmer hatte ein warmes Leuchten von den schönen Ledereinbänden seiner Bibliothek. Sein Schreibtisch lockte zur Arbeit, und von seinen Fenstern aus blickte man wie im großen Zimmer in Baumeshöhe auf den Park voller Denkmäler. Für gewöhnlich bin ich eine gelangweilte, aber fügsame Bibliophile, aber seine Art, mit Manuskripten, Briefen und Einbänden umzugehen, begeisterte mich. Die Zärtlichkeit, mit der er mir seine vollständige Erstausgabe von Colettes Werken zeigte, flößte mir Ehrfurcht ein. Zwischen den Deckeln seiner Ausgabe von »La Vagabonde« waren eine originale Manuskriptseite und der Vertrag mit dem Verleger beigefügt. Auf den Seitenrändern stehen zahlreiche Notizen, fast alle nehmen Bezug auf die Inspiration für die entsprechende Szene ... Sie hat sie eigens für ihn mit Anmerkungen versehen. Eine Marginalie wies auf einen Absatz und lautete: »Wenigstens dieser Mann war echt, obwohl ich ihn selbst nicht kannte.« Sie spricht nie über ihre Arbeit, und ich denke nicht, dass irgendjemand, ausgenommen vielleicht Maurice Goudeket, sagen kann, welche ihrer Figuren echt sind und welche lediglich ihren Gedanken entspringen.

Die Cocktailparty am Telefon war vorüber. Wir gingen zurück in Colettes Zimmer und sahen, wie sie Rosen in ein Leinentuch stickte. Alle Stühle in der kleinen Wohnung waren mit einem von ihr selbst gemachten Polster bezogen. Ich nähte – und zwar so sanft, als hätte ich ein Brecheisen in der Hand – selbst ein paar Stiche in das Muster und schrieb meinen Namen darunter, während Colette in einem alten Botanikbuch aus dem Regal hinter ihr blätterte, um mir die Aquarelle und Gravuren zu zeigen, die sie für ihre Muster kopiert hat. Fast sämtliche Bücher in dem Regal handelten von Tieren, Blumen und Naturgeschichte. Sie habe einen »grünen Daumen«, so dass die Bilder zum Leben erwachen und zu wachsen beginnen, meinte sie. Sie entwarf Gärten schon beim flüchtigen Betrachten einer Seite. Sie schimpfte, dass Tauben als Symbol treuer Liebe gelten, und nicht Enten oder Wildgänse. Wegen ihrer Erkältung war sie ein wenig taub, und es machte Spaß, etwas leiser zu sprechen, um sie aufzuziehen, worauf sie mit herausfordernden Blicken und einem leichten Groll antwortete. So begierig war sie, nichts zu verpassen, was um sie herum vor sich ging.

Wiederholt versuchte sie in der Hoffnung, dass es wieder Strom gab, die Leselampe an ihrem Bett anzuschalten. Sie schmollte, weil ein gerade eingetroffener Brief nicht die Druckfahnen der Illustrationen enthielt, die sie mir zeigen wollte. Dann brach zwischen ihr und ihrem Ehemann, und das nach zwanzig Jahren Ehe, ein regelrechter Liebesstreit aus. Ich hatte mich nach den Einzelheiten seines zweiten Verschwindens während der Schlacht um Paris erkundigt. Kurz nachdem die Deutschen auch das Vichy-Frankreich besetzt hatten, waren die beiden nach Paris zurückgekehrt, wo Maurice als »Nichtarier« verhaftet wurde. Aber Colette spürte ihn auf.

Das erste, was ein Freund oder Verwandter unternahm, sobald jemand unter seinem eigenen Namen »geschnappt« wurde, war eine Erkundungstour durch alle Gefängnisse von Paris und Umgebung mit Hilfe von Paketen, die an das Opfer adressiert wurden. Die Gefängnisleitung war für gewöhnlich entweder ehrlich oder fürchtete die Überprüfung ordnungsgemäßer Lieferungen und nahm das Paket daher in der Regel an, auch wenn der Adressat gar nicht offiziell registriert war. War der Gefangene einmal ausfindig gemacht, konnte eine Einschätzung möglicher und wahrscheinlicher Anklagepunkte vorgenommen werden. Danach ließ sich mit Hilfe der Gerüchteküche und mit heimlichen Beziehungen herausfinden, wohin jemand, je nach Schwere des Vergehens auf der Schuld-und-Sühne-Skala, transferiert wurde. Nicht immer galt dabei das gleiche Maß. Sollte es sich um einen »tatsächlichen« und auf schwachen Füßen stehenden Fall handeln, war es aber besser, nichts zu überstürzen, weil man dadurch den »Schuldbeweis« eines »unschuldigen Mannes« erbracht hätte, und das hätte wiederum Vergeltungsmaßnahmen hervorgerufen, denen auch andere Familienmitglieder des Angeklagten hätten zum Opfer fallen können, die dann gezwungen gewesen wären, sich zu verstecken.

Colette kontaktierte alle hohen und niedrigen Ränge. Es waren so viele, dass bis heute niemand sagen kann, wer genau die Freilassung veranlasste. Allerdings wurden alle ihre Bemühungen, ihren Mann freizubekommen, so lange mit Gleichgültigkeit aufgenommen, bis sie sich als Mitarbeiterin der von den Deutschen kontrollierten französischen Presse hervortat. Sie schrieb harmlose, nostalgische Artikel, die dem Prestige der Deutschen nichts hinzufügten. Paris verstand und vergab.

Bei seinem zweiten Verschwinden war dann aber nichts mehr zu machen. Er verschwand einfach. In ganz Paris wurde gekämpft. Sie lag krank im Bett, und alle Telefonate mit ihren Freunden »mit Beziehungen« führten zu nichts. Colette war außer sich. Sie stellte sich vor, er wäre noch in letzter Minute als Geisel gekidnappt worden oder in einem der Straßenkämpfe ums Leben gekommen. Dabei war er schlicht aus Neugier und wegen des Gerüchts, die Krauts wären bereits abgezogen, dazu verführt worden, in die Tuilerien zu gehen. Dort brachen die Kämpfe wieder aus und er fand sich, vom Feind umzingelt und von beiden Seiten beschossen, im Park gefangen. Er verschanzte sich in einem Luftschutzbunker, den er sich mit einem alten Clochard zwei Tage lang teilte. Sie aßen die grünen Tomaten von den am »Buddeln-für-den-Sieg-der-Hunnen«-Gedenktag angelegten Sträuchern, die sich in Griffweite befanden.

Während eines einstündigen Waffenstillstands gelangte er mitgenommen, aber sicher nach Hause. Colette wirft ihm jedoch immer noch vor, ihr so große Sorgen bereitet zu haben.

Offensichtlich hatte ich ein unangenehmes Thema angeschnitten. Vielleicht war es auch nur eine ihrer Lieblingsszenen, die sie sich gerne immer wieder vorspielten. Ihr spitzes Elfengesicht sah jedenfalls fünfzig Jahre jünger aus, während sie ihm ihre Strafpredigt hielt. Schließlich waren Ruhe und Ordnung im Zimmer wiederhergestellt. Die Fotos kamen zurück in ihre Portfolios, die Katzenbilder für sich – ohne von menschlichen Wesen weiter behelligt zu werden. Alle Souvenirs wurden wieder im Zimmer verteilt, ausgenommen ein Blatt Notenpapier mit eingeprägten Rändern aus Spitze und farbigen Scherenzuschnitten wie bei einem altmodischen Valentinstagsgeschenk. Das gab sie mir. Es war das Feiertagspapier ihrer Mädchenzeit.

Es war mittlerweile dunkel geworden. Strom gab es noch immer nicht. Der letzte Glanz des Sonnenlichts schimmerte in den Kristallgläsern, im irisierenden Blau von aufgespießten Schmetterlingen und im funkelnden Weiß von Colettes Augen.

Pauline sagte *Au revoir*. Ich wusste, ich durfte wiederkommen.

Lee Miller War corr.
Com Z SHAEF,
No 122, Hotel Scribe, Paris

PASSED FOR PUBLICATION
AS CENSORED
Date: 4 Dec 1944
NAME. Wise No. 2/6
FIELD PRESS CENSOR

Audrey Withers.
Vogue Magazine.
London.

Liebe Audrey,

das ist ein sehr schwieriger Auftrag, den Du mir geschickt hast. Wenn ich an den Erfolg der Befreiung glauben könnte, wäre ich vielleicht fähig, irgendetwas zustande zu bringen, das eine Luftschlange zum Kringeln und ein Fähnchen zum Schwingen brächte, aber das Muster der Befreiung ist an sich nicht besonders dekorativ, und es ist sehr öde, dabei zuzuschauen, wie sich Szene nach Szene enthüllt, jede ein Plagiat der letzten.

Zuerst gibt es die Orgie der Küsse zusammen mit Rationen und gehamsterten Sachen, mit denen man sich in einer Fiesta des guten Willens überhäuft. Dann der Kater und ein Mangel an Vorräten. Die Zazous hängen sich an den Maquis dran. Die minder Verdächtigen werden kahlgeschoren und ins Gefängnis geworfen, die großen werden wieder eingesetzt. Die aus dem Exil zurückgekehrte Regierung tagträumt und gibt sich optimistisch. Das Militär tut im Glauben, dass diese Leute ihre Probleme selbst lösen sollen, alles, um nicht diktatorisch zu erscheinen, und erlaubt ihnen, anderer Ansicht zu sein und Entscheidungen hinauszuschieben. Niemand traut sich, einer ruhigen, aufgeschlossenen Bevölkerung zu sagen, dass wir unsere Versprechungen von Zugladungen an Kaffee und Schokolade, Seidenstrümpfen und Benzin nicht halten können, weil wir sie ein Jahr früher als geplant befreiten. So zieht sich das Warten auf eine feste Hand, die sie führt, auf eine starke Stimme, die sie warnt, auf die Richtung, in die sie gehen sollen, überlang hin; die Leute treibt es zurück zum Schwarzmarkt, wo die Preise noch höher sind, weil das System durch die Kämpfe zerrüttet worden ist.

Für die Städte gilt »Zutritt verboten«, die Soldaten sind gelangweilt, und die Gauner sagen, unter den Deutschen ging es ihnen besser oder sie wären besser dran mit den Briten oder Amerikanern oder wen auch immer sie zu der Zeit gerade nicht vor der Haustür hatten. Wir versuchten, den Maquis aufzulösen und zu entwaffnen, aber diese Leute haben ihre Stärke gelernt und haben ganz andere Ideen. Das Volk, das nie etwas von der Genfer Konvention gehört hat, beklagt sich darüber, wie gut wir die deutschen Kriegsgefangenen behandeln, ihm aber keine Lebensmittel bringen. Der kleine Bürokrat, dessen obstruktives Verhalten wir begrüßten, als er es mit dem Feind zu tun hatte, ist gekränkt, da nun, wo »der Tag« gekommen ist, er und seine Gewohnheiten missbilligt werden.

Ich werde versuchen, für Dich alles in einem Artikel mit Bildern zusammenzustellen, denn es ist grauenhaft. Ich selbst beschreibe lieber die physischen Schäden zerstörter Städte und verwundete Menschen, als mich mit der gebrochenen Moral und dem zerstörten Glauben derer, die dachten »Die Dinge werden wieder so sein, wie sie waren«, und der Desillusionierung unserer Armeen zu befassen, wenn sie fragen: »Ist Europa es wert, gerettet zu werden?«

Ich erinnere mich, dass zu der Zeit von München (1938) und auch an dem Morgen, da der Krieg erklärt wurde, die Menschen dachten, der Himmel werde schwarz sein von Bombern, die Stadt (London) zusammenbrechen und die ganze Bevölkerung unter sich begraben. Sie waren weit entfernt von der Wirklichkeit, als sie ihre kleinen Gräben im Hyde-Park ausschaufelten und den Himmel absuchten. Selbst als der »Blitz« kam, war er kein Inferno, sondern ein langer Durchhaltekampf. Wir sprachen oft über die lädierte Seele der Europäer und wie schwer es ihnen fallen wird, sich wieder an das normale Leben anzupassen. Ich kann mich nicht mehr erinnern, was ich erwartete, wahrscheinlich dass sie anders aussehen würden als früher oder nervöse Ticks hätten oder die Türen nur zögernd und mit misstrauischem Blick öffnen würden.

Aber so war es nicht. Es gab keine sichtbaren Zeichen oder Verhaltensänderungen, aber trotzdem sind sie krank - die Wirkung einer verborgenen und schwächenden Mikrobe. Die mentale

Unterernährung der letzten vier Jahre hat ihre Kraft aufgezehrt. Sie sind an Selbsterhaltung gewöhnt, wissen aber nicht, was Selbstständigkeit ist. Wir können nicht sehen, dass sie krank sind, und ich glaube nicht, dass es eine unmittelbare Heilung gäbe, wenn die Diagnose gestellt wäre, aber es würde dem internationalen Wohlwollen dieser schrumpfenden Welt sicher helfen, wenn wir nicht vergäßen, dass sie leicht amoralisch geworden sind. Sie können bei vielen Dingen buchstäblich nicht zwischen Gut und Böse unterscheiden, und nur weil jemand angezogen ist und bei Verstand zu sein scheint, mag er sich noch für den lokalen Straßenbahnschaffner halten, aber er hat nur eine Ausgangserlaubnis von der benachbarten Klapsmühle.

Herzliche Grüße an alle

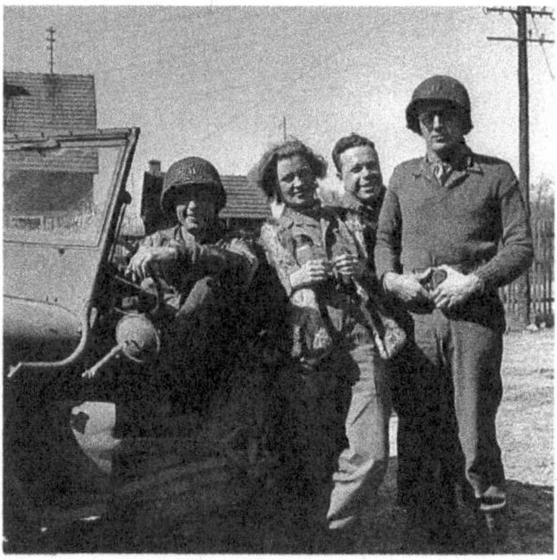

Lee Miller mit einigen Freunden.

Muster der Befreiung

»In diesem Jahr unseres Herrn, Neunzehnhundertfünfundvierzig … In diesem Jahr unseres Sieges«, das mögen die laut ausgesprochenen Worte von Millionen freier Menschen sein und der geflüsterte, aber greifbare Traum von Millionen, die noch versklavt sind. Die Wiederentdeckung der Freiheit. Es ist nicht so, als kehrte man in ein geliebtes Haus der Kindheit zurück und findet, dass der Baum kleiner oder der schöne Stuhl schäbiger ist. Es ist mehr wie eine großartige Landschaft, auf die man von Weitem geschaut hatte und in der man nun herumwandern kann; faulenzen oder arbeiten, bauen oder zerstören. Das klingt vielleicht pompös, aber ich denke mir das nicht aus. Ein junger Franzose schwärmte.

Was ist Freiheit? Es sind die kleinen Dinge, die zusammengenommen Freiheit statt Verzweiflung ergeben. Es sind die Kolonnen der Evakuierten, die die Front verlassen, traurig, dass sie gehen müssen, aber einsichtig; es ist das Kino ohne Propaganda, es ist die lachende Gruppe auf der Straße; es ist das Vertrauen in die Freunde und die Familie; oder ein Neuankömmling, weil er ein ehrliches Gesicht hat; es ist die Möglichkeit, selbst zu tun oder zu lassen, was man versteht.

Das Muster der Freiheit ist nicht dekorativ. Da sind die fröhlichen Schnörkel von Wein und Gesang. Schön strahlt die Farbe der Freiheit, aber da sind auch Ruinen und Zerstörung. Es gibt Probleme und Fehler, enttäuschte Hoffnungen und gebrochene Versprechen, ebenso wie

Wunschdenken und Unfähigkeit. Da ist die »Militärische Zweckmäßigkeit«. Da ist Erschöpfung wie nach einer Siesta, eine »Dornröschen«-Lethargie. Der Prinz ist in das mit Spinnweben überzogene Schloss eingedrungen und drückt der Schönen einen Aufweckkuss auf die Lippen. Jeder springt auf, bereitet ein Bankett vor, tanzt ein Menuett und lebt glücklich bis an das Ende seiner Tage.

Das Märchen endet hier, sollte es aber nicht. Wer polierte die mit Grünspan bedeckten Kochtöpfe? Wer ersetzte die verrostete Brunnenkette? Waren die Regale abgestaubt? Die Schränke sauber? Wer kehrte die *petits-moutons* auf, die sich gewiss unter dem Bett angesammelt hatten? Es muss dort ein wüstes Durcheinander gegeben haben. Nahmen sie ihre Streitigkeiten und den Klatsch dort wieder auf, wo sie aufgehört hatten? Fragten sie, was die Nachbarn während all der Zeit über sie gesagt hatten? Hatte der Milchmann Reihen von Flaschen an der Schwelle stehen lassen? Hatten die Händler versucht, ihre Rechnungen einzutreiben? Gab es frische Salate und Eier in der Vorratskammer? Vielleicht löste der Prinz all diese Probleme und brachte auch all diese Dinge, oder war die Befreiung genug? Ich sah etwas von ihrem Wirken in Luxemburg.

Der Krieg galoppierte durch Luxemburg und kam an der deutschen Grenze zum Stillstand. Die Augen des Feindes spähten von den Abhängen an der anderen Seite des Flusses, und die Siegfriedlinie war düster und starrte von Waffen. Aber Luxemburg war befreit und nach den Maßstäben moderner Kriegsführung unversehrt.

Die Luxemburger schwelgten nicht im Gefühl ihrer Befreiung. Sie sind ihrem Wesen nach nicht impulsiv und, was ihre Invasoren angeht, gelassen. Sie haben immer erwartet, dass Besatzer ihr Land in alle Richtungen durchqueren, und hatten tatsächlich nie eine Armee, um sich zu verteidigen. Durch Passivität hofften sie, übersehen zu werden. Indem sie sich als »Hotelbesitzer« verstanden, der dem Gast stets recht gibt, hofften sie, ohne

Schaden davonzukommen. Diese Politik hat funktioniert. Ihre Fabriken sind nicht zerbombt, ihre Bergwerke und Felder nicht geflutet, die Ernte kann eingebracht werden.

Das Großherzogtum Luxemburg, traditionell ordentlich und sauber, respektabel und provinziell, friedlich und neutral wie das Ruritanien der musikalischen Komödie – das Märchenherzogtum der Operette. Sie haben eine geliebte Herzogin im Exil (und, so geht das Gerücht, einen Prinzgemahl). Die schöne Hauptstadt schmiegt sich an Felsen, die eine tiefe Schlucht mit Park und Gärten überblicken (wie Edinburgh ohne die Eisenbahn). Es gibt Industriestädte und von Bauern bearbeitetes Ackerland, Wälder, Hotels und Minen. Der Lebensstandard ist hoch, die meisten Einwohner sind polyglott und gebildet.

In einem Gebiet nicht größer als das von Groß-London leben nur dreihunderttausend Menschen, abzüglich der zehn Prozent, die die Deutschen ergriffen und in Konzentrationslager oder Zwangsarbeit oder die Wehrmacht geworfen haben, und der Juden, die gleich in der ersten Woche, da die Deutschen das Land überfielen, in die Isolation und Ungewissheit getrieben wurden. Die Juden, die nicht flüchten konnten, wurden in einer Massendeportation verschleppt, nicht nach und nach mit immer neuen schrecklichen Geschichten, die die übrigen Luxemburger hätten schockieren können.

Den Einwohnern wurde die Ehre erwiesen, Deutsche sein zu dürfen. Sie sollten sich als verirrte Kinder betrachten, die reumütig ins Vaterland zurückkehrten. Sie bekamen die Privilegien deutscher Staatsbürger anstatt des Sklavenstatus‘ eines eroberten Landes. So ging es ihnen eine Zeitlang besser als den Deutschen zu Hause. Die Butter und Kartoffeln, das Geflügel und der Käse blieben im Land. Einmal die Woche gab es Fleisch, und in den Wäldern gab es Treibstoff für das Fällen von Bäumen. Die Beschäftigungsverhältnisse waren nicht gestört, es gab auch keine Masseneinquartierungen oder Beschlagnahmungen von Gebäuden. Die Urlaubsorte waren wieder voll, und fast alles schien wie früher zu sein. Die Einwohner mussten nur eine Karte unterschreiben, die besagte, dass sie sich freuten, wieder mit Deutschland vereinigt zu sein, dass sie gute wahre Deutsche seien und dass sie gehorchen und die Befehle des Führers befolgen würden.

Betäubt von dem Schock, besetzt zu sein, und beeindruckt von den Verwüstungen in Polen, Norwegen, Frankreich, Belgien und den Niederlanden, leistete ein Großteil der Luxemburger den Eid; jeder dachte sich, der andere tut es auch, und hoffte, nicht aufzufallen und der Verfolgung zu entgehen. Seltsamerweise gaben sehr viele später ihre Bewährungskarte wieder zurück – ohne allzu schlimme Auswirkungen, da die Krauts in dieser Sache jedes Aufsehen fürchteten. Es wäre ein Schlag ins eigene Gesicht gewesen. Doch sie markierten das Dossier jedes Verweigerers für zukünftige Behandlungen oder Urteile.

Es gab kleine Gifttropfen, einen eisigen Hauch, der das Mark in den Knochen gefrieren ließ. Sie hatten immer drei Sprachen: Französisch, Deutsch und Luxemburgisch, ein Dialekt, der viel gesprochen, aber wenig und unterschiedlich geschrieben wurde. Aushänge und Ladenschilder konnten in einer oder allen drei Sprachen sein. Plötzlich war Französisch verboten. Zehn Mark Strafe nur für das Aussprechen der Worte *bonjour* oder *merci*. Französische Familiennamen wurden eingedeutscht. M. Dupont wurde Herr Brückner, M. Dumont Herr Berg. Meunier hieß nun Müller, Germaine und Roger wurden in Hermine und Rüdiger verwandelt. Cafés nannten sich nun Ratskeller. Nicht nur wurden wichtige Straßen wie L'Avenue de la Liberté und La Rue Maréchal Foch zu Adolf-Hitler-Straße und Blücherallee, das war zu erwarten, sondern jedes französische Wort und jeder Hinweis auf Frankreich wurden ausgelöscht.

Ich suchte die Rue de la Congrégation, um dem Premierminister Pierre Dupong einen Besuch abzustatten. Die Suche regte mich so auf, wie sie es in englischen

Dörfern zu tun pflegte, wo jeder entweder selbst ein Fremder, ein Evakuierter, ein einquartierter Soldat war oder mit dem Akzent eines Exilierten sprach. Nach einer halben Stunde des Argumentierens und Rufens erinnerte sich jemand, dass Juffernganel vier Jahre zuvor Rue de la Congrégation hieß. Die Stadtväter hatten noch nicht die Zeit gefunden, alle Schilder zu ändern, wenn auch die beleidigendsten natürlich unmittelbar, nachdem die Krauts die Stadt verlassen hatten, heruntergerissen wurden. Die Seitenstraßen waren alle noch germanisiert, aber die Maler waren überall beschäftigt, die Erzeugnisse der Läden, die einst französisch gewesen waren, in etwas Verlockenderes umzubenennen, als die deutschen Kehllaute nahelegten.

Kleine Dinge: Es war verboten, »*écossais*« (schottisches Plaidtuch) zu tragen. Wie in Frankreich durften die Nationalfarben Rot, Weiß und Blau bei Kleidungen, Ausschmückungen etc. nicht kombiniert werden. Frauen sollten nicht rauchen, sich nicht schminken oder auf eine berufliche Karriere vorbereiten. Die Wahl der Universität oder Fachhochschule für Ärzte, Zahnärzte und Rechtsanwälte fiel nicht mehr auf Brüssel, Bern, Paris und Deutschland. Nun war es nur noch Deutschland.

Natürlich war ein junger Mann, wenn er das Einberufungsalter erreichte, stolz darauf, ein Mitglied der Wehrmacht zu werden. Die Mädchen sollten sich darauf freuen, wie die echten Deutschen sechs Monate auf dem Land zu arbeiten.

Dann nahm der Druck zu. Der sechs Monate dauernden Landarbeit wurde ein Jahr Munitionsarbeit hinzugefügt. Die Bauern erwachten aus ihrer phlegmatischen Gleichgültigkeit gegenüber denen, die sie regierten, als sie verstanden, dass ihre Söhne in der deutschen Armee im Stechschritt marschierten; sie versteckten sie und wurden grausam bestraft. Die Mädchen strebten plötzlich danach, ihre Ausbildung fortzusetzen, und begannen, Latein und Hauswirtschaftslehre zu studieren. Normalerweise hätten sie mit allen Tricks versucht, die Schule zu verlassen (Schulbildung war die einzig gültige Entschuldigung für beschäftigungslose Mädchen, dem Arbeitsdienst zu entkommen, und auch dann nur für zwei Jahre). Dienstmädchen und Hausangestellte in den Städten kehrten zu ihren Familien und auf ihre Höfe zurück, hüteten Gänse, melkten Kühe und machten sich unentbehrlich, um nicht für die Hunnen oder in tschechischen Munitionsfabriken arbeiten zu müssen.

Die roten Aushänge auf schwarzen Tafeln, die die Hinrichtung eines Verräters verkündeten, wurden immer häufiger. Zuerst waren es die Namen von Intellektuellen: Lehrer, Rechtsanwälte und Gewerkschaftsführer, die denunziert worden waren, weil sie über bessere Zeiten in der Vergangenheit gesprochen oder einen Wechsel in der Zukunft angedeutet hätten. Es gab Hinrichtungen von Deserteuren, Jungen, die bei ihrem ersten Urlaub von der Armee nach Hause gekommen waren und nicht beabsichtigten, zurückzukehren. Dann folgten die Repressalien, Geiselnahmen nach Attentaten, Deportationen unter den Familien von Flüchtigen und denen, die den Gejagten Unterschlupf gewährten.

Heute lachen die Luxemburger über das, was sie die zwei Besetzungen ihres Landes nennen, wobei die zweite nur wenige Tage dauerte. In der großen Panik, die der Vormarsch der Alliierten auslöste, machten die Chefs der Hauptquartiere und die Gestapo einen jähen Satz zur anderen Seite der Siegfriedlinie, wobei sie wahrscheinlich schrien: »Es ist offiziell! Alles ist verloren!« Doch von ihren großen Bossen in Berlin bekamen sie einen Anschiss (wir rückten in Luxemburg etwas langsam vor); sie mussten zurückkehren und sich zum Nutzen der Bevölkerung öffentlich zeigen und ruhig auftreten, als wäre alles in Ordnung und als hätten sie keine Angst vor bewaffneten Zivilisten.

Dies wäre komisch gewesen, wenn sie nicht bei ihrer zweiten Flucht zahlreiche Luxemburger mit sich genommen hätten, die etwas unbesonnen ihre Freude über das Näherrücken unserer Armeen gezeigt hatten. Wie in Belgien und Frankreich gab es tausende Tragödien in letzter Minute. Familien und Individuen, die gedacht hatten, sie kämen ungestraft davon, wurden geschnappt und in Gefangenschaft verschleppt. Nicht immer aus Unvorsichtigkeit: häufiger wegen ihrer Dossiers, die zeigten, dass sie für uns nützlich sein würden – sie hatten Schlüsselwissen und Führungstalent –, oder sie konnten Geiseln für das Schweigen derer sein, die zurückblieben, oder als Schutzschild für einige Lieblingskollaborateure dienen, von denen die Deutschen uns nichts wissen lassen wollten: Kreaturen, die ihre Agenten gewesen waren und im nächsten Krieg nützlich sein würden. Man kann sich nicht ganz sicher sein über diejenigen, die mit den Deutschen abgezogen sind. Trotz aller vermeintlichen Beweise muss sich selbst ein Nahestehender sagen: »Ich habe da meine Zweifel.« Eine hübsche Art, Verdacht und Misstrauen zu hinterlassen.

Das Feiern und Tanzen auf den Straßen war nicht meine Sache. Ich schlenderte vielmehr herum und fand heraus, dass die Leute die Amerikaner immer noch liebten. (Ich hörte, dass am *Thanksgiving*-Tag die vier großen GI-Messen für eine Mahlzeit geschlossen wurden: alle GIs in der Stadt wurden von Zivilisten bewirtet. Nur sieben Soldaten nicht. Den armen Kerlen mangelte es nicht an Einladungen – sie hatten Bereitschaftsdienst.)

Es war bitterkalt in dem offenen Jeep, und ich wurde völlig durchnässt, aber ich wollte unbedingt die Gegend sehen, und das wäre in einem geschlossenen Wagen nicht gut möglich gewesen. Die Nässe kam nicht nur vom Regen, sondern auch von den Schlammspritzern der vorbeifahrenden Konvois. Ich wartete bis zum nächsten Tag, als der Dreck trocken war und ich ihn wie Flohpulver wegbürsten konnte.

Das Land machte einen paradoxen Eindruck. Lange Täler mit Fabriken sahen schön und heimisch aus, sie hinterließen am Horizont keine Schmutzwolken, und Berge von Schlacke, die hässlich hätten sein müssen, präsentierten sich in dem Nebel wie auf Seide gemalte Fujiyamas. Die Herbstbäume leuchteten golden in der dunklen Landschaft, und nur die Flaggen waren etwas eigenartig. Frauen schrubbten unaufhörlich die Böden und Stufen ihrer Häuschen, deren Vordertüren sich auf einen riesigen Misthaufen öffneten, und auf Kopfsteinhöfen schoben Mütter in Holzschuhen schmale gummibereifte Kinderwagen hin und her.

Es gab nichts, was ich im Voraus über die Stadt wusste, und nichts außer dem Regen, was vertraut war, bis ein Jeep in Sicht kam. Ich erkannte die Nummern. Sofort stand ich an der Straße und starrte auf die schlammbespritzten Kennmarken all der Autos und Lastwagen, die vorbeifuhren. Einen fand ich, den ich kannte, und streckte meinen Arm aus wie ein Verkehrspolizist. Es waren Doc Berger und der Kaplan des 329. Regiments der 83. Division. Ich war wieder zu Hause. Oberst Crabill rief: »Seit Beaugency sind Sie unerlaubt abwesend.« Und der Unteroffizier fügte hinzu: »Lady, jedes Mal wenn Sie auftauchen, passiert etwas. Okay, was Gutes – Sie haben eine Festung und eine Kamera bekommen, wenn ich mich recht erinnere, und dann Kopfschmerzen und die Tochter des Notars und zwanzigtausend Gefangene. Und was wollen Sie diesmal?«

Der General wollte wissen, was ich Besseres zu tun gehabt hätte als bei ihnen zu sein. Ich erzählte ihm von den Pariser Sammlungen, den verrückten Vernissagen und der traumhaft schönen Ersatzkleidung. Er musterte mich, schlammbedeckte Stiefel, Kapuzenjacke, und sagte: »Es mag ›besser‹ sein oder auch nicht, sicher ist es anders. Sie sollten am Besten in unserer Nähe bleiben. Bei Tagesanbruch geht es weiter. Sie bekommen eine Mitfahrgelegenheit an der Ecke, wo der Wachdienst ist. Abendessen ist um halb sechs, zweites Gebäude links an der Kreuzung – heute Abend gibt's Schweinekoteletts. Erinnern Sie sich noch an das Erkennungswort? Es wird früh dunkel.« Ich wusste nicht, wer weiterzog und warum, aber ich würde da sein. »Was wird geschehen?«, fragte ich. »Das meiste hat ›militärische Gründe‹. Bis später.«

Der MP sagte zu mir: »Stecken Sie Ihr rotes Halstuch weg und setzen Sie Ihren Helm auf. Was, glauben Sie, würde der General sagen?« »Er hat nichts gesagt, er wusste, dass Sie das tun würden«, antwortete ich.

Mir wurde eine Unterkunft bei Dr. Wampach, dem örtlichen Tierarzt, zugewiesen, und das Passwort für die Nacht gegeben. Es war leicht zu merken – WHEEZE, WHINE. Ich sagte es automatisch bei Einbruch der Dunkelheit. Dr. Wampachs Großneffe bemerkte: »Was für ein komischer ›Monikaner‹, er hat Haare wie du und rote Lippen.« (Das luxemburgische Wort für Onkel ist ›Moni‹, daher nennen alle Kinder in diesem Dorf die Yanks Monikaner.)

Mir fiel der Name meiner Gastgeber nicht ein. Ich war zuvor noch nie bei Zivilisten untergebracht, jedenfalls nicht, wenn sie anwesend waren. Meine Stiefel verschmutzten den perfekten Boden ihrer supermodernen Villa, und ich fühlte mich wie ein Trampeltier und fragte mich, ob ich mich nicht schlimmer als irgendeine *souris gris* verhielt. Mrs. Wampach war wunderbar, hübsch, fett und etwa vierzig, und sprach Französisch mit einem ähnlichen Akzent wie ich. Ihre Tochter Jacqueline hatte vor dem Eintreffen der Deutschen nicht genug Französisch gelernt, um sich nach vier Jahren der Unterdrückung sicher darin zu fühlen. Papa Wampach sprach auch Englisch und hatte eine langsame, geduldige Art, das richtige Wort zu finden, was mich erstaunlicherweise nicht langweilte.

Hier brauchte ich meine Schlafdecke nicht. Für mich stand ein großes Bett mit einem gelben Seidenpuff bereit. An der Wand hing eine Handarbeit, gestickt von Jacqueline Wampach. Damit war die Frage nach dem Familiennamen geklärt. Ich fühlte mich weniger befangen, dachte aber eine Woche lang an die japanische Sitte, die Schuhe beim Betreten des Hauses auszuziehen. (Unmöglich mit meinen Gamaschen und Schnürbändern.) Jedes Mal, wenn ich eintrat, sah ich Mrs. Wampach oder Jackie mit einem langstieligen Besen in der Hand, oder sie scheuerten mit einem Stück Drahtwolle über den Boden, um einen Schmutzfleck zu entfernen. Ob reich oder arm, Putzen war typisch für dieses Land, so wie Telefonieren für Amerikaner oder das Tragen eines Regenschirms in England.

Der Messesaal war früher eine Eisenwarenhandlung gewesen. An den Wänden hingen Hunderte kleine Schubladen, an denen zur Inhaltserkennung Schrauben, Scharniere, Federn und andere mysteriöse Dinge befestigt waren. Der Küchenunteroffizier überreichte mir feierlich eine Vitamintablette, eine kleine braune Kugel, die auf einem weißen großen Teller hin und her rollte. Wahrscheinlich war das Abendessen gut. Es wäre so etwas wie ein Freudenfest gewesen, hätte ich alle vertrauten Gesichter wiedersehen können. Aber drei fehlten für immer.

Der »Militärische Grund«, von dem der General gesprochen hatte, meinte Menschen. Menschen und Kühe und Hunde und Pferde und Heuwagen und Granatfeuer. Sie alle mussten von der Grenze weggebracht werden, um ein Niemandsland zu hinterlassen. Zuerst war ihnen gut zugeredet worden, nun wurde die Massenevakuierung befohlen.

Ich machte mich auf eine Erkundungstour der Gegend. Der Himmel war regenschwer. Von den Bergstraßen der »Kleinen Schweiz« sah man am Horizont die unzerstörten Türme von Radio Luxemburg.

In einem Dorf traf ich auf eine aufgeregte kleine Gruppe. Ein Priester mit erhobenem Zeigefinger und flatternden Röcken jagte einem Huhn hinterher, fing es und drängte die Versammelten zum Aufbruch. Bündel lagen aufgestapelt in Hauseingängen, wurden aus Fenstern nach draußen gereicht, manche fielen von den klapprigen Karren wieder runter. Kinder saßen geduldig oben auf den Bündeln. Wieder schrubbten Frauen Böden und schlossen Fensterläden. In einem Obstgarten wurde hastig ein Schwein geschlachtet. Alles schien unter Kontrolle zu sein, und wir setzten unseren Anschauungsunterricht in Sachen »Militärische Operation« fort.

Am Ende der Dorfstraße drängten sich schwarz-weiße Kühe. Wir warteten. Um den Aufbruch zu sehen, war ich ja hier. Hinter den Herden stauten sich Nachschublaster und Soldaten. Sie warteten, obwohl sie keine Zeit hatten. Kein Panzer oder Bulldozer wäre durchgekommen. Das war das Problem Nummer eins. Überstürzte freiwillige Evakuierung.

Jedes Mal, wenn eine Granate einschlug, machte sich eine weitere Familie auf den Weg, ihr Vieh vor sich hertreibend. Reihen von behelfsmäßigen Vehikeln wurden von Pferden und Ochsen gezogen. In den Ruhepausen verstopften sie die Kreuzungen. Jeder war auf dem Weg zu dem Bauernhof eines Verwandten, wo es wahrscheinlich nicht weniger gefährlich war. Von dort würden sie weiterziehen (und mehr Straßen blockieren), um einen sicheren Ort zu erreichen. Doch oft waren dort schon mehrere Familien untergebracht, die Scheunen voll, und dessen Besitzer dachte selbst daran, weiterzuziehen.

Es gab nur eine Lösung. Alle mussten gehen: der Mann, der weinte, weil er seine Runkelrüben nicht ernten konnte; die Nonnen mit ihren zahlreichen blinden Schülern, ihren Körben mit Eingemachtem und ihrem Lächeln; das Paar mit Gesichtern so rosa wie ihre beiden Schweine, die auf den verlassenen Feldern nach heruntergefallenen Äpfeln schnüffelten; die alten Großmütter, die zum lebenden Inventar gehörten, die Matratzen und Bündel; die modernen Kinderwagen; die tickenden Uhren und zischenden Gänse. Alle waren in Bewegung, schleppten sich die Straßen entlang, nur weg von der Front. Ströme von Schweinen, träge und überquellend; Viehherden mit klirrenden Ketten; wenige Schafe.

Alte Frauen pausierten, um an einem Schrein am Straßenrand zu beten oder die letzten Blumen dieses Herbstes auf ein Grab zu legen.

Der Verkehr ging nur in eine Richtung und ließ traurige kleine Bauernhöfe und tapfere Dörfer zurück, auf deren Plätzen noch die Fahnen der Befreiung flatterten. Niemand außer dem Militär würde zurückkehren, solange die Deutschen nicht weit genug weg waren.

Es gab nur wenig Verwirrung. Die Leute von der *Civil Affairs*-Einheit planten und kontrollierten. Die Luxemburger Regierung erhielt alles Nötige und versorgte die Bevölkerung. Man fand Wohnraum für die Flüchtlinge und ihre Tiere, Busse und Lastwagen wurden für die bereitgestellt, die nicht laufen konnten oder keine Pferdewagen hatten. Die Behörden organisierten nicht nur den Transport, sondern sorgten auch für Kantinen, Krankenschwestern und Tierärzte.

Ein Paradox: Je reicher die Bauern waren, desto weniger Transportmöglichkeiten hatten sie. Die Krauts hatten sich bei ihrem Abzug alles geschnappt, was Räder hatte und fähig schien, ein paar Meilen durchzuhalten. Daher verloren die wohlhabenden, gut ausgerüsteten Bauern mehr als ihre ärmeren Nachbarn. Wenigstens einmal galt der Spruch »Wer da hat, dem wird gegeben« nicht. Doch Familien, Nachbarn und Fremde verhielten sich großzügig. Wenn es eine Familie mit einem zusammengebrochenen Karren gab und niemand Hilfe anbot, dann deshalb, weil diese Leute Deutschenfreunde oder habgierige Kriegsprofiteure gewesen waren. Die Allgemeinheit überließ sie den Wölfen, aber die *Civil Affairs*-Offiziere mussten sich natürlich auch um sie kümmern.

»Die Superblondine« erklärte mir das alles. Überall, wohin ich ging, sah oder hörte ich von Maesy Bastion. Sie ist eine platinblonde Luxemburgerin. Ihr Bruder hatte in der Widerstandsbewegung gearbeitet, und als die *Civil Affairs*-Einheit auftauchte, übernahm sie die junge Frau als Dolmetscherin und Vermittlerin. Sie sprach alle drei

Sprachen, und die Leute vom Land kannten ihre Familie. Sie beruhigte die Wütenden, stimmte die Widerspenstigen um, putzte den Kindern die Nase und tröstete die Weinenden. Sie erinnerte sich daran, dass es taktvoller war, zuerst die Mutter Oberin aufzusuchen, als einfach die Evakuierung eines Nonnenklosters zu verfügen. Sie wusste, dass die verrückte alte Frau, die sich auf dem Dachboden der Scheunen versteckte, niemals das Füttern ihrer Hühner unterlassen würde und daher gefasst werden konnte, wenn sie die Tiere anlockte. Das beanspruchte die Zeit und Geduld eines Militärpolizisten, aber zahlte sich aus, weil die anderen Dorfbewohner sie für eine Hexe hielten und Angst hatten, sich mit ihr anzulegen.

Meistens redete Maesy mit einer Mischung aus Befehlen und Schmeicheleien auf die Leute ein. Sie war der Puffer zwischen dem *Civil-Affairs*-Kommando und den oft kläglichen Wünschen der Bauern. Aber sie konnte auch ziemlich hart sein. Ich sah sie oben auf einer Mauer stehen und eine Tirade auf eine Menge loslassen, die gedacht hatte, morgen elf Uhr sei genauso gut wie heute. Ich verstand nicht, was sie sagte, aber es klang heftig und bitter und blieb zweifellos haften. Die Leute brachen so schnell auf wie die, die ich zuvor in einem anderen Dorf gesehen hatte. Alles war gepackt, aber sie hatten noch gezögert. Vielleicht warteten sie auf das Pfeifen eines Zugs oder das Trompetensignal des Erzengels Gabriel. Sie bekamen es in Gestalt zweier Granaten, die genau und harmlos zu beiden Seiten der Kirche einschlugen. Und wie sie plötzlich in die Gänge kamen!

Die Stadt Grevenmacher mit der Mosel zu ihren Füßen war evakuiert und ohne Wasser. Wir hielten den oberen Teil, die Deutschen das Flussufer mit den Pumpen. Einfallsreichtum und Extravaganz der Yanks – wir spülten die Toiletten mit Wein aus Fässern und Champagner aus Magnumflaschen.

Echternach war eine echte Geisterstadt. Lt. Oberst Speedie nahm mich mit zu einem Waldrand, der von steilen bewaldeten Hügeln flankiert war und von wo aus man auf eine konturenreiche Landschaft schaute. Unten im Tal lag Echternach. Wo zuvor Urlauber flaniert waren, streunten nun verlassene Schweine und Federvieh, die quiekten, quakten und in der Pfanne eines Deutschen oder Yanks endeten – wer auch immer es gerade schaffte, eines der Tiere in seine Reichweite zu locken.

Es war ein grauer Tag. In der Ferne lauerten Stürme, die nach einem Ort suchten, wo sie sich niederlassen konnten. Und jäh wie ein Scheinwerferlicht blitzte über dem Land, das wieder frei war, die Sonne auf und tauchte das gegenüberliegende Deutschland in Dunkelheit.

Ich spähte durch den starken Feldstecher, den ich nahe Beaugency von einem deutschen Offizier befreit hatte, auf die Stadt. Es gab nichts zu sehen außer einer zerbrochenen Brücke, leeren Häusern und einer Leine mit Wäsche, verloren und vergessen.

Für das bloße Auge war die Siegfriedlinie nur eine Landschaft. Durch das Fernglas konnte ich üppige Rasenflächen sehen, die Übungsplätzen für Golfer ähnelten. Sie dienten als Schussfeld zwischen den schwarzen Pilzen, die Geschützstellungen waren. An einer Kreuzung stand eine Panzersperre, daneben ein Geschütz, und am Horizont befand sich ein Dorf, das angeblich zwei Divisionen der Hunnen beherbergte.

Ich sah, wie ein Kraut geduckt von einem Tunneleingang zu einem anderen lief. Ich hoffte, wir würden auf ihn schießen, aber er musste nur zwanzig Meter laufen, und die Artillerie hätte drei Minuten für den ersten Schuss gebraucht. Wir hätten ihm eine Salve mit dem Maschinengewehr verpassen können, aber das hätte unsere neue Stellung verraten, die erst morgen feuern sollte.

Bei Tagesanbruch hatten sich die Fahrrinnen zum vorderen Beobachtungsposten tief in den Boden eingegraben. Unser Wagen drückte Wellen von Schlamm vor sich her und blieb schließlich stecken. Wir stiegen aus und gingen über dicke Laubschichten zwischen den Bäumen zum Waldrand. In dem Nebel half das Beobachtungsfernrohr nicht viel, und das bedeutete, dass auch meine Kameras nicht besser sehen würden als ich – enttäuschend. Überall in dem Wald waren kaum sichtbar Wachposten verteilt, die still wie Indianer in Khaki an den Baumstämmen lehnten. Hier und da waren Schützenlöcher ausgegraben. Ein kleiner Maulwurf mit rosa Nase hatte die gleiche Idee und stieß gegen die Blätter, um mit seinem Bau zu beginnen. Er hatte eine Narbe auf dem Rücken. Vermutlich wollte er nicht noch einmal verwundet werden.

Oberst Crabill zeigte mir auf Karten, wie der Angriff auf mehrere Städte gleichzeitig ausgeführt werden sollte. Einige befanden sich auf unserer Seite der Grenze und andere auf ihrer. Unsere Seite war, abgesehen von den Soldaten, evakuiert worden. Wie es bei den Deutschen war, wussten wir nicht.

Keine Vögel waren zu hören, Blätter dämpften unsere Schritte. Die Stille wuchs über dem nebelverhangenen Tal und hüllte uns allmählich ein. Wir sprachen im Flüsterton, obwohl der Feind mindestens zwei Kilometer entfernt war. Ich hörte nicht, wie die ersten Geschütze feuerten. Ich hörte und sah nur die Schüsse einschlagen. Dann echoten durch das ganze Tal der Donner, das Bellen und Husten verschiedener Arten und Größen von Waffen. Die Granaten wühlten alles auf und verdichteten den Dunst über der Stadt. Phosphorrauch kräuselte aus dem Nebel, und ein Maschinengewehr links von uns zog rosa Linien bis zu den Häusern auf der gegenüberliegenden Seite. Mir ging ständig durch den Kopf: »An der punktierten Linie abtrennen« … »Auf der punktierten Linie unterschreiben« … »An der punktierten Linie abtrennen«. Es gab so gut wie keinen Gegenbeschuss; eine Mörserbombe schlug mit einer Rauchwolke in der Nähe des Maschinengewehrs ein, und eine Granate fällte am Waldrand ein Bäumchen. Für ein so mordsriesiges Geschütz ein lächerlich kleines Opfer.

Die Artillerie hörte auf, und wir wussten, dass sich die Männer ihren Weg hinunter zum Fluss erkämpften. Ich hoffte, Doc Gray würde nicht viel zu tun bekommen. (Ich bewundere fleißige Leute, aber es gibt eine Gruppe, die ich gerne untätig sehe – »blaumachen« nennen das Amerikaner –, und das sind die Sanitäter.) Es gab von dort aus nichts mehr zu sehen oder zu tun. Die Stille war dahin. Landkarten knisterten, Bäume trieften. Oberst Crabill »rief« für mich die Geräusche von Handgranaten, Gewehren, Browning-Sturmgewehren und MGs »ab«. Sie unterschieden sich sehr voneinander. Keines war schön.

Wir stapften durch den Matsch. Die Frühstückszeit war kaum vorüber, und die Flut der Evakuierten erreichte Consdorf und Junglinster. Ich sah, wie Leutnant Magill versuchte, die Kühe zusammenzutreiben und die Kinder zusammenzuhalten. Unteroffizier Berners saß mit seinem Jeep zwischen schwankenden mobilen Heuschobern fest, die wiederum von einer Herde Schweine blockiert wurden, die grunzend in die Hauseingänge drängten. Er rollte seine Bullenpeitsche aus und wurde zum Schweinehirten, bis der Verkehrsstau aufgelöst war. Ich musste laut lachen, weil sie das letzte Mal, da ich die beiden gesehen hatte, die zwanzigtausend Deutschen bewachten, die sie bei Beaugency zur Aufgabe überredet hatten. Schweine passten bestens, dachte ich, waren sie doch weitgehend dasselbe. Wünschte, er hätte die Peitsche auch bei den Krauts benutzt.

Zu Mittag aß ich in der viel gepriesenen Messe der 83. Division. Dort saßen Offiziere und Mannschaften zusammen, und es wurde Englisch und Französisch gesprochen. Auch das Essen war gemischt, es gab das Beste aus beiden Ländern. Die Bauern, die alles für die Evakuierung und den Winter vorbereitet hatten, waren begierig, frisches Fleisch gegen Cornedbeefkonserven und ihre herrliche Butter gegen unsere Achsenschmiere in Dosen einzutauschen, Pfund für Pfund. Dr. Wampach hatte sich die Mühe gemacht, alle Herden zu untersuchen, und festgestellt, welche gesund waren. So kam es, dass dieser Vorposten mit der Hilfe eines wunderbaren Kochs so gut aß wie kein anderer Teil der Armee in Luxemburg.

Wir spülten unsere »Armeerationen« mit einem zart goldenen Moselwein runter und stießen auf den Abschied der französischen Jungs an, die mit der amerikanischen Einheit an mehreren Kämpfen teilgenommen hatten. Sie durften nicht außerhalb von Frankreich agieren, und nun war der Transport arrangiert worden, der sie zurückbringen sollte zu den kleinen Dörfern in der Normandie, wo sie sich uns am D-Day angeschlossen hatten, zu den kleinen Hafenstädten der Bretagne, wo sie uns willkommen geheißen und Hilfe angeboten hatten, und zu anderen französischen Städten, von wo aus sie sich bis zu den feindlichen Linien durchgekämpft hatten, um sich den Alliierten anzuschließen. Es war sehr bewegend. Unteroffizier Juhel, der ein Berufssoldat in der Fremdenlegion gewesen war, weinte. Er hat keinen Ort mehr, wohin er gehen könnte, und nur noch den Wunsch, dabei zu helfen, den Krieg zu gewinnen. Seine Frau und Kinder sind unter den Ruinen einer Stadt in der Normandie begraben, eine Stadt, die die Fleischwolfbehandlung erhalten hat und vollkommen zerstört wurde. Er sagte: »Mon Captain in Saint-Malo will mich wieder in der französischen Armee haben, aber in meinem Alter wäre das nur ein Garnisonsposten. Ich bin *grand blessé* bei Sedan 1940, aber ich kann kämpfen. Ich soll dasitzen und Telefongespräche annehmen? Finden Sie für mich eine Arbeit, wo ich wieder kämpfen kann, wie gegen Franco.«

Hamel, ein Journalist, war von Paris bis nach Miniac gelaufen, wo er das Kriegshandwerk auf die harte Tour lernte. Er wusste auf eine leidenschaftliche, intellektuelle Weise, warum er kämpfte. Es bedrückte ihn, dass er nach Frankreich zurückkehren sollte, ein Land, das er verehrte. Denn nun musste er wieder ganz von unten beginnen, salutieren, marschieren und einem langweiligen Schreibtischjob nachgehen.

Leutnant Villard war ein *avocat*, groß und schlank, und hatte die Gesichtszüge eines Dichters. Er sprach ein amerikanisches Englisch mit erlesener Präzision und erzählte mir, dass seine Adoptiveltern M. und Mme René Sichel vom Hotel Madison in New York ihn, als er eine Waise geworden war, des Öfteren nach Frankreich mitgenommen hatten. Er entkam dieser Verbannung der Franzosen mit einer leichten Strafe. Zwar durfte er nicht mehr bei unseren Jungs bleiben, aber zumindest konnte er in einer Stabsstelle der Armee weiterarbeiten.

Der kleinste GI in der Armee musste auch nach Hause gehen. Er gehörte nicht zu Leutnant Magills Truppe, aber ich sah ihn dort oft. Der Junge reichte mir bis zur Taille. Er trug die Silberstreifen eines Leutnants und einen Khakipullover mit Rollkragen und »ging auf die zwölf zu«. Er war von dem Küchenpersonal des 2. Batallions adoptiert worden, als sie in Angers waren. Er hatte niemanden mehr. Sein Vater war Kriegsgefangener in Deutschland, und seine Mutter war von den Hunnen erschossen worden, kurz bevor wir die Stadt befreiten. In dem Stützpunkt saß er auf einem Haufen Gepäck. Keiner wagte, sich ihm zu nähern oder ihn zu berühren. Nur eine Träne lief über sein verdrecktes GI-Gesicht, und für meine Aufnahme lächelte er mit einer Anstrengung, die Kriege gewinnen konnte.

Das gemeinsame Essen und der Abschied wurden ein paar Mal abrupt unterbrochen, als V-1 »Buzz Bombs« auf ihrem Weg nach England über das Gebäude flogen. Schon hier klangen sie wie Todesrasseln. Meine Nackenhärchen richteten sich auf, während ich mir die dumpfen Schläge und den Donner dieses hirnlosen Monsters in Pimlico oder Hampstead vorstellte. Weit oben am Himmel waren vertikale Streifen wie die Kondensstreifen von Bombern zu sehen. Sie wurden von Sturmeffekten begleitet und nachts von einer Leuchtspur wie bei einer Sternschnuppe, aber ich hatte noch kein persönliches Erlebnis, das meine Fantasie verwirrte. Gott sei Dank.

An einem Morgen fuhr ich mit Magill in einem offenen, mit einem Maschinengewehr bestückten Jeep auf Patrouille. Die Straßen sind eng und baumreich, ideal für einen Hinterhalt, aber am Tage waren dort selten irgendwelche Deutsche. Nachts schlich oft eine bewaffnete Einheit über den Fluss, schnüffelte herum und versuchte, unsere Stellungen auszukundschaften, bevor sie gefechtsbereit waren. Bei Tage war es wichtig, alle Zivilisten, die nicht in die Landschaft passten, zu überprüfen, da sie oft verkleidete Krauts waren. Sie gingen so weit, ganze Familien, als Flüchtlinge getarnt, loszuschicken. Normalerweise hätten die Einheimischen solche Gestalten schnell entdeckt, weil für sie schon die Einwohner des nächsten Dorfs »Fremde« sind. Aber nun ist die Bevölkerung so durcheinandergewirbelt, dass die alten Klatschbasen an den Fenstern von den Vorbeigehenden zu verwirrt sind, um zuverlässig Auskunft geben zu können. All dies war ein weiterer Grund für die »Militärischen Anordnungen«.

Wir flitzten durch Orte, die so leer waren, als ob sie von der Pest heimgesucht, verhext oder gewarnt worden wären, dass Lady Godiva im Anmarsch ist. Wir plauderten mit durchgefrorenen Wachtposten. Einer von ihnen hatte eine deutsche Zeltbahn, einige Überreste feindlicher Ration und andere Beweise menschlicher Anwesenheit gefunden, die am Abend zuvor noch nicht dort gewesen waren.

Es schockierte mich immer wieder, an Gebäuden irgendwelche deutsche Beschriftungen zu sehen, obwohl ich weiß, dass eine dreisprachige Nation nicht notwendigerweise die Sprache soweit mit dem Feind assoziiert, wie ich es tue. In einem Dorf sah ich Hakenkreuze; ich bin mir ziemlich sicher, dass sie über Nacht angebracht wurden.

Die bewaldeten, langgestreckten Hügel auf der gegenüberliegenden Seite gehören zu Deutschland, und wir »jeepten« in flottem Tempo von einem Unterstand zum nächsten innerhalb von drei Minuten – für den Fall, dass ein Kraut auf die Idee kommen sollte, auf uns zu zielen. Wahrscheinlich saß dort drüben unter einem der Bäume ein Kerlchen mit einem kleinen Notizbuch, zählte, wie viele Wagen auf der Straße hin- und herfuhren, und überlegte, ob wir eine Granate wert waren. Wir waren es sicher nicht wert, uns zu verraten, wo sich ihre Maschinengewehre befanden.

An dem Abhang eines Hügels stand eine mittelalterliche Ruine. Blutroter Efeu tropfte an einer Seite herunter, und Schwalben flogen durch die Fenster und oben wieder hinaus. Einer der Soldaten bemerkte: »Ich frage mich, wer die wohl befreit hat.« Es war unvermeidlich, dass das Wort verfällt. Nun »befreien« wir eine Kirche, wenn wir sie zerstören, wir »befreien« eine Flasche Brandy, wenn wir den Preis bei einem geldgierigen Wirt herunterhandeln, wir »befreien« ein Mädchen, wenn wir es von seiner Begleitung trennen. Wir »befreien«, wie wir eine Packung Zigaretten oder zum Beispiel meinen Feldstecher »gewinnen« oder »klauen«. »Ich wurde letzte Nacht befreit«, heißt, ich war auf einer wilden Sauftour.

Wir sprachen ein bisschen über Soldatenausdrücke und neuen Slang. Den Meisten war gar nicht bewusst, dass sie sie benutzten. Wenn in meiner Gegenwart ein Fluch mit »mac« (Kumpel) beendet wird, höre ich oft ein entschuldigendes »Oops, sorry, I mean Ma'am.« Einige Panzerjäger sagten, sie seien froh, dass ich in der Nähe bin, da sie dann auf ihre *Four-Letter-Words* achteten. Ich war tief berührt von ihrer Besorgnis, die wechselseitig war: ich hatte mich um ihretwillen gebessert und mein Vokabular verfeinert. Wir sprachen darüber, wie lange es wohl dauern würde, nach der Heimkehr wieder »gut« zu klingen. Wir entschieden: vierundzwanzig Stunden stumm wie ein Trottel sein, und dann drei Tage strenger Bewährung. Danach ist alles wieder gut, es sei denn, man wird wütend. Aber Vorsicht, zwanzig Jahre später kann das Kriegsvirus erneut aufbrechen.

Wir statteten Bollendorf einen kurzen Besuch ab. Die Deutschen stellten es als ein Beispiel unserer Brutalität hin. Wir hatten die »Offene Stadt« mit Granaten eingedeckt und ihre friedlichen Bürger unter Schutt und Asche begraben. Die Stadt war nicht evakuiert worden. Wir hatten Echternach, Grevenmacher und all die anderen Orte, die innerhalb des Zielgebiets der Siegfriedlinie lagen, geräumt. Das Deutsche Radio verkündete plärrend die ganze brutale Geschichte, vergaß aber zu erwähnen, dass der Schaden von einem Munitionsdepot im Zentrum von Bollendorf verursacht worden war, in die vielleicht – wer weiß das schon? – eine unserer Granaten einschlug. Es knallte und brannte in der »Offenen Stadt« einen ganzen Tag lang.

Ich verbrachte meine Abende bei den Wampachs, saß meist schläfrig neben einem kleinen viereckigen Ofen in der Praxis, trank Moselwein und manchmal die anderen einheimischen Schnäpse wie Quetsch, Kirsche und Apfel, sah die Tochter Jacqueline sich mit Edgar Wallace auf Englisch abmühen und las die einzige amerikanische Zeitschrift, die anscheinend im Regiment zu bekommen war, ein Wochenendblatt aus Bangor (Maine). Es enthielt farbige Bildergeschichten, den Comic »Maggie and Jiggs«, viele Supermänner, die exotische Abenteuer erlebten, und eine Abteilung mit langen und kurzen Geschichten. Ich kenne nun alle Hochzeiten, Unwetter und Todesfälle in Bangor und Old Town; das Blatt hat auch eine Kolumne mit Briefen von Jungs in den Streitkräften und an mehrere Zeitungen verkaufte Berichte von meinen Kollegen hier. Alles war schon Monate alt. Ich las mich durch bis zu den Artikeln über La Haye du Puits,* als in Frankreich noch nicht genug Platz für eine weitere Division war. Ich las über die Armeen, die Paris und schließlich Deutschland zu Gesicht bekamen. Ich glaube, ich

* Eine Stadt auf der Halbinsel Cotentin in der Normandie, die von den Alliierten kurz nach dem D-Day eingenommen wurde.

weiß mehr Neuigkeiten über mehr Menschen in Bangor als über meine Heimatstadt, sei es London, Paris oder Poughkeepsie. Sie hatten dort ein Fest und eine Parade, und beides habe ich verpasst, aber schlimmer wäre es bei der Präsidentenwahl gewesen, da ich für Roosevelt gestimmt hätte.*

Papa Wampach musste sich um all die Kühe und Schweine kümmern und all die anderen Tiere, die Krankheiten bekommen, wenn sie von den Höfen auf die Landstraßen getrieben werden. Als Tierarzt war er ohnehin schwer beschäftigt, aber nun klopften kleine Jungen mitten in der Nacht an seine Tür, weil eine Kuh kalbte oder sich der einzige Ochse, das Vermögen eines Bauern, einen Fuß verstaucht hatte und am nächsten Tag nicht mehr den Karren ziehen konnte. Wampach machte sich, egal, wie das Wetter war, mit einem störrischen Motorrad auf den Weg. Ich lieh ihm für seine Ausfahrten meine arktische Parkajacke, und er sah aus wie der Weihnachtsmann mit einem weißen Haarbüschel unter der Kapuze.

Jeder Topf im Haus war bis zum Rand mit fetter Milch und Rahm gefüllt, Schenkungen von all den Bauern, die mit ihren Herden durch den Ort kommen. Unter Anleitung von Mme Wampach rührte ich in verschiedenen Gefäßen Butter und ließ Frischkäse abtropfen. Kühe können ihre Milchhähne nicht einfach abdrehen, weil sie evakuiert werden, und fast jeder in dieser Gegend kennt Doktor Wampach. Daher findet er ständig Milch vor seiner Haustür, genauso wie vorübergehende Gäste in seiner Garage und auf dem Dachboden, in ihre Decken eingewickelt, übernachten. Wir kochten Kaffee und tranken ihn aus gepunkteten Tassen, rote, weiße und blaue, ohne die passenden Untertassen.

Jackies Rock aus Schottenstoff war völlig abgetragen. Sie trug ihn während der Besatzungszeit, aber immer

* Franklin D. Roosevelt starb am 12. April 1945.

bedeckt von einem Mantel. Sie machte tollen Teig, nun da so ein Überfluss an Butter im Haus war, aber leider fehlte etwas, was, glaube ich, Natriumkarbonat heißt und für uns Backpulver ist. Daher konnte sie mehrere Gerichte nicht zubereiten, die sie gerne gekocht hätte. Sie alberte herum wie ein amerikanisches Kind. Es war kaum zu glauben, dass sie in einem Kloster erzogen worden war, Seite an Seite mit deutschen Mädchen, die in die dortige Schule gingen. Doch sie hatte sich nicht genug mit ihnen angefreundet, um ihnen auch nur ein Mal zu sagen, was ihr Vater und sie von der ganzen Sache hielten.

Ihrer Familie gehörte die örtliche Sägemühle, und GIs waren damit beschäftigt, die Bretter wegzutragen, die einst prächtige Bäume gewesen waren und nun, zurechtgesägt und getrocknet, neu zusammengesetzt wurden. Eigentlich sollten viele dieser Bäume nicht gefällt werden: sie waren von Granaten getroffen oder, bepackt mit TNT, als Straßensperren benutzt worden. Ich musste in die Sägemühle gehen, um mich davon zu überzeugen, dass dort weder Badewannen in zwei Hälften zersägt noch widerspenstige Schweine geschlachtet wurden. Die unablässig kreischenden Sägeblätter fertigten Fußböden für Feldlazarette; ich fühlte mich getröstet.

Zurück in Luxemburg empfingen mich wieder Regen und Trübsinn. Überall in den Schaufenstern standen die Fotos der Großherzogin und ihres Gemahls, aber die Läden waren in ihrer hübschen Protzigkeit kläglich. Sie hatten nichts zu verkaufen. Die Deutschen hatten hier gründlichen Plünderern das Kommando überlassen. Es war nichts übriggeblieben als der gute Wille der Besitzer.

Das größte Kaufhaus in der Stadt war dem »Komitee für Sequestration« übergeben worden. Sie verwalteten die Güter und Mobilien der abgezogenen Hunnen, verurteilten Kollaborateure, nicht registrierte Haushalte und beschlagnahmten deutsche Läden. Es gab dort Berge von Matratzen, elegante Esszimmermöbel und Schachteln mit Eckenkragen. Truhen voller Babykleidung und wollener

Unterwäsche für die Bälger des Feindes; ein Witwenhut und Schleier lagen auf dem Tresen mit konfiszierten Stoffen aus Spitze. Babykörbe, Tischwäsche mit Essensspuren und Lippenstiftflecken waren zusammen mit langärmeligen Nachthemden aufgestapelt, alles mustergültig gestärkt, und daneben Haufen von lächerlichen Schuhen mit Louis-XV-Absätzen.

Da waren Kisten mit Bauernkleidern und Stickarbeiten, und auf der Fensterbank lagen einige Fotoalben einer Familie. Die ersten Bilder datierten weit zurück und zeigten zwei Babys in langen seidigen Taufkleidern auf einem Kissen. Ich weiß nicht, welches Kind es war, das rechte oder das linke, jedenfalls wuchs es auf. Der Junge hatte Ferien in schönen Landschaften, er traf bieder aussehende Mädchen, er ging zur Universität, und er heiratete eine dralle Dame, die ihm um 1933 ein Kind gebar. Die Lebensgeschichte geht weiter, und man sieht eine Menge professioneller Fotos von Banketten, wo die Leute Uniformen tragen, und es gibt Schnappschüsse von seinen Kindern in Schuluniform. Sie sind noch klein und blond, klettern auf seine Knie und tragen auf den letzten Bildern seine Naziparteimütze. Andere Fotos zeigen ihn in der Wehrmacht: der erobernde Held vor den nationalen Denkmälern für die Freiheit Europas, und dann ist Schluss. Ein hübsches kleines Baby war er. Jetzt ist er wahrscheinlich ein hübscher kleiner Gefangener. Ich frage mich, was mit dem anderen Kind auf dem Spitzenkissen geschah. Die beiden sahen sich ähnlich. Er erschien auf keinem Foto mehr, der glückliche Balg.

Die »Gesäuberten« des Landes wurden zu Gefängnisstrafen oder Zwangsarbeit verurteilt. Sie konnten für Arbeiten herangezogen werden, mussten aber abgeholt und zurückgebracht werden, auch für das tägliche Mittagessen. Unteroffizier Vollbrecht lieh zehn von ihnen aus; sie sollten eine Villa säubern, das Laub harken und das Chaos beseitigen, das die Hunnen in dem Haus zurückgelassen hatten. Jedes Mal, wenn ein verurteilter Kollaborateur einen Soldaten passierte, musste er seine Mütze ziehen, und wenn er keine hatte, beschaffte ihm der Sequester eine annehmbare Kopie. Sie gaben es auf, die Kopfbedeckung zu »verlieren«, als das Lager nur noch alte Strohhüte und Deerstalker-Mützen hatte.

Radio Luxemburg mit seiner schönen Empfangshalle stand in einem kleinen Park. Seine Stimme war in unserer Sprache weltweit zu hören und nun vorrangig an die Deutschen gerichtet. William (Bill) Haylan Hale, der früher in der Redaktion von *Vanity Fair* gearbeitet hatte und so mächtig groß wie die fünf Masten in Junglinster war, leitete den Sender. Als ich dort hinging, um Hallo zu sagen, musste er erst mal GI-Schlafsäcke aus dem Weg räumen. Die Sendezentrale sollte ein Armeebüro werden mit einfachen, auf Böcken stehenden Tischen statt riesiger Mahagonischreibtische. Die luxuriösen Tage des Senders waren vorbei, nun hieß es strikt: Business und GI, den Feind ins Visier nehmen und für Menschen im Schatten Funken der Aufklärung versprühen. Ich beneidete Bill um seinen Job.

An dem Morgen, da ich weiterziehen musste, machte der Himmel das, was er in England immer tut. »Aber dies ist für die Jahreszeit ein sehr ungewöhnliches Wetter. Sie dürfen nicht glauben, dass Luxemburg immer so ist. Nie in den letzten fünf Jahren hatten wir so einen Tag«, behauptete jeder. Ich streifte noch ein wenig auf den Wällen herum und schaute auf die märchenhaften Bogenbrücken, über die weißen Dampf ausstoßende Töff-Töff-Züge ratterten. Dann rauschte ich zurück nach Paris. Die Fahrt ging durch Felder mit blauroten Kohlköpfen, die wie künstliche Beerdigungsblumen aussahen, vorbei an langen Reihen ziemlich großer rosa Rettiche für die Kühe, goldenen und scharlachroten Herbstbäumen und geduckten Fabriken, durch ein Land, von dem jeder Soldat von der Ostküste sagt, es erinnere ihn an zu Hause: Carolina, Virginia, New York, Maine, New Hampshire – selbst ich bekam Heimweh.

Kriegswetter

Es gibt kein richtiges Wetter für die Kriegsführung zu Lande. Ich bin das Gerede von Hitlers Glück leid - oder von seinen mysteriösen Astrologen oder selbst von seinen Superman-Wissenschaftlern, die den zu Staub getrockneten Schlamm des letztjährigen Schneesturms analysieren. Der Oberkommandierende hatte Verstand genug, auf die Frage eines Korrespondenten, wann der Krieg enden werde, zu antworten: »Können Sie das Wetter vorhersagen?« Nun, vielleicht ist mein Oberkommandierender nicht so helle wie Hitler - etwa bei einem so ausgefallenen Detail wie dem, aus welchem Loch in der Luft an dem und dem Breitengrad wir angegriffen werden -, aber er hat jede Menge anderer schlauer Ideen wie zum Beispiel die, dass er Deutsche hasst.

Nun habe ich auch eine Idee, und die ist: zum Teufel mit dem Wetter -, [General] Patton kann seine Panzer nicht in Bewegung setzen, bis Hitlers Schnee sich in Schlamm verwandelt und zu Staub trocknet. Und [die Generäle der US Luftwaffe] Eaker und Spaatz oder wer sonst sagen immer wieder, dass ihre Flugzeuge blind oder irregeleitet fliegen - während keiner in der Infanterie je sagt: »Dies ist nicht der Tag für euch, rauszugehen, ihr Armen.« Niemand sagt je: »Eure Füße werden noch erfrieren - oder ihr werdet ertrinken oder euch verlaufen - oder Sand in die Augen bekommen. Bleibt am besten zu Hause am Kamin, bis ich besseres Wetter vorhersage.« Sie sagen nur: »Wird erledigt« und »Los geht's«, und in einigen anderen Ländern: »Macht weiter«

- »Allons« - so wie Leute in Filmen oder Büchern sagen: »Männer, das ist der Moment.«

Lasst uns das eine machen oder das andere. Wir können uns auf einen netten Krieg abhängig von Wettervorhersagen einlassen - ohne Infanterie -, oder wir verzichten auf alle meteorologischen Instrumente und Vorrichtungen und überlassen es den Soldaten. Benzinmangel hält die Infanterie nie auf - sie laufen, und sie holen nicht Stative heraus oder vermessen die Pyramiden, um zu entscheiden, ob sie »herunterspringen« können. Sie befolgen die Befehle.

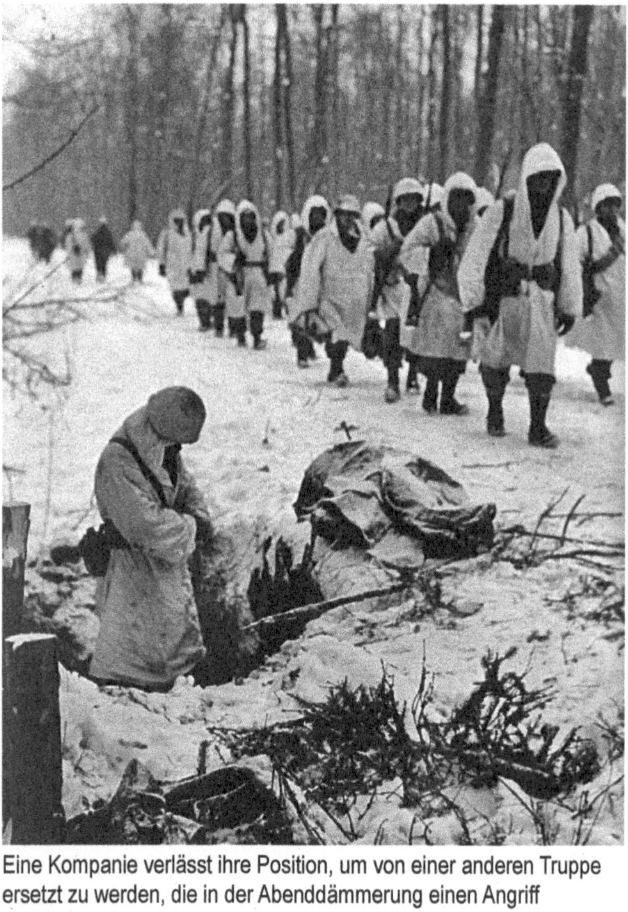

Eine Kompanie verlässt ihre Position, um von einer anderen Truppe ersetzt zu werden, die in der Abenddämmerung einen Angriff ausführen wird.

Mit der Armee durch das Elsass

Elsass: heimelige Bergstädtchen, eingebettet in grandiose Schluchten. Die Häuser waren dick und pelzartig mit Schnee bedeckt, die Telefondrähte, die Kreuze am Straßenrand, Schuppen, Wagen und selbst die Fußspuren, alles war weiß wattiert.

Schweigend schlugen die Frauen am Flussufer die Wäsche. Kinder rutschten lautlos auf eisglatten Wegen. Ein Mann spielte den Ausrufer, Nonnen schwebten vorbei, drei Gestalten, mit Turban und Gewändern wie die Heiligen Drei Könige, gingen die Straße hinunter, Brot unter dem Arm. Eine stille, romantische Weihnachtskartenwelt, Tannen mit Eisnadeln und Fachwerkhäuser.

Wie in Pieter Bruegels prächtiger »Anbetung der Heiligen Drei Könige« hatten die menschlichen Figuren seltsame Proportionen, so wie jede ihren Auftrag hatte. Der Dampf, der von dem eisigen Wasser aufstieg, verbarg die dunklen und blutigen Flecken auf den Laken. Die heiligen Könige waren Goum, die unerschrockenen Kämpfer aus Nordafrika in ihren handgesponnenen Gewändern. Und die Stille war die Folge unserer Taubheit, hervorgerufen durch das rasselnde, knirschende Dröhnen einer französischen Panzerdivision, die in dieser Umgebung so schockierend und anachronistisch war wie die Mona Lisa mit einem Schnurrbart.

Diese modernen Ritter wollten sich nicht anstarren, abküssen und zum Abschied zuwinken lassen. Sie waren auf dem Weg durch die Vogesen, um zu kämpfen; sie zogen über eine betäubend weiße Ebene auf die berühmten Weinberge des Elsass zu, die sich bis zum Horizont, der auch den Rhein einschloss, erstreckten.

Die Kolonne hielt, der Verkehr kam ins Stocken, Halbkettenfahrzeuge schlitterten in die Gräben aus Schnee und Eis. Die Franzosen fuhren ihre Kriegswagen mit der gleichen Unbekümmertheit wie die berüchtigten Taxis von Paris. Diese Unfälle waren ärgerlich, aber nicht tragisch. Durch unsere eingemummten Ohren und den Lärm der stampfenden Füße drang das Dröhnen der Flugzeuge. In dem grellen Licht waren sie nicht zu sehen, aber ihre Mission konnten sie nicht verbergen. Wülste aus Rauch, viel näher als der Horizont, markierten den Rhein und Deutschland.

Der Weg zur Schlacht war nicht schwer zu finden. An einer Kreuzung stand ein Schild: *Vers L'Ennemi* (Zum Feind). Die Infanterie, beladen mit Geräten zum Töten, stapfte in einer Reihe die Straße entlang, und wir folgten den Panzern und kamen zu bewohnten Ruinen. Bösartige, elende Ruinen, aber die Mauern halfen gegen den Wind, gegen einen zufälligen Beschuss durch Handfeuerwaffen oder eine auf der anderen Seite explodierende Granate. Ungepflegte Gestalten trampelten durch den geschwärzten Schnee, saßen auf Haufen von Geschosshülsen, schnitten Brot und Käse mit Kampfmessern. Sie boten duftenden Kaffee aus abgesägten Geschosshülsen an, lachten über den Lippenstift, der an meinem Gefäß zurückblieb, und sprachen alle gleichzeitig in einem halben Dutzend Sprachen.

Sie waren Fremdenlegionäre: Argentinier, Ungarn, Spanier, Russen. Die französische Fremdenlegion: nicht hübsch, groß und zueinander passend wie in den *Beau Geste*-Filmen, sondern kleine Wichte, schmutzig und mager. Dazwischen waren großgewachsene, schlaksige Männer mit unrasierten Gesichtern, auch einige dicke, und ein Russe mit riesigen weißen Zähnen und gewaltigen Händen, der mir alle seine Süßigkeiten anbot. Wie die anderen Russen war er ein ehemaliges Mitglied der Internationalen Brigaden, der sich 1939 aus der französischen Internierung befreit hatte, um den Kampf gegen den Faschismus weiterzuführen.

Ein Panzer fährt auf einen Sammelplatz zu, ein Geschützturm öffnet sich, eine Gestalt mit Barett sieht sich nach einem möglichst sicheren Platz um, dirigiert das Einparken, und mehr und mehr Panzersoldaten strecken ihre Köpfe heraus. Alle kriechen aus ihren Kampfwagen, humpeln ein paar Schritte und verteilen sich wie hungrige Heuschrecken. Ein Huhn wird in einem Wirbel von Federn gepackt und in einen Topf geworfen. Ein großer Käse aus einem deutschen Laden hängt in einem Handtuch an der Seite eines Panzers. Wenn die Einheit weiterziehen muss, wird der Topf mit der Suppe darin verstaut, um beim nächsten Halt wieder aufgewärmt zu werden. Wahrscheinlich wird er mit ihnen in die Schlacht ziehen, so wie die zwei ungerupften Enten, die hinten an einem Panzer festgebunden sind.

An den Wänden der Bauernhöfe hängen Maissaatgut, trocknender Tabak und Zwiebelgirlanden. Die Holzhaufen sind hoch und sauber gestapelt, und die Ställe sind voll von schniefenden Kaninchen, die die Besatzungssoldaten sorgfältig füttern und mästen für den Fall, dass sie dort bleiben.

Die Infanteristen warteten schweigend auf den Angriff, als ob sie den Atem anhielten und ihre Energie speicherten. Sie sahen mürrisch aus im Vergleich zu den Rowdys, die für einen besseren Blick auf Mauern und für bessere Beute in zerstörte Häuser kletterten. Die Infanterie ist ausgebildet im Stillhalten und indianischer Taktik. Die Panzersoldaten, eingeschlossen in ihrem mechanischen Lärm, konnten herumstolzieren und schreien. Sie fingen eine Gans und verstauten sie für eine spätere Verwendung, manchmal sah man sie auf den Flanken eines Panzers Gitarre spielen. Die Infanterie dagegen hatte gelernt, weniger unbekümmert zu sein. Sie mussten tragen, was ihnen gehörte und womit sie arbeiteten, und sie mussten sich auf eigenen Füßen zu ihrem Martyrium durchkämpfen.

Die Verwundeten von der Front kamen auf ihrem Weg zu einer Rettungsstation an uns vorbei. Gelegentlich hielt der Verkehr an und ein Ambulanzwagen, der Schwerverwundete transportierte, wurde durchgewunken. Aber meistens blieben sie in der Rettungsstation. Wenn alle Panzer vorbeigefahren waren, konnten die Verletzten schnell und sicher durch das Beschussgebiet transportiert werden. Dort herrschte ein Gestank von explodierten Granaten, die den Schnee säuregelb verschmutzten. Blutspuren und Geschosshülsen, messingfarben, glänzend, waren in den vereisten Boden getrampelt.

Ich werde nie wieder Säuregelb und Grau ansehen können, ohne an die blassen, zuckenden Gesichter der Ersatzinfanteristen denken zu müssen, die grau und gelb vor Angst waren. An ihre unruhigen Hände und flüchtigen Blicke auf das Feld, das sie überqueren müssen. Der Schnee, der harmlose Erhebungen bedeckt und gefährliche Krater ausfüllt, legt sich über die Leichen des Feindes ebenso wie über die des anderen Zuges, der zuvor den Angriff versuchte. Die neuen Krater bilden Kreise aus schwarzen Klumpen und der Gestank ist beißend. In einem Graben liegt ein toter Deutscher mit wächsernem Gesicht, erstarrt in einer heroischen Pose. Die neuen Jungs stampfen mit den Füßen, weil es andere auch tun. Sie sind zu taub, um die Kälte zu spüren. Meist reiben sie, fast schüchtern, einen Fuß an den anderen.

Ich ging zurück zu den Fremdenlegionären. Sie hatten einen herrlichen Eintopf in einem alten Wassereimer. Sie pickten sich Brocken heraus und hielten sie mit Soße in einem ausgehöhlten Stück Brot wie eine Eiswaffel. Es war zu kalt, um sich länger als eine Minute hinzusetzen. Ich lief herum, so ruhelos wie die Infanterie, und schaute über die Mauer. Festgefroren in einer Schneewehe war die Vorratskammer: eine von einer Granate getötete Kuh, sauber, aber nur teilweise geschlachtet. Zum Teufel mit den K-Rationen, dies ist die Art zu leben. Ich aß eine zweite große Portion. Ein Soldat erschien, mit den Füßen stampfend. Er sagte nur »*Alors*« und ging wieder weg. Die Infanteristen schnallten ihre Gürtel und Riemen an und kontrollierten ihre Karabiner und Pistolen. Sie verstauten das Brot und das Kochgeschirr und nahmen noch einen Schluck aus einer Feldflasche, wobei jeder den Rand abwischte, bevor er sie weiterreichte.

In der Mühle war ein schrecklicher Lärm. Ich traf dort gerade in dem Moment ein, als die Panzer vorbeikamen. Sie fuhren hinauf auf die Landstraße, vorbei an der Mühle, wo sich in einem zugefrorenen Entwässerungsgraben ein Infanteriezug versammelte. Gefangene und Leichtverletzte gingen die von kahlen Bäumen begrenzte Straße entlang. Sie waren still und bewegten sich wie Schlafwandler oder Betrunkene, die versuchen, geradeaus zu laufen. Ein Leutnant, der sein verletztes Gesicht hielt, lehnte gegen einen Baum. Er hinterließ einen blutigen Handabdruck und wankte weiter. Dann setzte er sich an den Rand des Grabens, langsam, mit den Händen auf dem Bauch. So saß er eine Weile da, Soldaten, die vorbeizogen, sprachen ihn an. Er winkte sie weiter. Einer blieb kurz bei ihm und ging dann zu der Mühle zurück. Zwei deutsche Gefangene kamen mit einer Trage, aber er war schon tot. Sie ließen ihn zugedeckt am Straßenrand liegen. Der Wachtposten und die Gefangenen salutierten und kehrten zur Mühle zurück.

Der Verkehr auf der Landstraße hörte nicht auf. Jeeps kamen und verschwanden. Krauts trugen die Verwundeten auf Bahren in Schulterhöhe. In der Erste-Hilfe-Station waren vor allem die »gehfähigen Verwundeten«; sie saßen auf Baumstämmen, umgedrehten Eimern oder leeren Kanistern. Auf drei oder vier Tragbahren lagen graugesichtige Jungs. Es gab nicht genug Decken für sie, selbst wenn sie gesund gewesen wären. Nun wären viermal so viele nötig gewesen. Bei der Kälte hielten die Schwerverwundeten nicht lange durch, und noch viel mehr Tote lagen in der Scheune nebenan. Es wären weniger gewesen, wenn es nicht so kalt gewesen wäre oder wenn es mehr Decken, Plasma und ähnlich Hilfreiches gegeben hätte.

Die Mühle wimmelte von Soldaten; sie lagen auf Getreidesäcken und schliefen auf Mehltüten. Die alten Balken und Zahnräder aus Holz schienen primitiv und geweiht zu sein, bestimmt für Nahrung, Frieden und Zivilisation. Als Barrikade war dieser Ort nicht gedacht. Der alte Hof stand voll mit Kriegsgerät; Kornspeicher und Scheune beherbergten Infanteristen, die wegen eines Luftangriffs zurückgezogen worden waren. Die Ställe waren eine rauchende Ruine. Eine Mörsergranate landete im Heuboden, der Feuer fing.

Die Infanterie brach wieder auf, verteilte sich in größeren Abständen und begann, über die Felder zu kriechen. Unser Sperrfeuer heulte und seufzte über unsere Köpfe hinweg. Panzer rasselten vorbei Richtung Front. Fünf Zivilisten tauchten aus dem Inneren der Mühle auf. Die Deutschen hatten sie zurückgelassen. Zwei Schlachten hindurch hielten sie sich dort auf, weder zitternd noch klagend, stoisch: Großmutter, Großvater, Schwiegertochter und zwei Töchter im Teenageralter. Papa war in einem deutschen Gefängnis in Strasbourg oder vielleicht auch schon befreit. Die Familie schaute sich in den Ruinen ihres Hauses um, zuckte mit den Schultern und ging daran, in dem großen Kochherd ein Feuer zu machen. Überall auf dem Boden lagen Matratzen, in jedem Topf befand sich Essen. Ihre Pferde waren alle tot, die Ställe schwelten noch. Gemüse, Wein, Eingemachtes, alles lag unter den Trümmern. Die älteren Familienmitglieder sprachen Französisch. Mama sagte: »Ich hoffe, es wird sich noch irgendwas finden lassen, wenn mein Mann zurückkommt. Alles andere ist egal. Kehrt er nicht zurück, dann muss ich es allein schaffen.«

Der Kommandoposten des 15. Regiments war nur ein

gewöhnlicher langer Holztisch in der Mitte eines Zeltes, an dem sich zahlreiche Männer über verschiedene, mit Zellophan überzogene Karten beugten. Andere, sehr elegant in Jacken mit weißen Kapuzen, schauten über ihre Schultern. Zwei oder drei Jungs trugen Kopfhörer und tippten. Dort, wo viel gelaufen wurde, hatte sich der Boden im Zelt in Matsch verwandelt, nur an den Rändern lag noch Schnee.

Der ganze Regimentsstab war da, außer dem befehlshabenden Offizier, Oberstleutnant Hallett Edson, der kurze Zeit später eintraf. Er trug einen weißen Burnus und hatte ein Profil, das an Lawrence von Arabien erinnerte. Er schlug vor, dass ich mir, wenn ich Fotos machen wollte, die Brücke anschauen sollte, die ihnen so viel Ärger verursacht hatte.

Unterwegs erfuhr ich, was geschehen war. Der erste Panzer, der die »zurückgelassene« Brücke überquerte, war eingebrochen, wodurch der Infanterieangriff stecken blieb und das Ziel nicht erreichte. Das graue Wasser schien zunächst kein unüberwindbares Hindernis zu sein. Nur Sommerkanus und Wasserlilien. Aber der Fluss war zu breit und sehr tief, und stünde er auch nur einen Moment still, würde er zu Eis kristallisieren. Ein Panzer konnte ihn nicht durchqueren, ein Mann nicht durchwaten, und was in der Dunkelheit wie Sternenlicht aussah, waren Leuchtgeschosse des Feindes und explodierende Granaten. Das Vorhaben war aufgegeben worden.

Inzwischen überspannte eine Behelfsbrücke den Fluss, ein erstaunliches Geflecht aus Stahl, das in den Raum vorstößt, bis es das andere Ufer berührt.

Panzerfahrzeuge fuhren hinüber und verteilten sich; Munitionslaster warteten, bis sie an die Reihe kamen. Unsere Panzer bewegten sich auf die Nebelwand zu, keine tausend Meter dahinter warteten die deutschen Tiger-Panzer.

Das »Maison Rouge« war so etwas wie ein Bauwerk aus Gips, dem eine Menge übliches Baumaterial fehlte.

Auf einer Seite standen noch sinnlose Wände. Von dort war trotz des klaren Wetters in der Ferne nichts zu sehen. Von hinten kamen in einer Reihe alle denkbaren militärischen Monster. Wir hockten in einem Gebäude, das den Konstruktivisten gefallen hätte: eine Art Puppenhaus, bei dem jede Wand herausgenommen war, um zu zeigen, was in der Unterkunft der Bediensteten vor sich ging, während die feinen Leute Haushaltsführung spielten.

Ein sehr großer und entscheidender Angriff stand bevor. Riedwihr war gefallen, und Jebsheim war eingenommen, aber noch nicht gesichert. Wickerschwihr gehörte uns, war aber immer noch heftig umkämpft. In ruhigen Augenblicken versuchten Familien, in das gleichermaßen beschossene Holtzwihr zu flüchten, das eine unserer Ausgangsbasen sein sollte. Wir wollten die Leute eigentlich nicht entfernen, nachdem sie einmal von der Operationszentrale überprüft worden waren, weil wir nicht beabsichtigten, die Gegend zum Niemandsland oder auch nur länger als zwei Tage zur Frontlinie zu machen – aber da war nichts mehr, wo sie hätten wohnen können außer den Kellern, in denen sie schon eine Schlacht überlebt hatten.

Krankheit und Schwächeanfälle, die mit Strapazen verbunden sind, häuften sich. Die alten Menschen befanden sich am Rande der Erschöpfung, und für die Neugeborenen begann das Leben kläglich. Wir benötigten jedes Dach und jeden Keller, um unsere Männer für einen Vorstoß unterzubringen. Die Zivilisten brauchten Essen und Vorräte, die genauso viele Lastwagen erforderten wie ihr Abtransport in ein sicheres Gebiet.

Die *Civil-Affairs*-Einheit wandte sich an das *Entraide française*, das die Betten und Häuser und Suppenteller zählte, die im Distrikt Ribeauville noch verfügbar waren. Das Rote Kreuz begleitete die Lastwagen, die von den Versorgungslagern oder dem Pionierkorps oder wem auch immer geborgt waren, und beaufsichtigte das Beladen, hörte sich die Probleme der Bauern an und erklärte ihnen immer wieder, dass sie zwar ihre Pferde und Ochsen und so viele Sachen wie möglich mitnehmen konnten, damit aber nur bis zum Rand des Waldes kämen, aber nicht auf die Landstraße dürften. Die jungen Frauen vom Französischen Roten Kreuz sind mehr als nur fähige Rettungssanitäterinnen und Verkehrslenkerinnen; sie sind Diätistinnen, Hebammen, Diagnostikerinnen, und das alles in einem. Das Französische Rote Kreuz ist rein zivil und hat mit der Armee nur in zivilen Angelegenheiten zu tun.

Die Kinder sahen sehr abgehärtet aus. Sie standen mit Rotznasen und rosigen Wangen in »Armenhaus«-Kitteln herum. Sie trampelten mit Holzschuhen Kreise in den Schnee und schienen an mögliche Katastrophen nicht zu denken. Es waren die Frauen, die Französisch sprachen, stockend, die Frauen ohne Männer, die Mitleid hervorriefen. Ihre Männer waren tot oder vermisst. Sie waren diejenigen, die diese Endstadien in der mühseligen Befreiung verstanden. Sie waren diejenigen, die Erfahrung im Opfern hatten, die nicht fragten oder stritten, die es schafften, noch ein weiteres Bündel für den Nachbarn aufzuheben oder für ihn zu übersetzen. Einige dieser Frauen hatten gerade erst begonnen, ihre Muttersprache zu lernen, als ihr Land unterging.

Und irgendwo in dieser Menge der Flüchtlinge aus mehreren Dörfern in der Umgebung befanden sich die Leute, die unsere Soldaten freiwillig verraten hatten. Als eine unserer Einheiten eine Stadt betreten hatte, war sie von den Deutschen umzingelt worden. Gewisse Zivilisten zeigten den zurückgekehrten Krauts, auf welchem Dachboden, in welchem Keller, in welcher Scheune sich ein GI versteckte. Der einzige Überlebende, ein Unteroffizier, der sich in einer Regentonne versteckt hatte, bis die Amerikaner den Ort zurückeroberten, beobachtete die blutige Jagd. Dörfer hier waren im Allgemeinen sehr fanatisch. Ein Ort war dem Gefühl nach deutsch, der nächste französisch.

Mag sein, dass Holtzwihr keine schöne Stadt war, ich werde es nie wissen. Zwischen dem Sammelpunkt der Flüchtlinge und dem Stadtkreuz brannte ein Panzer, und die zerbombte Kirche, die schwelenden Häuser und die gerade abgefeuerten Granaten stanken. Die Prozession der Gefangenen, die in Panzerwagen (die ich für Zivilisten reserviert hätte) verladen wurden, irritierte mich genauso wie die Franzosen, die zu Recht über unsere »Völkerbund«-Behandlung »unschuldiger Zuschauer«-Krauts empört sind.

Jebsheim muss eine der schönsten Städte im Elsass gewesen sein. Auch dort dieser Gestank. Es roch nicht direkt nach Tod. Leichen verwesten nicht, weil es zu kalt war. Aber über der Stadt hingen andere Gerüche. Symptome des Todes. Die Zeichen der Nazis, die an Gartenmauern gemalt waren. Mahnungen, dass den Verräter der Tod erwartete, dass der Tod für das Vaterland heilig war – Tod, Tod, Tod. Da lagen viele tote Deutsche in den Straßen, als in der Morgendämmerung der Schnee aufhörte zu fallen, und der Gestank der explodierten Granaten verursachte einen Geschmack im Mund, der zu den grünlichen Mänteln und fremden Gesichtern der jüngsten Toten des Führers passte.

Wer war der erste tote Mensch, den Sie gesehen haben? Eine Großmutter oder jemand, der ansehnlich zurechtgemacht war und wie ein Schlafender aussah, umgeben von Kränzen? Und sind Sie langsam und scheu am Sarg vorbeigegangen, im Hintergrund besänftigende Musik? Wir sind alle falsch konditioniert worden. Warum musste ich zu Bett gehen immer dann, wenn ich anderen auf die Nerven ging und Frühstück zu einer Zeit wollte, die die Erwachsenen unmöglich fanden? Wir hätten Nachtclubs, gefährlichen Situationen und unbekannten Gegenden ausgesetzt sein sollen, und das bei wenig Schlaf, um auf dies hier, unser Leben, vorbereitet zu werden. Warum regelmäßige Essenszeiten? Warum ausreichendes, kalorien- und vitaminreiches Essen? Man hätte uns beibringen sollen, wie wir mit einem Brotkanten überleben und uns wie Straßenkinder durchbetteln können.

Was für eine Art Atavismus erschaffen wir für viele Erwachsene und Kinder, die im Morgengrauen aus ihren Kellern spähen und fremde Männer bleich und tot im Schnee finden, die kurz vorher noch mitten im »Lärm« auf dem Hof Suppe aßen? Welchen Unterschied macht es, ob Ihre Tochter schöne Zähne, gerade Beine oder glatte Haare hat oder nicht? Welchen Unterschied macht es, ob Ihr Sohn einen geraden Rücken, einen aufrechten Blick und sittliche Werte hat oder nicht? Sie werden beide das Opfer irgendeiner diabolischen Geheimwaffe sein – und eines Morgens werden Sie aufwachen und Ihre Lieben tot auf der Straße liegen sehen, so wie es diesen Kindern widerfuhr.

Die vergangene Nacht war hell und bitterkalt. Schon der Tag war eisig gewesen, und die blauen Schatten der zerbrochenen Welt klammerten sich an das Sonnenlicht. Fasane, Rebhühner und junge Rehe waren an Handfeuerwaffen und den Donner der Geschütze so gewöhnt, dass sie keine Angst hatten, wenn Soldaten auf sie schossen, um ihre Vorräte aufzufüllen. Eine tote und steifgefrorene Eule hing grässlich an einem Ast, die Augen im Tageslicht weit geöffnet. Einige zottelige hellbraune Pferde, angeführt von einem mageren schwarzen Maultier, galoppierten vor einem Ambulanzwagen Richtung Ostheim. Die ganze Szene wirkte noch trostloser dadurch, weil eine ganze Herde toter Kühe dicht an dicht gedrängt am Rande der belebten Straße lag.

Die Bataillonskommandeure, zurückgekehrt in ihre Einsatzzentralen im Wald oder auf dem Kommandoposten im Keller, studierten und berieten und planten wieder. Ob man über den Kanal in einem Boot paddeln, eine Fußgängerbrücke errichten oder bei den Ruinen der alten Brücke übersetzen sollte. Wo sich versammeln. Die ganze komplexe Koordination betraf alle Einheiten von der Division abwärts. Die 7. Infanterie, die Artillerie, das

Pionierkorps, das französische Panzerkommando. Alle planten, legten Zeitpunkte fest, bereiteten vor.

Ich versuchte, in einer Sanitätsstation des Bataillons zu schlafen, aber im Hinterhof brüllte eine Kuh. Einschlagende Granaten waren normal – unser Sperrfeuer vor dem Angriff wurde erwartet –, die Verletzten würden erst eintreffen, nachdem die Infanterie aufgebrochen war, und ein bisschen Schlaf wäre genau das Richtige gewesen. Die Kuh hörte aber nicht auf zu brüllen. Sie war zusammen mit einem Kalb in einem der Ställe festgebunden, daneben lag ein totes Pferd, und niemand hatte die Kuh gemolken, und auch das Kalb war nicht in der Lage, die Milch zu trinken. Ein Junge aus Texas wusste, wie man melkt. Wir banden die Kuh los und fingen sie dann wieder in einem Ringkampf ein. Der Texaner drückte seinen Kopf in ihre Flanke und melkte im Stehen. Die Kuh war sehr erleichtert und beruhigte sich am Ende.

Die Soldaten hatten sich im Mondlicht bis an den Rand des Waldes gepirscht, wartend und frierend und wartend. Der Lärm aus dem letzten Dorf, das auf dieser Seite des Kanals eingenommen worden war, schwoll ab und wieder an. Der Sternenregen der Artillerie, deren Granaten zu früh auf ihrer Flugbahn explodierten, funkelte am Himmel. Weit entfernten Blitzen folgten lang verzögerte Donnerschläge. Leuchtspuren verblassten in der Ferne, rosa. Der Feind antwortete, weiß. Doch nach Mitternacht war es ruhig, und die Infanterie blieb in Wartestellung.

Während meine Stiefel im Fach des Kachelofens trockneten, saß ich in Strümpfen bei dem Kaplan, Hauptmann Harold Hayward. Er ist ein ruhiger, hochgewachsener Mann. Er war sehr müde und auch, glaube ich, deprimiert. Ich hatte seinen Jeep in den Wäldern, in zermalmten Städten und an Straßenkreuzungen gesehen. Ich hatte Stimmen gehört. *Abide with me, fast falls the eventide…**

* Herr, bleib bei mir, der Abend bricht herein ...

Sie begannen zögernd und schwollen dann zu einem Chor an, der die Welt der Zerstörung und des Hasses ausschloss.

Niemand, der seine Lungen geöffnet hat, um die großartigen, schlichten Strophen einer Hymne zu singen, niemand, der in Gegenwart eines Fremden sein Herz dem Himmel geöffnet hat, selbst wenn er die Worte nicht gewählt hat oder ihnen eine andere Bedeutung gibt, wird sich je wieder ganz allein fühlen oder so tun, als hätte er nicht an diesem Ritual teilgenommen.

Es ist sehr merkwürdig. Ich hatte immer meine Zweifel an der Vorstellung, man könne Gott um einen Sieg oder um Hilfe für die Rechtschaffenen bitten. Zeit meines Lebens bin ich zutiefst unreligiös gewesen. Vor sechs Wochen noch hätte ich gesagt, solches Singen ist eine schändliche, höhnische Art der Massenhypnose. Heute denke ich, dass die geringsten Dinge, die Menschen vereinigen, alles, was den Menschen seinem fremden Kumpel näherbringt, was eine Illusion der Sicherheit erzeugen kann, die nächsten zweihundert Ladungen an Granaten wert ist.

Unser Trommelfeuer begann genau auf die erwartete Minute mit einem Krachen. Die anderen Geschütze, die zuvor gekläfft hatten, waren eine schrille Erinnerung an das, was Artillerie sein konnte. Ein Flakwagen auf der Straße machte seltsame Geräusche und Bewegungen wie eine Dreschmaschine, die sich selbst schlägt.

Während die alternativen Möglichkeiten der Überquerung des Kanals mit dem Kommandeur einer Einheit diskutiert wurden, die keine Transportmittel hatte, um ein paar Meter Wasser überqueren zu können, stand jedes Telefon und Funkgerät in dem Raum in Verbindung mit allen Einheiten, die sich auf die Front zubewegten, und mit der Divisionszentrale – für den Fall, dass die Aktion abgebrochen werden musste oder neue Erkenntnisse übermittelt werden sollten. Es herrschte Hochspannung. Selbst der Flakwagen schwieg, nur feindliche Geschosse schlugen auf der Straße ein und prasselten wie Hagelkörner gegen die Wände.

Jeder in der Einsatzzentrale saß auf dem Rand seines Stuhls nach vorn gelehnt. Jeder Funker hatte den Mund offen und lauschte. Eine Einheit konnte nicht mehr zurückbeordert werden, sie war schon zu weit das steile Ufer des Kanals hinabgestiegen und wartete nun darauf, die andere Seite zu erreichen.

Man konnte erst erkennen, dass der Angriff begonnen hatte, als um 21 Uhr 30 jeder seinen Stuhl vorzuziehen oder zurückzustoßen schien und nicht mehr auf die Uhr blickte. Auf unserer Seite blieben die Geräusche der Artillerie gleich. Nur die Flugbahnen der Granaten wurden verändert, weiter nach vorn.

Colmar, die letzte große Stadt Frankreichs in den Händen der Deutschen, war jene Gruppe von hohen Schornsteinen und einem Kirchturm, die wir jedes Mal, wenn es aufhörte zu schneien, sehen konnten.

Unsere Artilleriebeobachter, die in Türmen der benachbarten Dörfer hockten und auf das ausgedehnte Ziel starrten, hatten nichts weiter zu tun, als zu überleben und Ausschau zu halten, denn wir wollten nicht eine einzige Granate in die eingekreiste Stadt abfeuern, und taten es auch nicht.

Die französische 4. Kampfgruppe schwärmte nach Süden und Osten aus. Sie wurde kommandiert von General Schlesser, der besonders den persönlichen Respekt all der Amerikaner hatte, die mit ihm zusammengearbeitet hatten. Die Infanterie, die 28. Amerikanische Division, durchkämmte weiter die Gegend mit Panzern und Panzerzerstörern. Sie waren während der Nacht in die Stadt eingedrungen. Gegen Mittag fanden die wirklichen Kämpfe weit ab vom Zentrum statt.

Zunächst waren fast keine Zivilisten auf den Straßen; am Stadtrand wagte sich niemand in die Nähe der Kasernengelände, die übersät mit Löchern von Panzerfäusten waren, oder der Barrikaden, die aus riesigen geschälten

Baumstämmen errichtet waren. Abgesehen von Soldaten und Panzerbesatzungen wurde mir nur einmal in guter alter Befreiungsart ein Glas Wein oder ein Kuss angeboten. Auch wenn das Wetter nicht gerade herzerwärmend war, so war die Zivilbevölkerung doch beunruhigend ruhig.

Die Gespräche verliefen anders. Die typischen Sätze der Befreiung – »Wir sind so froh, dass ihr gekommen seid, das Warten hat lange gedauert« – hatten einen neuen Ton: »Ihr bleibt doch, oder?« Am Abend folgte eine weitere Frage: »Wo ist die Infanterie?« Die ersten dutzend Male sagte ich: »Ach, überall – sie haben die Stadt eingekreist«, und da die Hartnäckigkeit dieser Fragen mich provozierte, antwortete ich schließlich: »Was zum Teufel wollt ihr? Eine Parade? Mir ist nicht aufgefallen, dass ihr irgendwelche Fahnen rausgehängt habt.«

Am nächsten Tag krochen ein paar Fahnen aus den Fensterhöhlen. Wenige Tage später war die Stadt ein Meer aus Fahnen, und die Menschen rangelten um einen Logenplatz an Fenstern oder auf Balkonen. Durch den schmelzenden Schnee auf den Straßen liefen zitternde Kinder mit Kostümen in Nationalfarben. Panzer fuhren wie bei einer Parade den Boulevard entlang und um den Park. Aus dem Exil zurückgekehrte Bürger gesellten sich dazu und trafen verloren geglaubte Freunde nach vier Jahren zum ersten Mal – Tränen, Lachen und Fragen. Niemand sprach über die schweren Granateneinschläge während der letzten Nächte.

General de Gaulle inspizierte die Truppen: die Fremdenlegion, die Marokkaner, die Goum, die Spahis, die Kampftruppen, die Fallschirmjäger, die Füsiliere, all die Kinder und Stiefkinder Frankreichs und seiner Freunde, die Amerikaner. Als erster wurde O'Daniel, Generalmajor der 3. Division, bekannt als »Iron Mike« und »Snapper Jack«, ausgezeichnet. Sein Helm hing ihm so tief ins Gesicht, dass er wie ein wütender Neandertaler aussah. Ich weiß nicht genau, was er erwartete, aber als er auf beide Wangen geküsst wurde, nahm sein Gesicht die Farbe des Ordensbandes an, das um seinen Hals hing.

Neuf-Brisach sieht aus der Luft wie eine Waffel aus – eine Waffel, umrandet von einer dreieckigen Häkelarbeit. Man könnte es auch für die Mitte eines Spitzendeckchens halten, wenn nicht von dort eine Menge Flakfeuer käme und wenn es nicht gebrannt hätte. Fort Mortier, eine Festungsanlage von Vauban, liegt südöstlich von Colmar und drei Kilometer vom Rhein; von dort aus sind jenseits der Flussgrenze die rauchumkränzten Türme der deutschen Stadt Altbrisach zu sehen.

Soldaten sind von Forts und ummauerten Städten fasziniert. An diesen Schauplätzen findet die wirklich romantische Geschichte der Kriegsführung statt: die Kreuzritter, die Borgias und Jeanne d'Arc durchbrachen Mauern und schlugen Tore ein, stürzten sich in und über Stadtgräben. Und wenn sie die Schlacht gewannen, hatten sie einen handfesten Preis. Es gab dort immer Verliese und Tunnel, und manchmal wurde die Festung nicht zertrümmert, sondern durch das überraschende Eindringen durch einen Geheimgang eingenommen. Neuf-Brisach wurde so von zwei Kompanien des 1. Bataillons der 30. Infanterie erobert; ein Bürger führte sie mit einer Kerze durch die verminten Gräben, durch Bunker und Höhlen und Geheimgänge in die unbezwingbare Stadt. Die überraschten Krauts hissten eine weiße Fahne, und wir verloren nur zwei Männer.*

Auf einem der Höfe tief in dem Labyrinth der Festung untersuchte Leutnant Audie Murphy, der höchstdekorierte Soldat im 15. Regiment, Mörsermunition der Krauts mit der Absicht, sie kurze Zeit später zu benutzen. Bevor er loslegen konnte, warfen die Krauts jede Menge Mörsergranaten der gleichen Art in das kleine Fort, was

* Neuf-Brisach wurde am 6. Februar 1945 eingenommen.

für Murphy und die Jeep-Fahrer den Abtransport der Munition nicht ganz einfach machte.

Eine kleine Gruppe von Nonnen scharrte in den Ruinen ihrer Kirche nach ihrem Pater. Sie war bombardiert worden, fing Feuer, und dann, als alles ruhig war, war er hineingegangen. Die Krauts feuerten erneut, und das Dach krachte auf den Mann nieder. Die Nonnen mussten aus der Ruine herausgeholt werden, da die Wände einzustürzen drohten. Sie ließen es geschehen und gingen zu den verschneiten Feldern, wo sie völlig erschöpften Frauen halfen, die schon halb erfroren waren.

Nur sehr wenige Jungs sehnen sich nach Paris, obwohl es auf der Liste für den siebentägigen und sogar achtundvierzigstündigen Urlaub steht. Die 3. Division kam über Afrika, Salerno und Anzio hierher. Es war alles schrecklich, selbst die freundlicheren Momente in Neapel und Rom. Die Erniedrigung und das Elend dort waren schockierend. Sie durchquerten Südfrankreich, und wenn sie Urlaub haben, gehen sie gerne in die Städte zurück, die sie willkommen hießen, wo sie Freunde haben. Aber am besten ist es in Strasbourg, wo sie die Deutschen vertrieben; das ist nun ihre Heimatstadt im Ausland.

Die Jungs, die krank oder verwundet sind, werden in Allgemeine Krankenhäuser im Süden evakuiert. Sie wollen ihren nächsten Urlaubsschein dafür benutzen, um eine Krankenschwester oder ein Mädchen wiederzusehen, die sie dort kennenlernten. Soldaten wollen nicht mehr reisen oder Sehenswürdigkeiten besichtigen. Sie wünschen sich einen vertrauten Ort, wo sie jemanden kennen, wo sie keine Fremden sind.

Strasbourg war unheimlich. Eine von Sternen beschienene Fahrt durch die Stadt zeigte die idyllischen Häuser aus Holz und Lehm, schöne Plätze, bedeutungsvoll aussehende Straßen mit Läden und eine hoch aufragende Kathedrale, den Kreis der Kanäle durch die Stadt wie in Stockholm, dann breite Avenues, prächtige *petits palais*, Statuen, Brücken und ein leeres Schweigen. Es kam einem nicht wie eine verlassene, evakuierte Stadt vor, sondern man spürte geradezu, dass irgendwo hinter den Wänden Menschen atmeten. Lichtspalten in Vorhängen waren so selten, dass sie eher eine Einbildung zu sein schienen. Wenn es in der Stadt Wächter oder Spione gab, so liefen sie lautlos. Man fühlte sich unbehaglich, als beobachtete man jemanden beim Schlafen.

Die Ruinen waren schrecklich, und ich hatte seit Wochen nichts als Ruinen gesehen; eine Stadt nach der anderen war auf ein bloßes Chaos reduziert worden, und das Grauen hatte meine Gefühle nicht abgestumpft. Die systematische Bombardierung Londons und die jähe Zerstörung der »Baedeker«-Städte – Plymouth, Coventry, Exeter –, das war der Feind. Wir waren oft zu sorglos bei der Brandbeobachtung, wir waren unzulänglich, wir wurden von manchen Luftangriffen überwältigt, aber zumindest wussten wir, dass wir einen Feind hatten. In Strasbourg hatten wir, ihre Freunde, dies getan. Die Bewohner hatten sich sicher und glücklich gefühlt, als sie sahen, wie die Bomber der Alliierten die Stadt überflogen, um ihre Invasoren anzugreifen. Sie hatten auf den Straßen gestanden und in den lärmenden Himmel gestarrt in der Hoffnung, dass die Deutschen bald besiegt sein würden. Die Befreiung Frankreichs war fast erreicht. Ihre Freiheit kam als nächstes.

Am 11. August (1944) wurden sie das Ziel, und das Inferno stürzte auf ihre nach oben gerichteten Gesichter. Selbst noch in der Trauer hatten sie das Gefühl, es müsse ein Irrtum sein, aber als es im September wieder geschah, begruben sie ihre Toten und dachten, wir würden sie als Feinde betrachten.

1939 waren zweihunderttausend Menschen in achtundvierzig Stunden aus Strasbourg evakuiert worden … eine große, leere, reiche Stadt ohne das Geräusch von Schritten und ohne Licht. Zurück blieben nur noch die Feuerwehrmänner und vier Frauen des Roten Kreuzes. Ein junger Mann, den ich kannte, sagte, er sei dort als Soldat am Tag der Kriegserklärung angekommen und fand die Stadt nur noch bevölkert von Affen und grellbunten Vögeln, die aus dem Zoo befreit worden waren. Sie alle kamen bettelnd zu den Soldaten wie Kinder von heute, die nach Kaugummi fragen, und zwei französische Divisionen nahmen sich ihre originellen Maskottchen aus dem Dschungel dieser verlorenen Stadt.

Ein Großteil der Einwohner kehrte nach dem französischen Waffenstillstand nicht zurück, und von den Rückkehrern gingen viele wieder, die nicht im strikten Sinn im Elsass geboren waren. Die Elsässer haben ohnehin eine sehr schwierige Vorgeschichte. Sie sind wie Kinder geschiedener Eltern, deren Ehe nie eine Liebesheirat war. Sie sind die Kinder, um deren Sorgerecht spektakuläre Prozesse geführt werden – diese Auftritte, die selbstsüchtige Ausreden für Rache sind und bei denen es um die Kontrolle des vererbbaren Eigentums geht. Sie sind das eigene Fleisch und Blut, aber sie gehören einem nicht, und egal, wie gut ihre Manieren sind, während des sechsmonatigen Wechsels zeigen sich immer einige irritierende Eigenschaften, die von den Genen des anderen Elternteils stammen.

Der Januar in Strasbourg war zum Fürchten. Die Stadt wurde im November befreit. Paris und unsere Welt feierten und schrien und küssten, aber die Strasbourger hatten die *Boches* auf der anderen Seite des Flusses, der mitten durch die Stadt fließt. Auch wenn sie wieder zu Frankreich gehörten, wurden sie von den Deutschen verhöhnt, die in Sichtweite jenseits der Brücke waren, die sie auf der überstürzten Flucht vor General Leclercs Panzern und der 3. Amerikanischen Division zerstört hatten. Jeden Tag versprachen sie über das Radio, zurückzukommen. Sie versprachen auch, für jede Flagge der Alliierten, die sie fänden, zehn Köpfe rollen zu lassen und weitere angemessene Strafen für alle zu verhängen, die während ihrer Abwesenheit gelächelt hatten.

Durch eine verunglückte Kommunikation oder einfaches Missgeschick wurden die französischen und amerikanischen Verteidiger Strasbourgs in die Ardennen* geschickt, bevor eine Ersatzmannschaft ihren Platz einnehmen konnte. Für zwei Tage waren nur genau drei Soldaten in der Stadt, der Redaktionsstab von *Stars and Stripes*, die weiter ihre Zeitschrift druckten und mit einer Kolumne auf Elsässisch in Strasbourg verteilten, da alle anderen Blätter verschwunden waren. Die Bevölkerung verließ fluchtartig die Stadt, auf den Straßen wimmelte es von Leuten, für die es zu riskant war zu bleiben, weil sie auf unserer Seite standen. Alle Flaggen und Plakate wurden zerstört. Die Französische Résistance war die einzige Streitkraft gegen eine kampfentschlossene deutsche Division auf der gegenüberliegenden Seite.

Aber die Deutschen wussten das nicht. Man hätte bei richtigem Wind die Information über den Fluss schreien können, aber offensichtlich tat das niemand. Und was ist von dem großen Gerücht zu halten, dass sich dreißigtausend Deutsche und Spione und Mitglieder der 5. Kolonne verkleidet in der Stadt aufhielten, wenn sie es nicht schafften, ihren Herren aus Megaphonentfernung mitzuteilen, dass sie in Paradeuniform zu einer Party herüberkommen konnten? Und was ist eigentlich mit diesen Elsässern los, die wirkliche Deutsche sind, wenn sie aus dieser Stadt der Panik und Verzweiflung ihren Kameraden nicht ein »Kommt nach Hause, alles ist vergeben« signalisierten?

Ich verstand die Elsässer viel besser, nachdem ich diese Geschichten gehört hatte. Mich ärgerte nicht mehr die ängstliche Frage der Colmarer: »Ihr bleibt doch, nicht wahr?«, und die Tatsache, dass sie weder die Nazi-Plakate runtergerissen noch Fahnen gehisst hatten, uns auch keinen Wein anboten oder sich weigerten, mit dem ver-

* Die Ardennenschlacht, eine deutsche Gegenoffensive, zog sich vom 16. Dezember 1944 bis zum 28. Januar 1945 hin.

meintlichen Feind zu sprechen. Ich regte mich auch nicht mehr über die Dorfbewohner auf, die geduldig unsere Zerstörungen ertrugen und lange brauchten, um sich mit uns anzufreunden. Mir wurde klar, dass sie die Kinder waren, die lieber ihre Mutter wollten, aber dem Gesetz unterworfen wurden – dass sie sehr altersweise waren in ihrem Verständnis von Sicherheit und Herkunft, und es tat mir leid, dass all die schönen mittelalterlichen Häuser in der Umgebung von Colmar in Trümmern lagen.

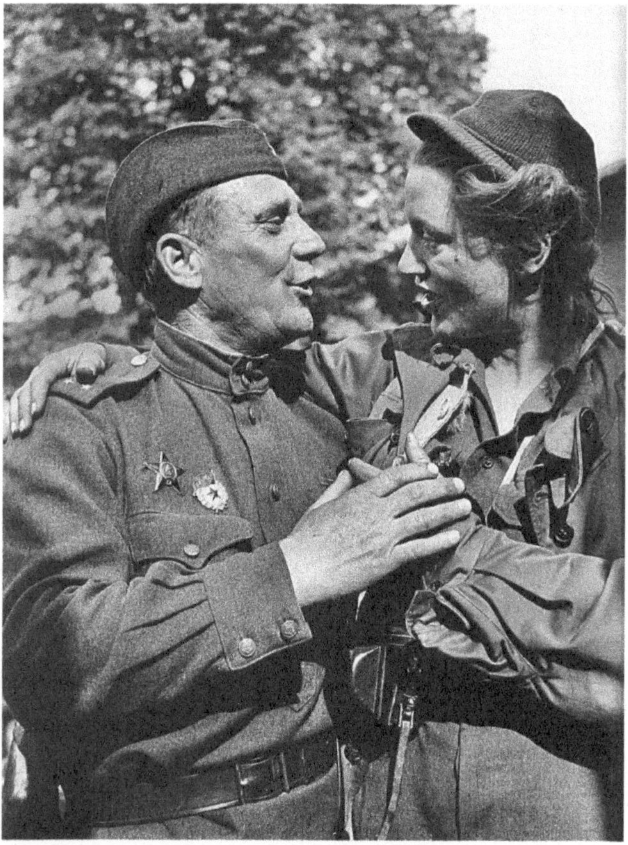

Lee Miller und ein russischer Soldat. Foto: David E. Scherman.

Russen und Amerikaner treffen bei Torgau zusammen

Die Kontaktaufnahme mit den Russen war bekanntgegeben und ein Treffpunkt auf der anderen Seite der Elbe bei Torgau vereinbart worden. Ich brach in einem mit Maschinengewehr bestückten Jeep und vier Jungs vom 273. Infantrie-Regiment der 69. Division auf. Wir nahmen eine andere Route zu dem Treffen als der Rest der Meute. Wir fuhren durch viele Städte, wobei die Einwohner ganz unterschiedlich reagierten. Viele flohen in alle Richtungen, weil sie uns für Russen hielten. Verschleppte und Vertriebene jubelten uns wild zu. Bewaffnete deutsche Soldaten versteckten sich, etc. Wenn wir anhielten, kamen die deutschen Zivilisten zurück und umlagerten uns, überglücklich, da sie glaubten, wir seien statt der gefürchteten Russen der Vorstoßtrupp der amerikanischen Besatzung.

Auf der östlichen Seite des Ufers bewegen sich große Flüchtlingskolonnen in beide Richtungen, die eine auf die Russen zu und die andere weg von ihnen. Die nach Osten gehen, sind Polen und Russen, die versuchen, zu ihren Leuten zurückzukehren, während die nach Westen Gehenden vor ihnen fliehen. Die Stadt Torgau ist zerstört und von den Krauts verlassen; nur noch Russen wohnen dort.

Es ist unmöglich zu erklären, dass mein ganzer ideologischer Austausch mit den Russen unter einer Sprachstörung litt aufgrund der neuen Art und Weise, Wodka zu trinken, der gefährlichen Schießerei in die Luft und der Tatsache, dass ich hoffte, sie behandelten die Deutschen so, wie Goebbels behauptete, dass sie es tun würden. Und ich fand es auch komisch, dass die große symbolische Vereinigung zweier großer moderner Armeen so aussah: Amerikaner, die ungeschickt über einen schnellen Fluss rudern, um Russen zu treffen, die von Pferden gezogene Artilleriegeschütze bedienen.

Die Fotos [zu dem Artikel] sind alle vor dem russischen Kommandoposten gemacht – Fotografen rannten wie die Ratten herum –, und sie sind lustiger als das Hauptereignis.

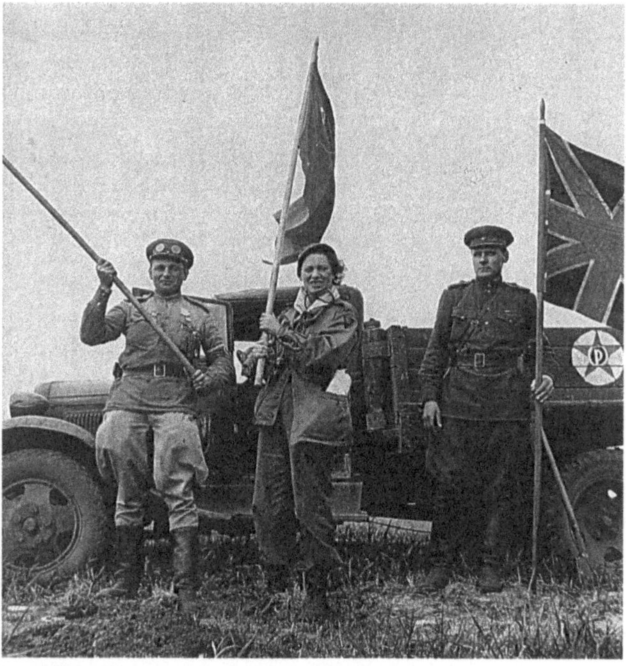

Lee Miller mit russischen Soldaten, Torgau, April 1945.

Lee Miller War Corr
c/o Pro Shaef
Apo 757

Withers
Vogue
1 New Bond St
London ADLS

Dienstnachricht

Liebe Audrey,

die Dinge bewegen sich sehr schnell, wie du vielleicht bemerkst, und hier zieht Lee entweder weiter, wenn sie an Ort und Stelle bleiben will, oder sitzt fest, wenn sie weg will. Kaum habe ich mich irgendwo hingesetzt, um einiges zu verdauen und ein paar Tatsachen zu eliminieren, schon hat sich der Krieg so schnell weiterbewegt, dass das Hauptquartier der Armee im nächsten Gebäude ist – komplett mit Messingknöpfen und Polizei, die sich wundert, warum deine Schuhe nicht blank geputzt oder deine Hosen nicht gebügelt sind. Da ich dieselbe Hose trage, die ich trug, als ich Paris vor sechs Wochen verließ, und mein anderes Hemd verlorengegangen ist, bleibt mir nur, immer weiter zu ziehen. Jedoch eine Story beende ich nicht mit dieser Geschwindigkeit – wie du auch bemerkt haben wirst.

Ein Film in dem Briefumschlag ist mit zerlaufenem Lippenrouge beschmiert. Sei vorsichtig im Umgang damit, da das Fett Fingerabdrücke verursacht.

Love Lee

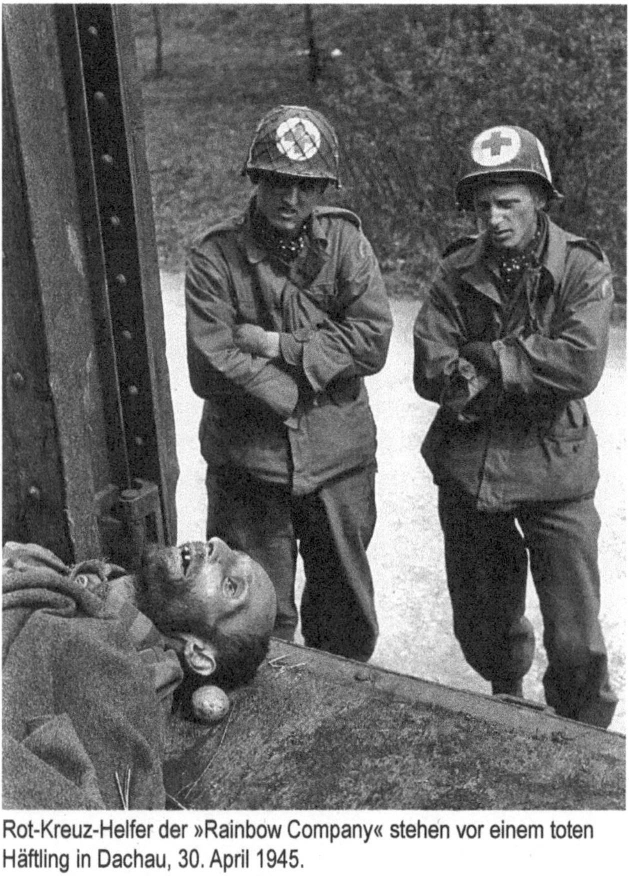

Rot-Kreuz-Helfer der »Rainbow Company« stehen vor einem toten Häftling in Dachau, 30. April 1945.

Deutschland. Der Krieg ist gewonnen

Deutschland ist ein schönes Land – mit Dörfern wie Juwelen und zerbombten Stadtruinen –, und wird von Schizophrenen bewohnt. Es gibt blühende Landschaften und schöne Aussichten; auf jedem Hügel thront ein Schloss. Die Weinberge an der Mosel und die frisch gepflügten Felder sind fruchtbar. Makellose Birken und zarte Weiden säumen die Flüsse, und die winzigen Städte bestehen ganz aus pastellfarbenem Putz, so als wären sie ein modernes Aquarell mit Anspielungen auf das Mittelalter. Kleine Mädchen spazieren nach ihrer Erstkommunion in weißen Kleidern und Blumenkränzchen in der Hand herum. Die Kinder haben Stelzen, Murmeln, Kreisel und Reifen und spielen mit Puppen. Mütter nähen, putzen und backen, Bauern pflügen und eggen; alles wie bei richtigen Menschen. Aber das sind sie nicht. Sie sind der Feind. Dies ist Deutschland, und es ist Frühling.

Sie haben großes Glück gehabt. Der Krieg ist für sie gerade rechtzeitig vorbei, um die Schützengräben zuzuschütten und um die Bombenkrater umzupflügen, um zu säen und zu ernten und eine warme Sommerzeit zu genießen. Die Franzosen und Belgier hatten nicht so viel Glück. Deren Ernte wurde vom Krieg vergiftet, und der Staub ihrer pulverisierten Dörfer wurde an Kampfstiefeln quer durch Frankreich bis an die deutsche Grenze getragen. Ich missgönne den Deutschen jeden Grashalm, jede Kirsche im Vorratsschrank ihrer sparsam geführten Haushalte, jede Furche Acker und jedes unversehrte Dach.

Zu meiner ganz ausgezeichneten Baedeker-Führung durch Deutschland gehören auch viele Orte wie Buchenwald, die in meiner Ausgabe von 1913 noch nicht erwähnt wurden, und, falls es eine weitere Ausgabe geben sollte, bezweifle ich, dass sie Erwähnung finden werden. Schließlich hat niemand in Deutschland jemals etwas von einem Konzentrationslager gehört, und ich vermute, dass dort auch niemand auf das Touristengeschäft besonders erpicht war. Besucher buchten jedenfalls ohne Ausnahme nur den Hinfahrtschein, und falls sie lange genug am Leben blieben, hatten sie reichlich Muße, die Sehenswürdigkeiten, sowohl historische als auch moderne, im Rahmen persönlicher und praktischer Erkundungen näher kennenzulernen.

Nun aber kommt, trotz des Umstandes, dass der örtliche Gestapo-Rotary-Club keine Werbung machte, ein beharrlicher Touristenstrom in dieses Lager, um die Schrecken mit eigenen Augen zu sehen. Sie verhalten sich nicht wie die Gaffer bei den Luftangriffen, auch verbringen sie ihren freien Tag nicht einfach aus reiner Neugier hier. Sie gehören weder zu einem Trauerzug, noch gehen sie hier einem Freizeitvergnügen nach. Es war General Pattons Idee, dass die Bewohner Weimars, einige Tausende jeden Alters und Geschlechts, die von den Brutalitäten der Konzentrationslager noch nie etwas gehört hatten, dem Lager einen Besuch abstatten sollten, das so viele Tausende Menschen beherbergte und begrub, von dem aber nie jemand etwas gewusst hatte, obwohl es in bequemer Laufweite vom Zuhause dieser abgehärteten Rucksackträger lag.

Zu jenem Zeitpunkt (Buchenwald wurde am 12. April 1945 befreit) war bereits Einiges weggeräumt worden, das heißt, es lagen keine noch warmen Leichen mehr herum, und diejenigen, die so aussahen, als würden sie jeden Augenblick tot umfallen, befanden sich im Krankenhaus. Alle hatten bereits ein oder zwei Mahlzeiten gehabt und fühlten sich danach entsprechend krank –

aufgrund ihrer geschrumpften Mägen und ihrer Gefühle. Sie wurden auf eine Diät gesetzt, die dem entspricht, was sie im Lager erhalten hatten. Nur dass ihre Suppe nun Gemüse und Fleischextrakt enthält. Ich habe an jenem Tag der Befreiung gesehen, was sie vorgesetzt bekamen, und man würde zögern, es an Schweine zu verfüttern.

Die sechshundert Leichen, die sich im Hof des Krematoriums stapelten, weil im Lager in den letzten fünf Tagen die Kohle ausgegangen war, hatte man bis auf hundert weggeschafft. Die Spuren des Todes waren von dem hölzernen »Kartoffelstampfer«* abgewaschen, da alles desinfiziert werden musste. An den Auspeitschungspfählen hingen nun Strohpuppen anstelle von Menschen, die schon so gut wie tot waren, die zwar noch fühlen, aber nicht mehr reagieren konnten. Im unterirdischen Krankenhaus arbeitete man auf Hochtouren. Dennoch starben an jedem Tag hundertfünfzig Menschen. Man verfrachtete ihre Leichen in einen Raum abseits der Krankenabteilung.

Unter den offiziellen Lagerakten, die überall zerstreut und zerfleddert herumlagen, befand sich auch die Buchhaltung des Lagers. Da wurde kein Geld und keine Arbeitsstunden aufgeführt, sondern die Zahl der Toten. Seit Anfang dieses Jahres lag sie bei über fünftausend, fast sechstausend monatlich. Das Blatt für April erfasste nur die ersten zwei Wochen und verzeichnete um die sechshundert Tote. Eine makabre Zwischenbilanz. Angesichts der Tatsache, dass allein im Hof sich schon weit mehr Leichen stapelten als auf den Listen insgesamt ausgewiesen waren.

Jahrelang mussten wir uns Märchen über Brennstoffmangel anhören. Wir haben die Reden der Ingenieure und Minister der *Luftwaffe* zitiert, die sich noch mit einer festgefressenen Pleuelstange abplagten – denn es gab ja nicht genug Brennstoff. Sie sprachen davon, dass die

* Ein Foltergerät, mit dem man Insassen zu Tode prügelte.

Frauen nur zweimal in der Woche backen und kochen konnten – denn es gab ja nicht genug Brennstoff. Dass sie frieren mussten und Frostbeulen bekamen und in den Wald gingen, um Brennholz zu hacken – denn es gab ja nicht genug Brennstoff. Niemals jedoch hätten wir daran gedacht, dass es ihnen aufgrund dieses Mangels unmöglich geworden war, die materiellen Beweise für ihre Untaten zu beseitigen. Weiß Gott, sie haben sich mancherorts die größte Mühe gegeben, aber hier wurden sie daran gehindert, alle einzuäschern, die Franzosen, Belgier, Polen, Briten, Amerikaner und all jene aus den 22 Ländern, die ihre Unschuldigsten oder Zynischsten, ihre Talentiertesten, Aufsässigsten und Unglücklichsten zu diesem großen Leichenberg beisteuerten – wegen Brennstoffmangels.

Die von General Patton eingeladenen Touristen fielen reihenweise in Ohnmacht, auch wenn einige von ihnen ihre Arroganz beibehielten. Sogar nachdem dieser Ort zu 95 Prozent aufgeräumt worden ist, wird Soldaten, die durchaus daran gewöhnt sind, die Opfer einer Schlacht wochenlang in Gräben herumliegen zu sehen, noch elend schlecht bei dem, was sie hier sehen.

Die ehemaligen Häftlinge haben einige ihrer Folterknechte gefunden und erkannt. SS-Männer, die als Zivilisten verkleidet in der Umgebung des Lagers herumstreunten. Werden sie gefangen, geben sie ihnen eine ordentliche Tracht Prügel und bringen sie zurück ins Lagergefängnis. Sie sind in einem furchtbaren Zustand, aber immerhin am Leben und weitaus besser dran, als es jenen ergangen war, die sie nun bewachen. Wenigstens bekommen sie ausreichend zu essen und waren vorher noch nie verprügelt worden. Einer dieser Herrenmenschen sieht wie Hitler aus. Jedesmal, wenn die Tür aufgeht, werfen sich einige ehemalige Insassen zu Boden und betteln um Gnade. Drei von ihnen waren seit Monaten als Spione im Lager. Ein SS-Mann hatte genug von allem und erhängte sich im Sitzen mit einem Strick, den er am

Heizkörper befestigt hatte. Er wurde auf einer Bahre hinausgetragen, ausgezogen und auf einen Haufen knochiger Kadaver geworfen, auf dem er schockierend groß aussah – dieser wohlgenährte Bastard.

Im nah gelegenen Weimar ist der Marktplatz eine Ruine, obwohl das Rathaus und das Hotel Elephant unzerstört geblieben sind. Auch das Cranachhaus sieht noch vergleichsweise heil aus. Das Goethehaus ist ziemlich mitgenommen. Eine Bombe hat das Dach durchschlagen und die Vorderseite zerstört. Das Schillerhaus ist ebenfalls übel getroffen worden. Die Einrichtung hat man vermutlich irgendwo ausgelagert.

Die ersten Tage in Köln bestanden aus einer Reihe widerlicher und erschreckender Begegnungen. Schätzungsweise Hunderttausend Menschen leben in den Kellergewölben der Stadt, die nur noch ein Skelett ist. Man sah immer nur wenige Deutsche auf einmal, und die waren in ihrer Unterwürfigkeit, Scheinheiligkeit und Liebenswürdigkeit schlicht ekelerregend. Das unterirdische Netzwerk bewohnter Keller spie immer mehr Würmer aus. Bleich, gepflegt und von den aus der Normandie und Belgien gestohlenen Fettvorräten gut genährt. Ich fühlte mich von den schleimigen Essenseinladungen in die unterirdischen Behausungen der Deutschen irritiert und angewidert. Erstaunlich fand ich die Dreistigkeit der Deutschen, eine Mitfahrgelegenheit in einem Militärfahrzeug zu erbetteln oder Zigaretten, Kaugummis und Seife zu schnorren, ähnlich wie die Kinder in Frankreich, die wir ziemlich verwöhnt hatten.

Wie konnten sie es wagen! Wem haben wir in England wohl all die Jahre mit ganzem Körper und ganzer Seele getrotzt? Wer wohl, glauben sie, waren meine Freunde und Landsleute, wenn nicht die von den Luftangriffen heimgesuchten Bürger Londons und die misshandelten französischen Kriegsgefangenen? Wer, glauben sie wohl, waren mein Fleisch und Blut, wenn nicht die amerikanischen Piloten und die Infantriesoldaten? Was für eine

Idiotie, was für eine Dummheit kann sie gegenüber meinen Empfindungen so blind sein lassen? Wie wollen sie sich von allem, was war, distanzieren? Welche Verdrängungsleistung in ihren schlecht belüfteten Hirnwindungen bringt sie zu der Vorstellung, sie seien ein befreites Volk und kein besiegtes?

Ein Gestapo-Gefängnis wurde befreit, und gegen das gesamte deutsche Volk wird nun von den stummen Toten wie auch den beredten Lebenden Anklage wegen krimineller Geisteskrankheit erhoben. Politische Häftlinge, Leute, die verdächtigt wurden, mit den Alliierten zusammenzuarbeiten, und die Widerstandskämpfer des Maquis standen ganz oben auf der Todesliste. Sie hatten Entsetzliches zu berichten, taten es aber nicht. Tatsachen und Beweise deutscher Brutalität traten in Gesprächen über Charleroi, Orléans, Brüssel oder die niederländische Front zu Tage, ohne explizit ausgesprochen werden zu müssen: im Lachen eines gebildeten französischen Mädchens, dessen Stimme dadurch gleichwohl nicht heller klang; in den Tränen, die das Gesicht des belgischen Jungen hinunterrannen, der am selben Tag noch hätte exekutiert werden sollen.

Nicht viele hatten das Privileg, von ihrer Aburteilung zu wissen. Oft folterten die Wärter die Verdächtigen, die unerträgliche Schmerzen litten, gaben schließlich den Erschießungsbefehl und vergaßen dann, die Papiere zu unterschreiben. Am darauffolgenden Tag wurde dieselbe abscheuliche Prozedur bei jedem Gefangenen, der noch zu einer Reaktion in der Lage war, wieder durchgespielt. Die Durchführung von Exekutionen hing von mysteriösen Launen und Vorgaben ab. Einige der überlebenden Häftlinge meinten, dass die meisten der Erschießungen nur dazu dienten, die strapazierten Nerven der Verhörten zu foltern.

Beeindruckend an jenem Gefängnis war, dass es sich mitten im Herzen Deutschlands befand. Diese Taten wurden inmitten des Vaterlands begangen und nicht von

Leuten, die sich nicht zu benehmen wissen wie Touristen, die sich Zigarren mit einem 1000-Francs-Schein anzünden. Diese Taten waren auch keine zügellosen Ausfälle einer kleinen Gruppe Verdammter, die ihre Energie nicht unter Kontrolle hatten und denen man nicht auf die Schliche kommen konnte oder die mit Einsamkeit und Langeweile entschuldigt wurden. Es waren nicht die gefürchteten SS-Männer, die gottgleiche Elite, es waren Nazis der unteren Befehlsränge und Angestellte der Regierung, ganz normale Leute. All das geschah in einer deutschen Großstadt, deren Bewohnern die Aktivitäten ihrer Liebhaber, Gatten und Söhne bekannt gewesen sein mussten, zumindest mussten sie etwas geahnt haben und wollten nichts davon wissen.

Der lauernde Aachener Dom und die ausgebrannten Rathaustürme blicken verächtlich auf die ehemals eleganten Straßen herab. Stuckverzierte Fassaden säumen lange, protzige Boulevards, so als stünden sie noch in voller Pracht da, hätten noch ihre Eingeweide und wären als Häuser noch lebendig. Jedoch hat das Feuer die Verzierungen geschwärzt und aus den Treppenhäusern, Vorhängen, Klavieren und auch aus vielen der Bewohner schimmlige Schutthaufen in den Kellern gemacht.

Aachen war die erste größere Stadt, die von der Militärregierung verwaltet wurde. Viele Experimente hatte man unternommen und auch viele Fehler dabei begangen. Die intensive Bombardierung, die der Besetzung der Stadt vorausging, machte aus den alten Ruinen neue.

Sobald die Stadt eingenommen war, wurden die Einwohner erfasst und überprüft und in ihre Stadt – oder was davon noch übrig war – zurückgeschickt. Da trat ein zusätzliches Problem auf. Die Demarkationslinie zwischen den von der Neunten und der Ersten Armee kontrollierten Gebieten verlief quer durch die Stadt, und jede der beiden Armeen hatte ihre eigene Theorie über die geeigneten Sicherheitsmaßnahmen. Die eine Armee verordnete während der gefährlichen Phase des deutschen Gegenangriffs eine durchgängige Ausgangssperre. Auf der anderen Seite der Demarkationslinie konnten die Einwohner nach Belieben kommen und gehen. Arbeit, die von Zivilisten hätte ausgeführt werden sollen, blieb unerledigt, weil die Beschäftigten auf der anderen Seite der Grenze wohnten und nicht zu ihrer Arbeitsstelle kommen konnten. Die neue Zeitung schickte Polizeieskorten mit Passierscheinen zu den Druckern, die im Gebiet mit Ausgangssperre wohnten, und die Militärregierung, die versuchte, die Wasser- und Elektrizitätsversorgung zu reorganisieren, konnte nur über die eine Hälfte der Stadt bestimmen.

Frauen, die sich um die Nahrungsversorgung durchaus selbst hätten kümmern können, mussten vom Militär verpflegt werden, und überhaupt wurde der Alltag der Leute so tragikomisch, als würde ihre Haustür in der neutralen Schweiz aufgehen, aber ihr Außenklo sich im kriegführenden Deutschland befinden.

Aachen blieb noch für längere Zeit eine Frontstadt, und für die Einwohner war die Niederlage bitterer als für jede andere Stadt seit Paris. Obwohl die Stadt vor ihrer Einnahme von den Bomben in Trümmer gelegt wurde, ist sie so verwöhnt und arrogant geblieben wie eh und je. Die Menschen lebten in Kellern und Katakomben, aber sie trugen Pelzmäntel, Seidenstrümpfe und äußerst hässliche Hüte. Aachen war der Umschlagplatz für die Beute aus dem geplünderten Frankreich und daher ein Zentrum des Schwarzmarkts. Die »Stadt der Könige und Kirchen«, die »Kaiserstadt« war zu einem Ort trostloser Verwüstung degeneriert, dessen Bevölkerung ohne jeden Stolz war und eigennützig hortete, was sie nur kriegen konnte, in den Schlangen zur Essensausgabe betrog und mehr Geld hatte, als es Dinge zu kaufen gab.

Es war bitter, die erste größere Stadt zu sein, die fiel. Es war bitter, Gefangener zu sein, während man noch an den Endsieg des Reiches glaubte. Und sie waren sehr darauf bedacht, nicht den Eindruck zu erwecken, sie seien erleichtert über den Frieden, für den sie nun bezahlen mussten. Das deutsche Radio sendete Hassreden gegen sie, klagte sie der Feigheit an und drohte allen, die uns unterstützten, mit Vergeltungsmaßnahmen. Die Menschen waren verängstigt und mürrisch und dachten, sie würden noch einmal ein Schlachtfeld abgeben, falls die Nazis zurückkämen.

In den Ruinen gab es Spinnweben und ein *Bouquet*. Luftangriffe konnten anhand dieses *Bouquets* unterschieden und datiert werden wie alte Weine. Bestimmte Blumenarten mussten Jahre gebraucht haben, um in dem zerbröckelten Mauerwerk zu gedeihen. Andere Gebäude, bereits moosbewachsen, wurden von jüngeren Bombardierungen wieder aufgeschreckt, und das Artilleriefeuer der allerletzten Schlachten hinterließ frische Wunden im Narbengewebe des vergangenen Jahres.

Als ich auf einen Trümmerhaufen kletterte, um den Dom zu fotografieren, löste ich eine Schuttlawine aus, auf der ich dann zur Straße hinabrutschte. Kaum hatte sich die festgetretene Erde gelockert, stieg fauliger Grabesgestank empor. Halb vergrabenes, verwesendes Fleisch drehte sich in seinem Grab herum und klebte an meinen Händen, meinen Ellbogen und meinem Hintern. Tausende nicht registrierte namenlose Leichen verpesteten die Luft. Der Gestank in den Ruinen nimmt im Sonnenlicht zu und schwindet in der kühlen Nacht.

Aachen ist nun schon seit einigen Monaten eingenommen und nicht mehr bombardiert worden. Es hat keine neuen Toten und Beerdigungen mehr gegeben. Dennoch riecht und sieht es aus wie eine Grabstätte. Die Zivilisten gehen ihrer alltäglichen Arbeit nach, schleppen Wasser, treiben Essen auf, stehen in den Schlangen vor den wenigen verstreuten Geschäften nach Kartoffeln und Gemüse an. Läden mit neuen Schaufenstern sind zwischen den zerstörten Gemäuern am Theaterplatz aus dem Boden gesprossen. Fette, rosige Babies dösen in luxuriösen Kinderwagen, und Frauen mit unscheinbaren Gesichtern und leeren Augen warten an Straßenkreuzungen, während

Lastwagen den Schutt ihrer Häuser zu dem Staub zermahlen, der sich auf ihre Schuhe aus viel zu gutem Leder und ihre leeren Einkaufstaschen legt.

In Bonn säumen zerstörte Klavier- und Musikgeschäfte, die alle Beethoven heißen, einen ausgebombten Platz in der Nähe des Münsters, wo ein großes Denkmal des Komponisten über dem abgeriegelten Schutthaufen eines gigantischen Luftschutzbunkers thront, der einen Volltreffer abbekommen hatte. Einige Einwohner erzählten mir – und die Militärregierung hat es bestätigt –, dass die Luftschutzhelfer der Krauts einen halbherzigen Versuch unternommen hatten, mit einem Kran einige der schweren Betonbrocken zu heben, die auf den Bunker geschleudert worden waren, die Arbeit aber schließlich aufgaben. Die Schreie der darin eingeschlossenen und verletzten Menschen sollen drei Tage lang angedauert haben, doch niemand durfte sich ihnen nähern.

Mehrere hundert Leichen liegen nun dort verschüttet, aber das war allen gleichgültig. Mir ebenfalls, denn ich erinnerte mich an die Erzählung »Digging for Mrs Miller« von John Strachey, der damals Luftschutzhelfer war, und ich erinnerte mich an die Kraut-Bomben auf London, an die V1-Flugbomben und die V2-Raketen. Und ich erinnerte mich an das Mitgefühl und den Mut der Luftschutzhelfer und Rettungstruppen, die während der langen Angriffe ganze Nächte durcharbeiteten und im Lichtschein der Brände, der immer noch mehr Bomben anzog, Stein für Stein wegschafften. Man sagt, die Nazi-Behörden ignorierten das Ausmaß der zivilen Verluste mit genau der Beharrlichkeit, mit der sie auch ihre Folteropfer verfolgten.

Bad Godesberg, wo der Friedensvertrag zwischen Chamberlain und Hitler unterzeichnet wurde und wo wir den Frieden nun auf die harte Tour gewinnen, ist wie die Stadt Brühl sehr *Nazi*. Reiche pensionierte Villenbesitzer, konservative Pensionsbetreiber, erfolgreiche Angehörige der Mittelklasse und starrköpfige Wertpapierbesitzer hatten ein Interesse daran, eine Partei zu unterstützen, die ihnen Sicherheit versprach. Es zog die Art Leute an, die ihre Aktien festhalten und die Börsennachrichten auf ihre Profite hin aufmerksam verfolgen, ohne sich zu fragen, ob es sich bei der Mine um einen Schwindel handelt oder um die Dividende einheimischen Kapitals. In diesem Geist haben sie auf Hitler gesetzt und sind nunmehr schockiert, sich als »Witwen und Waisen« eines Börsenschwindels wiederzufinden. Und von uns erwarten sie Sympathie dafür, dass sie die Komplizen von Gaunern waren und mit Diebesgut gehandelt haben.

Auf dem berüchtigt schönen Hotelrasen von Bad Godesberg spielten GIs Baseball. Am anderen Flussufer standen kunstvolle Ruinen sehr alter Schlösser und dazu auch frische Ruinen, die von verwundeten Soldaten oder den Mannschaften der provisorischen Hauptquartiere bewohnt waren, die den Abriss weiterer Schlösser im Inneren von Krautland planten.

Ludwigshafen ist ein Schutthaufen. Aber ein sehenswerter. Es sieht nicht so aus wie so viele Städte mit den immer gleichen Ruinen, die man kaum voneinander unterscheiden kann. Bevor die Air Force sich die Stadt zum Ziel nahm, erstreckte sich eines der größten Chemiewerke der Welt über mehr als ein Fünftel ihrer Fläche. Nun war sie verwüstet, zerschlagen, dem Erdboden gleichgemacht. Nie wieder würde man die Salpetersäure in den wüst umhergeschleuderten Tankwagen ausliefern können, aus denen nun Dämpfe entweichen und Gift heraustropft. Hier wurden Unmengen Düngemittel und Kunststoffe hergestellt. Hier befanden sich auch die Versuchslabore für die Produktion des Wasserstoffperoxidgemischs, das ihre Raketen antrieb.

Riesige Flächen und Tonnen von Stahl und Glas und merkwürdig geformte Dinge bildeten das Treibgut in einer Mondlandschaft. Riesige Kompressoren waren durch die Luft geschleudert worden, aber nicht verbeult. Ein zerborstener Farbbehälter hatte auf der Straße das

Farbspektrum eines Feuerwerks verspritzt. Die Straßen hatte man nach Chemikalien benannt. Sehr hübsche Chemikaliennamen. Sehr hübsche Arbeit der Air Force.

Die Verluste bei diesen Angriffen waren sehr gering, da das Fabrikgelände mit einem Alarmsystem ausgestattet war. In einem Kontrollraum gab es eine Karte mit beweglichen Flugzeugen sowie einen Plan der Fabrik, auf dem markiert wurde, wo etwas vorgefallen war. So, wie die Fabrikgebäude aussahen, bezweifle ich, dass sie ausreichend Schreibstifte hatten, um alles, was vorgegangen sein muss, zu verzeichnen. Die Arbeiter eilten bei Alarm in gewaltige Bunker, in denen man sie ohnehin untergebracht hatte. Es sind hohe quadratische Türme mit falschen Fenstern und falschen Dachziegeln, an deren Bausicherheit allerdings garantiert nichts falsch ist. Sie sind für jeweils zwölf Familien ausgelegt. Es mag Belüftungsanlagen gegeben haben. Aber ich weiß es nicht, denn es war nichts in Betrieb. Nur der Gestank war furchtbar. Hunderte nun befreiter Sklavenarbeiter leben noch darin. Sie hatten vermutlich nie ein anderes Dach über dem Kopf gehabt, seit sie hierher verschleppt worden waren. Sie durchstöbern die ausgestorbene Fabrik und hoffen vage, irgendwann in ihre Heimatländer zurückgeschickt zu werden. Sie wurden so schlecht ernährt, dass sie selbst bei dem Gedanken an die Heimkehr lethargisch blieben.

Aus einer Vielzahl von Gründen war die Rehabilitation und Repatriierung der Tausenden von Verschleppten und Gefangenen ein chaotischer Misserfolg. Der Krieg ging zu schnell voran. Wir waren mit weit mehr von ihnen konfrontiert, als wir vorhersehen konnten, um Vorbereitungen zu treffen, und Armeen interessiert nun einmal ausschließlich die Kriegsführung und nicht »ein Haufen Fremder«. In den Gefangenenlagern herrscht ein Mangel an Kommunikation, und so fliegen jeden Tag leere Flugzeuge zurück nach Frankreich, die hunderte Gefangene zurückführen könnten, gäbe es nur ein System, die Abflugzeiten und den verfügbaren Platz zu erfassen.

Lebensmittel müssen aus den Läden deutscher Zivilisten aufgetrieben werden, die, wie man sich vorstellen kann, weitläufig verteilt und gut versteckt sind. Den verschleppten Menschen wird mitgeteilt, dass sie in einer Stunde abreisen werden, aber nach einer Woche befinden sie sich noch immer vor Ort. Sie werden dadurch noch mehr demoralisiert, als es ein weiteres Jahr Zwangsarbeit getan haben würde. Sie spüren, dass sie unerwünscht sind und dass sie vergessen werden, und da ihr Verstand von Jahren der Sklaverei in Mitleidenschaft gezogen wurde, sind sie auch nicht in der Lage zu begreifen, was für eine dringende und gewaltige Aufgabe es ist, die Stoßkraft des Sieges in einem Feldzug aufrecht zu erhalten.

Großes Vergnügen bereitete mir letzte Woche der Anblick eines halben Dutzends deutscher Familien, die ihre Habseligkeiten in einen billig erstandenen Karren packten und sich aus dem Staub machten. Wenn man Glück hat und in einer Vorstadtgegend abseits der zerbombten Fabriken lebt, dann wird man Bettlaken und weiche Federbetten und jede Menge elektrische Haushaltsgeräte wie Haartrockner, Heizkissen, Filterapparate und Waschmaschinen besitzen; Dinge, die wir bei uns zu Hause schon lange nicht mehr gesehen haben, und die von der Sorte sind, bei der man nur beten kann, dass man sie richtig an einen Generator angeschlossen hat.

Dort isst man von hübschen Porzellantellern statt vom Blechgeschirr und schnuppert an den Wohlgerüchen in Bad und Speisekammer und fragt sich, welchem Zweck sie dienen könnten und ob sie wohl aus Ersatzstoffen gemacht oder giftig oder genau das sind, was der Arzt einem verschrieben hat. Für gewöhnlich übernehmen wir Häuser, die von Naziführern verlassen wurden.

Heute bezogen wir eine weiträumige Villa, die man in drei Apartments unterteilt hatte. Der Eigentümer aus dem obersten Stockwerk ist im Gefängnis, und die beiden Hexen mittleren Alters aus dem Erdgeschoss hatten sich, zweifellos aus guten Gründen, aus dem Staub gemacht.

Ich konnte eine der beiden anhand der in der Garderobe hängenden Kleidung und auf der Kommode befindlichen Fotos identifizieren. Hinter Bündeln schäbiger Pelze voller Mottenkugeln und Schuhkartons voller künstlicher Blumen und alter Schleifen befanden sich Dutzende Packungen echter Seife, Tuben und Tiegel mit Hautcremes, drei Paar ungetragene Lederschuhe und ein Paar Gummistiefel. Ihr Wäscheschrank enthielt Dutzende Leinenbezüge mit Initialen, die weder zu der Gravur auf dem Silberbesteck noch dem Namen an der Tür passten.

Sie besaß Stapel von Handtüchern und drei Kisten französisches Garn, Seidenschals und Seidenstrümpfe, und das in einem Land, in dem selbst der Chef eines so großen Unternehmens wie die Chemiewerke in Ludwigshafen (IG Farben) ein Paar Extraschuhe und die Kleidung aus guten Stoffen in den Safe packt und das Kassenbuch und die Wertpapiere auf dem Fenstersims liegen lässt. Ein Land, in dem es dank der Ausplünderung seiner Nachbarn alles gab, was man nur wollte, ausgenommen Textilien.

Auf ihrem Schreibtisch befanden sich Erinnerungsstücke aus der Frühzeit des italienischen Faschismus und Hitler-Souvernirs aus dem Jahre 1932. Das erklärte einiges. Sie besaß zudem ein wunderbares Philips-Radio mit einer Leuchtanzeige, an dem, anders als bei anderen, die wir gefunden hatten, nichts manipuliert worden war, um den Empfang ausländischer Sender zu verhindern. Sie muss jemand gewesen sein, dem man vertraute.

Kompanie G vom zweiten Bataillon des 23. Regiments der zweiten Infanteriedivision klingt nach einer schrecklich umständlichen Bezeichnung, die zudem eine sehr komplizierte Geschichte hat. Was uns aufgrund der sich immer gleich bleibenden Art und Weise, mit der sich lustige Abenteuer und Gelegenheiten zum Heroismus gewöhnlich präsentierten, nicht ungelegen kam. Insbesondere, wenn es den 1. Leutnant John Whitman (Renovo, Pennsylvania) betrifft, der mehrfach wegen erfolgreich überstandener Eskapaden und seiner klugen Führungsqualitäten mit gefährlichen Missionen beauftragt wurde. Vor einigen Tagen führte er eine Abteilung in ein Gebiet, wo bereits 25 Gefangene gemacht worden waren, noch bevor die eigentlichen heftigen Auseinandersetzungen begannen. Als die Bazookas und die Maschinengewehre auf beiden Seiten ihre Arbeit aufnahmen und der Eroberungsgeist der Krauts wiedererwachte, brachte er die Gefangenen in einen Keller. Während er die Gefangenen bewachte und das »Fort« gegen die anstürmenden und sich in Schützengräben verschanzenden Krauts verteidigte, die im Begriff waren, uns auszuheben, dirigierte er mit seinem Walkie Talkie unsere Mörser auf den eigenen Stützpunkt. Sobald seine Kameraden auf das Gebäude zu zielen begannen, bestand die Konversation über Funk nicht etwa aus »Das ist jetzt nah genug, Jungs« oder »Näher ran«, sondern aus einer Mischung aus Schimpfworten und Artillerie-Mathematik. Die Krauts auf der Straße zogen sich zurück und gruppierten sich neu. Die Besatzung an den Geschützen signalisierte, dass das Gebäude brannte, und Hauptmann Chas MacDonald (Dillon, S. Carolina) schimpfte, dass er nicht nur auf seine eigenen Leute hatte schießen lassen, sondern auch noch zusehen musste, wie sie bei lebendigem Leibe verbrannten. Die Funkverbindung brach ab, doch mittlerweile war Oberfeldwebel Floyd Campbell an ein anderes Empfangsgerät gewechselt. Es wurde schließlich gemeldet, dass das Feuer im Nachbargebäude ausgebrochen war und keine unmittelbare Gefahr bestand, gegrillt zu werden, mit dem Beschuss aber fortgefahren werden musste, da sonst die Krauts nah genug herankommen könnten, um eine Handgranate durch das Fenster zu werfen. Einige Stunden später wurden unsere Jungs rechtzeitig befreit, um sich für das nächste Abenteuer bereitzuhalten.

Leipzig versuchte, Paris Konkurrenz zu machen, was den Empfang der Befreiungstruppen betraf. Die Mädchen und Kinder, die gesamte Zivilbevölkerung strömte mit

Blumen beladen auf die Straßen und winkte und jubelte. Es war für die Soldaten nicht der Moment zu fraternisieren, da sie noch bestimmte Objekte zu besetzen hatten. Allerdings konnte niemand eine Menge mit Blumengirlanden geschmückter Zivilisten voraussehen, die darauf bestand, dass Leutnant Whitman dem örtlichen Polizeirevier eine Visite abstattete. Er pirschte sich an einen Eisenzaun und bemerkte etwas, das wie eine größere Menge Soldaten der Krauts aussah. Ein Kraut-Major erklärte ohne Dolmetscher, dass der kommandierende General die Stadt übergeben wolle. Whitman eilte zurück zu Hauptmann MacDonald, der seinem Bataillon per Funk Mitteilung machte und zu einem Treffen mit der, wie sich später herausstellte, deutschen Polizei aufbrach. Er nahm mit dem deutschen Major Kontakt auf und fuhr in einem von zwei weiß beflaggten deutschen Autos durch unsere eigenen Linien (wenn man sie als solche bezeichnen will) auf das von den Deutschen gehaltene Gebiet. Beide überzeugten die jeweilige Seite davon, dass es sich um eine gemeinsame Unternehmung handelte, und Hauptmann McDonald erreichte das ungemein elegante Apartment (in dem das Treffen stattfand), völlig verdreckt nach sieben Tagen Gefecht, unrasiert und gesellschaftlich ausgesprochen inakzeptabel. Sie wurden von einem Brigadegeneral, dem kommandierenden Offizier der Leipziger Sicherheitskräfte, mit Verbeugung, Orden, zusammengeschlagenen Hacken und militärischem Gruß empfangen. Während der anschließenden Konferenz stellte sich heraus, dass der General gar nicht die Macht hatte, die Niederlegung der Waffen der SS-Truppen oder überhaupt des militärischen Personals zu veranlassen, seine Kapitulation aber das Angebot enthielt, dass mehrere Tausend Angehörige der bewaffneten und ausgebildeten Polizeikräfte kooperieren würden, um die Bevölkerung ruhig zu halten.

Die formellen Gespräche endeten mit einem klassischen Glas Brandy, an dem sich der General ein wenig verschluckte. Die Kapitulation war jedoch kein formal beschlossener Akt. Die Polizeikräfte mussten zu ihrer eigenen Sicherheit in ihren Kasernenhöfen eingeschlossen werden, weil ihre Uniformen denen des feindlichen Militärs so besorgniserregend ähnlich sahen, dass jeder GI sofort das Feuer auf sie eröffnet hätte. Allerdings beeindruckte das Fraternisieren der Amerikaner mit der Polizei die auf der Lauer liegenden deutschen Soldaten. Viele Einheiten dachten, ihnen seien wichtige Informationen entgangen, und kapitulierten, was wiederum weitere Schwierigkeiten mit sich brachte, da nicht genügend Amerikaner da waren, sie alle gefangenzunehmen.

Während der Jubelfeiern gab es in den umliegenden Straßen immer noch Kämpfe, eine weitere Parallele zu den Pariser Ereignissen.

Eine Truppe Hunnen verschanzte sich tagelang im großen Völkerschlachtdenkmal. Kaum hatten sie eine Panzerkolonne im Visier, feuerten sie mit der *Panzerfaust*. Obwohl wir diesen Ort bereits mehrfach unbehelligt passiert hatten, flammten dort plötzlich wieder die Kämpfe auf. Am nächsten Morgen hatte man sie mit Artilleriefeuer (des 74. Feld-Artillerie-Bataillons) in den Keller getrieben, wo sie sich schließlich der 271. Infantrie der 2. Division ergaben.

Die großen finsteren Statuen in der Kuppelhalle wurden von einer Artilleriegranate zerschmettert, die im Inneren explodierte, und das Mauerwerk begrub unter sich die gewaltigen Lebensmittelvorräte, die man dort angelegt hatte. Das Denkmal wurde zur Erinnerung an die Völkerschlacht und gleichzeitig wie eine Festung erbaut. Von hier aus beobachtete Napoleon seine Niederlage in der Schlacht. Es passte, dass das letzte Gefecht von Leipzig vom Innenraum des Denkmals aus gefochten wurde.

Die Liebe zum Tod, die das Grundmuster deutscher Existenz darstellt, holte auch die hohen Beamten des Regimes ein. Sie gaben eine große Party, sprachen einen Toast auf den Tod und Hitler aus und vergifteten sich. In einem der Büros sitzt ein grauhaariger Mann* am Schreibtisch, den nach vorn gebeugten Kopf auf seinen verschränkten Händen. Ihm gegenüber lehnt gegen einen Stuhl eine verbrauchte Frau mit aufgerissenen Augen und einer getrockneten Blutspur am Kinn. Auf der Sofalehne hingestreckt liegt ein Mädchen mit außergewöhnlich hübschen Zähnen, wächsern und stumpf. Ihre Krankenschwesternuniform ist mit abgebröckeltem Putz bedeckt, der von der Schlacht um das Rathaus herrührt, die nach ihrem Tod draußen tobte. Ein Zimmer weiter liegt die monströse Hülle eines Mannes in der Uniform eines Volkssturm-Generals auf dem Rücken. Ein weiteres Gruppenbild einer Familie dann im dritten Empfangszimmer. Im Keller hatten zwei SS-Männer Brandy getrunken und danach Selbstmord begangen.

Scharen befreiter »Ausländer« streifen hungrig durch die Stadt. Alle tragen Blumen und flüstern etwas von der Greueltat in der Theklaer Scheune, wo die Deutschen am Tag, als wir die Stadt einnahmen, siebenhundert Gefangene, die nicht mehr abtransportiert werden konnten, lebendig verbrennen ließen. Sie suchen in den Gesichtern der Passanten nach Freunden. Für sie ist es die einzige Möglichkeit herauszufinden, wer verbrannt ist oder evakuiert wurde.

Ich sah mehrere Hundert amerikanische Kriegsgefangene, die man aus einem Gefangenenlazarett befreit hatte, wo sie denkbar schlecht behandelt wurden und beinahe verhungert waren. Ihre Nahrung bestand aus Futterrübensuppe und einem winzigen Stück Schwarzbrot am Tag. Aus allen Berichten (auch aus denen der Gefangenen selbst) geht hervor, dass die englischen Gefangenen am besten behandelt wurden, die Amerikaner am schlechte-

* Alfred Freyburg, Leipziger Bürgermeister, beging zusammen mit seiner Familie am Donnerstag, den 19. April 1945, Selbstmord. Vgl. Titelseite des *Daily Express* vom 26. April 1945.

sten, die Franzosen und alle anderen Nationalitäten irgendwo dazwischen.

Dies kann damit zusammenhängen, dass die Krauts die Amerikaner auf andere Art und intensiver hassen als andere Nationen, weil diese das Ende der Deutschen besiegelten. Die Amerikaner traten, soweit es die Deutschen aus persönlicher Erfahrung erleben konnten, als eine *Blitzkrieg*-Armee in den Krieg ein, wie sie selbst eine waren, allerdings weitaus besser. Das, was sich in der britischen Armee verbessert hatte, blieb der Öffentlichkeit der Krauts verborgen, da es sich um einen vertrauten Feind handelte. Aber der D-Day, die überlegene Ausrüstung und die Überzahl an Männern, unverbraucht und frisch und ihnen weit überlegen, verkomplizierte ihren Minderwertigkeitskomplex noch. Sie begannen, besonders ausgiebig zu hassen.

Die Briten waren ihnen im Kampf ebenbürtig, die Amerikaner das Unbekannte. Ich habe deutsche Soldaten unsere Waffen untersuchen sehen, die sich dabei verwundert zeigten, dass diese aus richtigem, obendrein besserem als dem von ihnen verwendeten Stahl gefertigt waren. Sie bewundern solide Perfektion, Organisation und Methode und betrachten uns mit Eifersucht, verachten dabei aber jegliche Improvisation. Sie sind fest vom Prinzip des Massenangriffs und der Überrolltaktik überzeugt – geradeaus, ohne einen Wechsel der Gangart –, was vier Jahre lang ja auch funktionierte.

Ein anderer Grund dafür, dass die amerikanischen Gefangenen sich in so einem schlechten Zustand befanden, war ein Mangel an Erfahrung. Bei den anderen Alliierten befanden sich »survivor of the fittest«. Besonders stark war diese Gruppe bei den Briten vertreten. Die britischen Soldaten in diesen Lazaretten waren seit dem Afrikafeldzug herumgekommen und kannten alle Geheimnisse, wann man arrogant und wann man dumm erscheinen musste, wann es galt, klug zu argumentieren, und wann man sich schlicht taub stellen musste. Es war ihnen zu verdanken, dass die Insassen dieses Kriegsgefangenenlazaretts nicht evakuiert und einem Marsch ins Niemandsland ausgesetzt wurden. Sie organisierten einen Sitzstreik und verhinderten die Evakuierung mit einer Mischung aus passivem Widerstand und typisch britischem Witz.

Die meisten der Amerikaner hatte man während der Ardennenoffensive gefangen genommen. Die Schwerverwundeten wurden mit Fahrzeugen transportiert, die meisten hatten aber nur leichte Verletzungen und waren für marschfähig befunden worden, nachdem man ihnen Kleidung und Stiefel abgenommen hatte. Viele bekamen Lungenentzündung, Fußbrand und erlitten Erfrierungen. Sobald der Marsch begonnen hatte, gab es keinerlei medizinische Versorgung mehr. Es wird behauptet, man hätte sie so heruntergekommen marschieren lassen, um der deutschen Bevölkerung die armselige Ausrüstung der amerikanischen Soldaten vorzuführen. Den Kriegsgefangenen die Kleidung abzunehmen, war den Krauts jedenfalls so selbstverständlich, dass die Krauts, sobald sie gefangen sind, sich erstmal hinsetzen, ihre amerikanischen Stiefel ausziehen und abgeben.

Nach dem Marsch konnten die Deutschen behaupten, der Gesundheitszustand der Amerikaner wäre so schlecht, dass es nicht möglich war, sie zur Fabrikarbeit einzusetzen. In einem schlechten Gesundheitszustand waren sie tatsächlich. Es gab mehr Lebensmittel bei der Proviantausteilung für eine einzige Mahlzeit bei der zweiten Division, als die kanadischen und britischen Piloten während einer ganzen Woche ihrer vierjährigen Gefangenschaft gesehen hatten. Einige von ihnen vertrugen eine normale Mahlzeit nicht mehr, hielten sich die Bäuche und fragten sich, ob die Schmerzen, die sie hatten, eine Herzattacke ankündigten.

In Jena haben die Altstadt und die Zeisswerke erhebliche Schäden erlitten. Das große Glaswerk wurde nicht angegriffen, nur die Bereiche für Präzisions- und Spezialinstrumente. Unweit davon, in wunderschöner Umgebung, befindet sich im Inneren eines Berges, wie ihn Goethe und Schiller besungen haben, eine Fabrik. Im Freien stehen zahlreiche Gebäude aus solidem bombensicheren Beton, während man die noch im Bau befindlichen Gebäude getarnt hatte. Halbfertige Bauten hatte man mit Netzen bespannt und scheinbar farbig angestrichen. Der Wald, den man abgeholzt hatte, wurde Stamm für Stamm wieder ersetzt und jeder davon mit Draht befestigt. Von den übernetzten Terrassen und den Straßen vor den Tunnelausgängen hat man eine herrliche Aussicht auf blühende Apfelbäume, Schlösser und das ländliche Leben.

Unglücklicherweise ist dieser Wald die Tarnung für ein großes, zur Fabrik gehörendes Konzentrationslager. Zwanzigtausend hämmerten, schweißten und polierten in diesen Tunneln und verwandelten Erfindungen in geflügelten Tod. Zwei Drittel der Zwanzigtausend waren Sklavenarbeiter aller Nationalitäten. Die Nachrichtendienstabteilungen der Air Force und der RAF hatten den Bau unter Beobachtung und wussten, dass dort nicht in vollem Ausmaß produziert werden konnte, und daher von diesem Ort bis zu dem Zeitpunkt, da er eingenommen werden würde, ohnehin keine Gefahr hätte ausgehen können.

Die Fabrik sollte unter normalen Bedingungen ein Flugzeug am Tag herstellen. Da die Gebäude im Freien noch nicht fertiggestellt waren, und auch die Arbeit an nur ungefähr der Hälfte der Tunnel vollendet war, konnte man bislang nur dreißig Flugzeuge produzieren. Irgendwo im Inneren des Tunnelnetzwerks brannte es. Es herrschte das in aufgegebenen Fabriken übliche Chaos: kaputte Werkzeuge, geplünderte Werkzeugkisten, stapelweise Formulare in allen Formen und Farben.

In einem Hangar standen zwei Flugzeuge auf einem Fließband. Von dort sollten sie auf einem Förderband zum Berggipfel transportiert werden, der zu einer Startbahn eingeebnet worden war, um von dort aus zu ihrem

Bestimmungsort zu fliegen. Das war das Einzige, das sich überirdisch abspielte. Alle Höhlen und Tunnel waren miteinander und dem Hangar, wahrscheinlich auch mit der Startbahn auf dem Gipfel verbunden. In einer Halle lagerten Hunderte von Messgeräten für Fluggeschwindigkeit. Wir fanden heraus, dass wir sie bis auf 1060 km die Stunde bringen konnten, wenn wir vorn auf der einen Seiten hineinbliesen, und auf 530, wenn wir auf der anderen Seite Luft heraussaugten. Anders gesagt, wir dachten uns, das müsste dann wohl der Rückwärtsgang sein.

Behälter voller Präzisionsinstrumente, die allesamt aussahen wie Sprengfallen und Zeitbomben, waren übereinander gestapelt, und große Kisten mit Schraubenschlüsseln, Hämmern, Anschlagwinkeln und einigen der schönsten Getriebe, die ich jemals gesehen habe, lagen überall verstreut herum, was angesichts der Ausmaße dieses gewaltigen zerstörten Hangars weiter keinen großen Eindruck machte. Ich erbeutete eine Zickzackschere aus der Abteilung, in der Stoffe geschnitten und geklebt wurden. Sie ist eine hervorragende Ergänzung meiner Nähutensilien, da ich selber gar nicht nähen kann. Jetzt kann ich mir so etwas wie Schals aus Fallschirmseide zuschneiden.

Ich wollte unbedingt ein Souvenir aus der Flugzeugfabrik und suchte unter den bizarr geformten Teilen, die zur Montage bereitlagen, nach etwas, das einen guten Aschenbecher abgeben konnte. Aber alles hatte entweder an strategisch wichtiger Stelle ein Loch, war zu schwer oder hätte mit dem Schneidbrenner abgetrennt werden müssen. Natürlich gab es große Mengen sauber verpackter 30mm-Geschützzylinder, aber die waren mit 120 Pfund für mein Gepäck viel zu schwer. Und was sollte ich als unbewaffnete Kriegsteilnehmerin überhaupt damit anfangen? Es mussten wohl über hundert Zylinder gewesen sein, alle sauber poliert und mit dem Rostschutzmittel Cosmoline bestrichen, ein Zeug, das schmieriger ist als Schmiere. Also beließ ich es bei der Schere. Ich habe jetzt einen hübschen blauen Schal, und morgen werden auch alle anderen so einen haben.

So wie es in Nürnberg aussieht, kann man sich schwer vorstellen, dass noch ein einziger Bewohner in der Stadt ist, um einen zu grüßen oder anzustarren. Es ist die erste deutsche Stadt, deren Zerstörung ich bedauere. Vom Schloß, der Stadtmauer, den Plätzen, öffentlichen Gebäuden und Fachwerkhäusern steht kein Stein mehr auf dem anderen. Nürnberg wurde 1050 als befestigte Burg zum Schutz der Handelsroute zwischen Regensburg und dem Main gegründet, und die Stadt selbst wuchs unter dem Schutz der Burg.

Heute, 1945, liegt die Stadt nach dem Neujahrsangriff der RAF in Schutt und Asche, und in der Schlacht um dieses Bollwerk der Nazi-Idee war die Burg eine der bis zuletzt gehaltenen Stellungen. Mir ist nicht bekannt, ob in der Folterkammer noch eine »Eiserne Jungfrau« steht, aber dieses Folterinstrument ist verglichen mit den jüngeren Erfindungen auf diesem Gebiet ohnehin harmlos zu nennen.

Von der Liebfrauenkirche steht nur noch ein Gerippe. Die Lorenzkirche sieht nicht anders aus. Die Museen und die Häuser berühmter Männer liegen in Trümmern. Das Dürerhaus ist ausgebrannt, sieht aber noch besser aus als die meisten anderen. Auf dem Marktplatz steht nur noch ein Schild. Es weist auf die Umbenennung in Hitlerplatz hin und ist in eine noch stehende Mauer eingelassen. Die anderen Schilder wurden nicht etwa von Souvenirjägern mitgenommen, sondern beim Untergang der Stadt verschüttet.

Die Frauen hängen an ihren Ruinen und Habseligkeiten und ziehen das Leben in Luftschutzbunkern einer Evakuierung vor. Sie grillen aus dem Fluss geangelte Karpfen am offenen Feuer. Ein Mädchen mit schmutzigen Knöcheln sitzt in einem langen, vermutlich selbst gestrickten Kleid auf einem Stein. Sie ist jung und gebildet, spricht Englisch, Französisch und Italienisch. Sie ist Musikerin, und Nürnberg ist ihre Heimatstadt, wo ihr ein kleines romantisches Haus gehörte. Im Krieg war sie bei der Luftwaffe das, was bei uns der WAAF* entspricht. Sie hörte die Funkgespräche britischer und amerikanischer Piloten im Einsatz ab. Sie machte interessante kritische Anmerkungen über unsere Laxheit in Sicherheitsfragen und sie erzählte, dass sie die Piloten häufig die Krauts verfluchen hörte. Oder Gespräche darüber, was sie nach ihrer Landung am liebsten essen würden. Sie fühlte sich sehr vertraut mit ihnen.

Der schwere Luftangriff im September zerstörte die Industriegebiete und die Arbeiterviertel, ließ die Altstadt, wo sie wohnte, aber weitgehend intakt. Das Leben in Nürnberg war äußerst angenehm und sicher bis zum Angriff der RAF am 2. Januar, der alle Zerstörungen verursachte. Nach dem September-Angriff hörte unsere Funk-Abhörerin zum ersten Mal aus Neugier die Nachrichten der BBC, weil die deutschen Sender darüber nichts berichteten, und wurde prompt erwischt. Ihr Kommandant wollte sie hängen lassen, aber sie kam mit einer Gefängnisstrafe von vier Monaten davon. Danach schickte man sie zur Arbeit in eine der vielen unterirdischen Fabriken in den Gewölben unter der Stadt. Ihr eigenes Haus war von den Luftangriffen nur leicht beschädigt worden, aber während der Schlacht um die Stadt plünderten befreite russische Zwangsarbeiter das Nachbarhaus und zündeten es an, so dass auch ihr Haus abbrannte. Am meisten vermisst sie ihr Klavier.

Ich kam am Abend des 30. April nach Dachau.** Es herrschte Verdunkelung. Bomben fielen. Das Lager war in einer gemeinsamen Operation der 42. und der 45. Infanteriedivision befreit worden. Es lag vor den Toren eines pittoresken Städtchens, und es sah aus wie alle gro-

* *Women's Auxiliary Air Force* – das Korps der weiblichen Helfer der RAF seit 1939.

** Dachau wurde am 29. April 1945 befreit.

ßen Konzentrationslager der Nazis, mit einem ausgedehnten Barrackenareal und langgestreckten Gebäuden. Die Hälfte des Lagers diente der Unterbringung von SS-Truppen, in der anderen Hälfte befanden sich die vor Hunger halb wahnsinnigen Gefangenen.

In diesem Fall liegt das Lager so nah an der Stadt, dass es keine Zweifel daran geben kann, dass die Einwohner wussten, was dort vor sich ging. Die Gleise der Bahnstrecke ins Lager führen an nicht wenigen vornehmen Villen vorbei, und der letzte Zug voller toter und halbtoter Deportierter war lang genug, um quasi vor deren Haustür zu stehen. Die Waggons sind noch immer voller Skelette und Leichen, und am Bahndamm liegen die ausgezehrten Körper all derjenigen, die zu fliehen versuchten und ihrer Exekution entgegenliefen.

Die Baracken der SS sind leer, die Wege dazwischen sind mit den Kadavern erschossener Soldaten dekoriert. Die Hundezwinger sind ebenfalls leer – ein toter Hund liegt auf dem Rasen. In dem schmalen Kanal, der das Lager umgab, schwamm ein Leichenhaufen von SS-Leuten in gefleckten Tarnanzügen und genagelten Stiefeln. Sie trieben zusammen mit ein oder zwei toten Hunden und kaputten Gewehren in der Strömung. Einige Gefangene und Soldaten versuchten, die Leichen herauszufischen.

In einem Block befindet sich eine Zuchtfarm für Angorakaninchen. Die Kaninchenzucht wurde im Lager gewerblich betrieben. Die Kaninchen leben weniger beengt als die Menschen und wurden auch besser behandelt. In wunderbar sauberen Unterkünften wurden sie liebevoll von den Kapos umsorgt. Der Stall für die Arbeitspferde befand sich ebenfalls in einem ausgezeichneten Zustand. Der Anblick der vollgefressenen Tiere mit ihren mächtigen Hinterteilen war angesichts so vieler ausgemergelter Menschen ein Schock.

Das Krematorium war eine Zeitlang ohne Brennstoff gewesen, so dass sich zwei volle Räume mit Leichen ansammelten. Die Gaskammern sehen genau so aus, wie es die Schilder am Eingang versprechen: DUSCHRÄUME. Die selektierten Opfer zogen sich aus, ließen ihre Gefangenenkleidung zurück und betraten ahnungslos den Raum, um geduscht und entlaust zu werden. Sobald sie die Wasserhähne aufdrehten, töteten sie sich selbst und ersparten so der SS sogar das Stigma, Mörder zu sein.

Die überfüllten Gefangenenbaracken wurden ständig mit neuen Gefangenen aus evakuierten Lagern belegt. In den dreistöckigen Betten lagen zwei oder drei Männer auf jeweils einer Schlafstelle – ohne Decke, nicht einmal Stroh gab es – und waren zu schwach, um aufzustehen und den Sieg zu feiern, durch das Lager zu ziehen und zu singen, aber die meisten von ihnen grinsten und jubelten vor Freude, sobald sie über die Kante der Holzverschläge spähten. Während der wenigen Minuten, die ich brauchte, um Fotos zu machen, wurden zwei Tote gefunden. Die Leichen wurden umstandslos herausgezerrt und draußen vor dem Block auf einen Haufen geworfen. Niemanden außer mir schien das zu stören. Der Arzt meinte, für mehr als die Hälfte der Gefangenen in der Baracke sei es ohnehin bereits zu spät. Die Leichen werden hinausgeworfen, damit ein Wagen, der jeden Tag seine Runde macht, sie einsammeln kann wie Müll.

Überall im Lager liegt Kleidung gestapelt – verdreckte, verfilzte Lumpenhaufen, Zivilkleidung von Leuten, die unmittelbar nach der Ankunft hingerichtet wurden, und die Sträflingskleidung der Toten. Gefangene durchwühlten die Haufen, von denen einige brannten, auf der Suche nach etwas, das besser erhalten war als das, was sie anhatten. Nachdem das Wachpersonal von den Gefangenen aus dem Weg geräumt war, plünderte man die Lagerräume, die der Versorgung der Nazis und der Gefangenen dienten. Nur die stärksten und robustesten Gefangenen konnten an diesem Vergnügen teilhaben. Jedem, der auch nur in der Lage ist, auf dem Gelände herumzulaufen, geht es noch verhältnismäßig gut. Tausende liegen in den Kojen und sind zu schwach, um sich irgend etwas zu besorgen oder sich jemals wieder ohne Hilfe anzukleiden.

Dieses Lager war nicht für Frauen gedacht, aber als während des Rückzugs der Krauts in aller Eile andere Lager evakuiert werden mussten, hatte man etwa 500 Frauen hierher verlegt und in einen gesonderten Block gesteckt. Die meisten von ihnen waren noch in der Lage zu arbeiten, obwohl inzwischen viele Krankheitsfälle, darunter Typhus, aufgetreten sind. Es befinden sich in der Baracke auch neugeborene Babies und schwer geistesgestörte Menschen. Eine Wiener Ärztin, Dr. Ella Lingens, nicht nur Doktor der Medizin, sondern auch Juristin mit einem Abschluss von der London School of Economics, kümmert sich um sie. Sie wurde vor zwei Jahren inhaftiert, weil sie dabei geholfen hatte, jüdische Frauen zu verstecken. Sie hat einen sechsjährigen Sohn in einem kleinen Dorf in Österreich, von dem sie hofft, dass er noch am Leben ist, und einen Ehemann, von dem sie die ganze Zeit über keine Nachricht erhalten hatte. In der Krankenstation befindet sich das ehemalige Lagerbordell. Es ist mit nur zweistöckigen Schlafstellen besser ausgestattet als die anderen Baracken. Einige der Patienten haben schon damit begonnen, die Initialien von Mitgefangenen sowie die der Oberkrankenschwester auf scheußliche Handtücher zu sticken. Andere Mädchen nähen farbige Stofffetzen zu Abzeichen am Knopfloch in ihren jeweiligen Nationalfarben zusammen.

Lastwagen trafen ein und entluden Lebensmittel, die offiziell aus deutschen Lagerbeständen konfisziert waren. Gefangene kletterten auf Dächer, feierten, sangen Lieder und Nationalhymnen zu Ehren des Geburtstags einer niederländischen Prinzessin. Sie ließen alles hochleben, was ihnen einfiel, und suchten sich schließlich drei Streifen von farbigen Stoffen zusammen, die ihre Nationalflagge darstellen.

Dachau war das Lager für die soziale Spitze – die meisten davon politische Gefangene. Hier waren bis letzte

Woche (Martin) Niemöller, (Kurt Alois) Schuschnigg und andere inhaftiert. Wir hofften, einige von ihnen aufzufinden, aber die Krauts haben sehr viele als Geiseln in ihr letztes Bollwerk nach München verschleppt. Geblieben waren viele Journalisten. Darunter Phillipe Brundt von *Le Peuple** und *Le Soir* aus Brüssel und Leurs Vancoeverde, ein Niederländer, der als Korrespondent für die *United Press* arbeitete. Außerdem ehemalige Minister und Intellektuelle wie Wladimir Paulin, tschechischer Finanzminister und Professor an der Prager Universität, Dr. Jindra Polak, der ehemalige Direktor der Städtischen Kliniken von Prag, sowie Joseph Hrnicko, Generaldirektor einer berühmten Glasfabrik.

Die Soldaten wurden dazu ermutigt, das Lager »zu besichtigen«, Fotos zu machen und ihren Angehörigen zu Hause davon zu berichten. Ab Mittag war es dann allerdings nur noch Presseleuten und medizinischem Personal gestattet, in das Innere der Gebäude zu gehen, da vielen der wirklich hartgesottenen Jungs so übel geworden war, dass sie ihren Pflichten nicht mehr nachkommen konnten.

Morgen – München.

* Französischsprachige sozialistische Belgische Tageszeitung, Organ der Belgischen Arbeiterpartei.

Lee Miller War Corr
c/o Pro Shaef
Apo 757

Withers
Vogue
1 New Bond St
London ADLS

Dienstnachricht

Liebe Audrey,

lange Zeit haben wir alle Vermutungen darüber angestellt, wo wir sein würden, wie es wäre und welche Stadt und Freunde wir wählen würden, um das Ende des Krieges oder Hitlers Tod oder was sonst noch zu feiern.

Ich hielt mich in Hitlers Privatwohnung auf, als am Ersten Mai gegen Mitternacht sein Tod bekanntgegeben wurde. Wir konnten nicht mehr feiern, als wir es ohnehin schon taten. Es schneite, wir feierten, dass wir dort waren, und die nüchterne überzeugende Stimme der BBC war nur ein weiteres Gerücht.

Also gut, er war tot. Für mich war er bis heute nie wirklich lebendig. Er war all diese Jahre ein böses Maschinen-Monster gewesen, bis ich die Orte sah, die er berühmt gemacht hatte, mit Menschen sprach, die ihn kannten, dem Hintertreppengerede nachforschte und in seinem Haus aß und schlief. Er wurde da schon weniger großartig und deshalb umso schrecklicher; dazu kamen ein paar Hinweise, dass er einige fast menschliche Gewohnheiten hatte, fast wie ein Affe, der dich mit seinen Gesten verlegen macht, ja beschämt, weil er dich in einem Zerrbild spiegelt. Du denkst: »Es hätte auch dich erwischen können.«

Dachau hatte alles, was man je über ein

Konzentrationslager hören wird oder sich weigern wird zu hören. Die großen staubigen Flächen, die von so vielen tausend verdammten Füßen zertrampelt worden waren - Füße, die schmerzten und schlurften und die Kälte wegstampften und sich bewegten, um den Schmerz zu lindern, und schließlich nur noch dazu dienten, sie zur Todeskammer zu führen. Die Kilometer leicht geschotterter Erde waren ein Verbrechen gegen die Natur. Ich fiel einmal aufs Knie, und der Schmerz eines kleinen scharfen Steins an meiner Kniescheibe war heftig; Hunderte von Gefangenen waren Tag und Nacht so hingefallen. Wenn sie aufstehen konnten, durften sie leben, wer nicht die Kraft hatte, wurde weggeschleppt zu einem ungenannten Ende, nur ein weiterer unbekannter Soldat.

Ich frage mich, ob Hitler eine Flamme haben wird, die so ewig ist, wie den Gefangenen die Stunden des Krematoriums vorgekommen sein müssen, die in Reih und Glied standen und gezwungen waren, auf den Schornstein zu starren, der über den Leichen ihrer Leidensgenossen rauchte. Es war eine »Feuerprobe«. Wenn ein Gefangener bei der Blockzählung fehlte, wurden alle zusammengetrieben und mussten, zitternd und hustend in ihren gestreiften Lagerpyjamas, die Flammen sehen (es gibt einige Millionen Menschen, die nie wieder gestreifte Pyjamas tragen werden, es sei denn, sie tun es aus dem befriedigenden Gefühl heraus, dass es nichts bedeutet) und dem erliegen, was Krankheit, Unterernährung und Überanstrengung verursachten. Perfektes Selektionssystem für die Fittesten. Kraft durch Freude.

Dave Scherman und ich verließen Dachau, um Ausschau nach der Kriegsfront zu halten, die wie die Illusion von Sauberkeit und Menschlichkeit erschien. Der Anblick der blau und weiß gestreiften Lumpen, die den bestialischen Tod von so vielen verhungerten und verstümmelten Männern und

Frauen umhüllten, ließ uns nach Luft und Gewalt verlangen, und wenn München, der Geburtsort dieses Grauens, fiel, wollten wir gerne dabei helfen.

München war zusammengebrochen, und diese Bastion des Nazi-Idealismus war an einem Tag statt in einer Woche eingenommen worden; es gab nur noch sporadische Kämpfe gegen isolierte Gruppen. Die spirituelle Heimat Hitlers »zeigte der Welt« nicht, »wie Deutsche sterben«, und das 179. Regiment fuhr zu seinem Haus und besetzte es. Davie und ich aßen mit ihnen zu Abend, und wir verbrachten die Nacht dort - benutzten Hitlers Toilette und sein Bad und machten es uns zusammen mit einer famosen Gruppe Soldaten behaglich. Bis jetzt, drei Tage später, sind dort noch keine anderen Reporter gewesen, es ist also eine absolut exklusive Story.

Gruß und Kuss
Lee

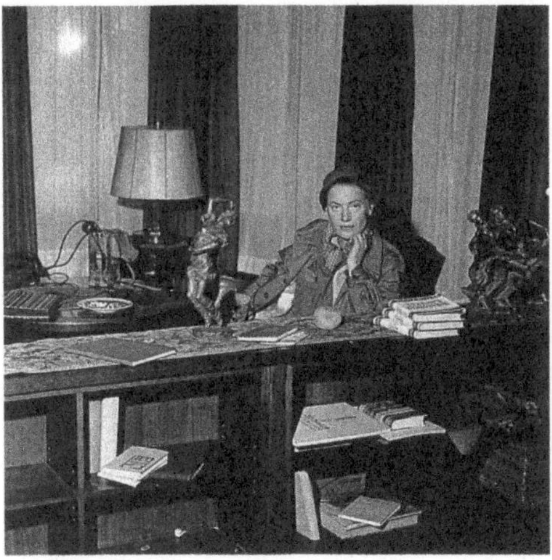

Lee Miller in Hitlers Wohnung in München, 1945. Foto: David E. Scherman.

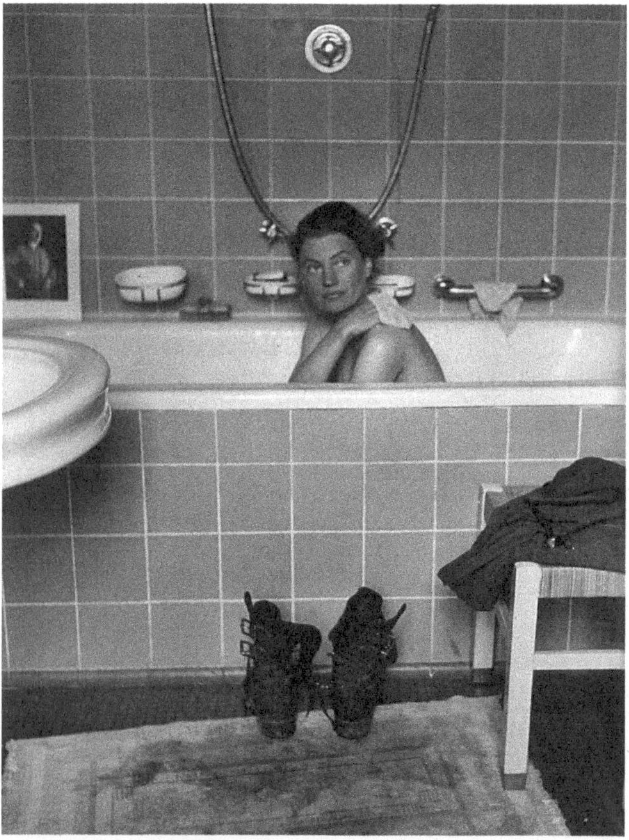

Lee Miller in Hitlers Badewanne in München.
Foto: David E. Scherman.

Hitleriana

Ich wohnte in Hitlers Privatwohnung, als sein Tod bekanntgegeben wurde. Sie befand sich in einem gewöhnlichen, altmodischen Eckhaus an einem Platz. Die Adresse lautete Prinzregentenplatz 16, und es gab keine Hinweise darauf, dass dort jemand mit höheren Ansprüchen als die von Kaufleuten oder pensionierten Geistlichen gelebt hatte. Jetzt war das Haus ein Kommandoposten. Die Codezeichen besagten, dass er zum 179. Regiment der 45. Division gehörte. Das Gebäude sah aus wie jedes andere, das besetzt worden war, mit Jeeps auf dem Bürgersteig, aus den Fenstern hängenden Drähten und einem unauffälligen Wachposten vor der Tür.

Auf den ersten Blick hätte diese Wohnung fast jedem mit einem mittleren Einkommen und ohne Erbstücke gehören können. Sie hatte weder Eleganz noch Charme, keine Intimität, war aber auch nicht imposant. Sie war nicht leer genug, um sie in diesem Zustand »unterzuvermieten«, aber wenn man sich eine Viertelstunde Zeit genommen hätte, die Schränke (vor allem die Hausapotheke) auszuräumen, wäre die Wohnung bereit gewesen für jeden neuen Mieter, dem die Initialen A.H. auf der Wäsche und dem Silber nichts ausmachten.

Oberstleutnant William P. Grace Jr. überprüfte seine Berichte. Sein Militärtelefon lag auf einem Stuhl, den Hitlers Hintern gewärmt hatte, und die anderen Stabsangehörigen gingen dort ihren diversen Pflichten nach, ganz so, als wohnten sie nicht in einem Museum.

Im zweiten Stock lag eine ziemlich geräumige, sehr einfach aufgeteilte Wohnung. Zur Straßenseite hin hatte sie drei Zimmer, die ineinander übergingen, ohne dass dadurch die Inneneinrichtung besonders beeinträchtigt wurde.

Links von den öffentlichen Räumen befand sich eine Bibliothek voller kostbar gebundener Bücher und mit vielen Widmungsexemplaren von Gönnern und Anhängern. Die Bibliothek war uninteressant, da alles von persönlichem Wert entfernt worden war: leergeräumte Regale als Spuren der Flucht. Verschiedene Uniformen (wahrscheinlich waren sie zur Genehmigung vorgelegt worden, denn sie erschienen bisher noch in keinem Katalog, in dem sie offiziell bestätigt wurden) lagen auf einem Haufen.

Durch eine Doppeltür ging es direkt in den Raum, in dem alle Münchener Konferenzen Hitlers stattgefunden hatten. Hier saßen Chamberlain, Franco, Mussolini, Goebbels und Laval. Die ganze Liste derjenigen, für die der Tag der Abrechnung nicht mehr kommen wird. Der Bücherschrank, der in den Raum hineinragte, hatte so scharfe Ecken wie das Hakenkreuz. Die Kunstwerke – Skulpturen, an denen noch die Siegermedaillen hingen, die sie bei Auszeichnungen gewonnen hatten – waren so mittelmäßig wie die Gemälde an den Wänden. Ich hoffte, eines der eigenen Werke des Meisters zu finden. Es gab auch ein Gipsmodell von Hitlers Händen, und auf dem Schreibtisch im anderen Teil des Zimmers einen Weltglobus. Das Klavier, ein Bechstein, war verstimmt, aber das Radio war ein Meisterstück.

In der großen Eingangshalle standen Schränke mit Kristallglas und Porzellan, Wäsche und Silber, alles mit Hakenkreuz und den Initialen A.H. Es gab einen Gummibaum und einen schwarzen Gipsadler mit angelegten Flügeln. Das Schlafzimmer war mit Chintz tapeziert und das Bett mit dem gleichen Stoff bezogen. Der Nachttisch hatte eine Druckknopfvorrichtung, mit der das Dienstmädchen, der Diener und die Wache gerufen werden konnten, und in einer Ecke stand ein großer cremefarbener Safe. Das Badezimmer nebenan hätte aus einem Einrichtungskatalog stammen können. Verbunden war es mit einem kleinen Einbettzimmer, in dem enge Freunde des Führers übernachteten, wenn sie in der Stadt waren.

Am anderen Ende des Apartments befand sich eine separate kleine Wohnung, nicht so aufwendig möbliert, aber gemütlicher, abgesehen von dem riesigen Schaltbrett an der Wand, von dem aus man direkt nach Berlin, Berchtesgaden usw. telefonieren konnte. Oberstleutnant Grace versuchte, Berchtesgaden anzurufen, und die Vermittlung in München (in irgendeinem noch nicht eroberten Stadtteil) stellte durch, aber niemand hob ab. Hitler war jedenfalls nicht da.

Hier war Hitlers wirkliches Zuhause, trotz des Adlerhorsts in Berchtesgaden und seiner bewaffneten Hauptquartiere in jeder Stadt Europas. München war seine physische als auch geistige Heimat, und ich begann sogleich damit, mich vor Ort kundig zu machen.

Im Erdgeschoss links wohnte eine deutsche Frau, die durch Heirat die britische Staatsangehörigkeit erworben hatte. Ihre Eltern hatten hier zwanzig Jahre lang gelebt und starben letztes Jahr. Nun hat sie die Wohnung und die Köchin geerbt. Frau Gardner sprach ausgezeichnet Englisch, und ich drängte sie, mich im Haus herumzuführen und mir seine Geschichte zu erzählen.

Ihre Köchin hatte hier schon gewohnt, als es noch ein gewöhnliches Mehrfamilienhaus war und Hitler als sogenannter »Zimmerherr« eines der Zimmer in der großen Wohnung mietete, die ich beschrieben habe. Die Besitzer der Wohnung waren Fabrikanten aus dem Rheinland, die durch die Inflation zu Beginn der Zwanziger Jahre bankrottgegangen waren und daher Untermieter aufnehmen mussten. Sie fanden Gefallen an Hitlers Ideen, und ihr Verhältnis zu ihm war besser als das zwischen Vermieter und Mieter. 1929 hatte er dann die ganze Wohnung übernommen, und Herr und Frau Winter führten seinen Haushalt.

Die Winters waren vulgär und unangenehm, selbst Hitler fand Frau Winter unerträglich, aber aus einem unerfindlichen Grund behielt er sie. Sie schlug die Bediensteten und hatte ihre betrunkenen Auftritte, die in Szenen und Prügeleien endeten. Sie kleidete sich betont auffällig und litt offensichtlich an Größenwahn – bis zu dem Punkt, dass sie sich wenige Tage zuvor geweigert hatte, den belgischen König und seine Familie in dem Apartment übernachten zu lassen, und die SS-Wachen, die die Gäste begleiteten, mussten den Zugang erzwingen. Die fünf Mitglieder der ex-königlichen Gesellschaft verschwanden sogleich am frühen Morgen, so wie alle anderen Flüchtlinge. Drei Tage vor der Kapitulation der Stadt packten die Winters ihre Sachen und machten sich aus dem Staub. Frau Winter verschloss die weitläufigen Luftschutzbunker und sagte zu den Bediensteten und anderen Mietern im Haus, wenn sie zweihundert Liter Benzin hätte, würde sie das Haus in Brand stecken, mit ihnen darin.

Hitler hatte das ganze Gebäude gekauft und ließ seine Wohnung 1935 zu seinem Geburtstag (am 20. April) so renovieren, wie sie nun aussieht. Viele der Hausbewohner durften bleiben, aber der erste Stock wurde in Gästezimmer für seine Besucher und engeren Gefolgsleute umgewandelt, und im Erdgeschoss wurden Unterkünfte für seine SS-Leibwache eingerichtet. Die Küchenräume für sie befanden sich im Untergeschoss, und darunter waren bombensichere Bunker aus Beton und Stahl. In Hitlers Abwesenheit weigerte sich Frau Winter, die Bunker für die anderen Mieter zu öffnen, feierte selbst aber dort während der Luftangriffe Sauforgien mit ihren Spießgesellen.

Hitler war hier nie während eines Luftangriffs gewesen und besuchte München überhaupt nur noch sieben Mal, seitdem der Krieg nicht den gewünschten Verlauf nahm. Die Einstellung der Deutschen war merkwürdig. Sie sprachen zum Beispiel ganz selbstverständlich über Hess als einen der feinsten Menschen der Welt und dass Hitler ein großer Mann mit den richtigen Ideen, aber schlecht beraten sei und von Verbrechern kontrolliert werde. Die deutsche Britin erinnerte sich an den Besuch Chamberlains in München [1938] und daran, wie glücklich jeder gewesen war, dass es keinen Krieg geben werde. Als Chamberlain nach London zurückkehrte, war sie auch dort und hatte auf Postkarten an ihre Freunde in Hamburg und München geschrieben, wie freudig die Briten das Abkommen begrüßten.

Kein Deutscher, es sei denn, sie sind Widerstandskämpfer im Untergrund oder Insassen von Konzentrationslagern, findet, dass Hitler irgendetwas falsch gemacht habe, außer den Krieg zu verlieren. Sie sagen nur: »Er hätte Frieden schließen sollen, als der Russlandkrieg verlorenging.« Ich glaube nicht, dass sie je aus dieser Erfahrung lernen werden, und ich weiß, dass ich sie nie verstehen werde. Mir geht es so wie den Soldaten hier, die die schöne Landschaft betrachten, den supermodernen Komfort der Häuser nutzen und sich fragen, warum eigentlich die Deutschen noch mehr wollten.

Hitlers Nichte hatte hier gewohnt und sich in einem der Zimmer umgebracht. Die Leute hielten sie für ein gutes Mädchen. Hitlers Geliebte, Eva Braun, war eine wunderbare Frau, sehr einfach und charmant. Hitler war einfach, nett, bescheiden, liebte Kinder, und er kam oft herunter, um beim Feuermachen zu helfen, als er schon ein »Prominenter« war. Ein solcher Mann musste es einfach weit bringen.

Er hatte sogar Mr. Chamberlain die Köchin vorgestellt, als sie sich auf der Treppe begegneten, und von der Köchin bekam Frau Gardner den Krug, der die Form des Kopfes von König George VI. hatte und die Nationalhymne spielte, wenn man ihn anhob. Chamberlain schenkte ihn Hitler 1938, und Hitler hatte Anweisung gegeben, bei Luftalarm den Krug in den Luftschutzbunker zu bringen. Heimelig, nicht wahr? Auf den Kaminsimsen gab es kleine Sammlungen von Bombensplittern. Ich frage mich, welche Schäden sie angerichtet haben.

Gegen fünf Uhr morgens wurde ich von Sid Leigh, einem befreiten Offizier der Amerikanischen Luftwaffe, geweckt. Er war in Hochstimmung und zu aufgeregt, um schlafen zu können. Er war mit einem Freund, Bernard MacNamara, aus einem Kriegsgefangenenlager entkommen und auf Geheimwegen nach München geschleust worden, wo er als französischer Militärgefangener Unterschlupf in einem Arbeitslager fand. Kontakte hatte er vor allem zu den serbischen Zwangsarbeitern, die sehr aktiv waren und mit deutschen Wehrmachtsoffizieren in Verbindung standen, die versuchten, die Regierung zu stürzen. Ihr Ziel war ein »Freies Bayern«,* und dazu gehörte, dass sie den Amerikanern halfen, den Krieg zu gewinnen. Als die Mitglieder der Freiheitsbewegung den Münchener Radiosender besetzten, wagte sich MacNamara durch die Kampflinien, um mit den Amerikanern Kontakt aufzunehmen, aber als er bei den richtigen Behörden angekommen war, hatte die SS den Sender zurückerobert und fünfzig Revolutionäre exekutiert. In der Zwischenzeit war Sid Leigh mit einem Trupp von Geiselnehmern losgezogen, um den deutschen General von Epp dazu zu bringen, die Kapitulation der Stadt zu erklären, aber er wollte den Befehl nicht geben. Es war ohnehin zu spät, da bereits die Hälfte der Freiheitskämpfer verhaftet war.

Das Leben im Gefangenenlager war für diejenigen erträglich gewesen, die studierten und an etwas arbeiteten. Leigh hatte Mathematik unterrichtet, aber die Teilnahme an solchen Kursen ließ nach wenigen Wochen nach, und das Einzige, was die ganze Zeit über stattfand, waren Laientheaterdarbietungen und Ausbruchsversuche. In den nördlichen Lagern, wo die Gebäude auf Erde standen, war es einfach, Tunnel zu graben, aber im letzten Lager

* Es handelt sich um die »Freiheitsaktion Bayern«.

waren die Quartiere auf Pfählen gebaut, und Männer in Zivilkleidung liefen herum und krochen unter die Häuser, um nachzusehen, ob irgendwo gegraben wurde. Im letzten Monat war Lebensmittelknappheit das einzige Problem. Die Gespräche kreisten nur noch um [den französischen Meisterkoch] Escoffier – weder Frauen noch Kriegsgerüchte, nur Essen. Phantasierte Mahlzeiten und Adressen von Restaurants, Beschreibungen von Gerichten und halbvergessenen Geschmacksnoten – und feierliche Versprechen.

Dave und ich lernten einen tatterigen alten Mann kennen, der ungefähr sechzig Wörter in nahezu unverständlichem Englisch sprach. Er konnte etwa so viel Französisch wie ich Deutsch, also gleich Null, und Dave musste sich mit seinen frisch erworbenen Deutschkenntnissen auf eine lange Diskussion mit diesem Menschen einlassen, der behauptete, er sei ein professioneller Fremdenführer für München. Mit seiner Sprachbegabung war er offensichtlich nie Ausländern zugeteilt worden, also muss er Krauts herumgeführt haben, die Hitleriana und die heiligen Schreine der »Neuen Welt« besichtigen wollten. Auch wenn er beteuerte, kein Nazi zu sein, und dagegen protestierte, dass ich die einzig verbliebene Fahne des Hofbräuhauses als Souvenir mitnahm, weil sie nicht *très Munich* sei, wusste er sicher, dass dieser oder jener Stuhl nicht Hitler gehört hatte und dass es zu jedem wichtigen Haus der Krauts neben den sichtbaren zwei Eingängen noch einen dritten gab und so weiter.

Ich bin ziemlich oft äußerst gereizt, besonders wenn ich die Leute nicht verstehe. Ich möchte sie anschreien, wenn sie versuchen, mir zu erklären, dass das ausgebombte Hofbräuhaus kein interessantes Bild abgibt, weil es völlig zerstört ist, und dass es keinen Sinn habe, die Sehenswürdigkeiten der Stadt zu fotografieren, weil sie nur noch Ruinen sind. Zehnmal erkläre ich, dass ich Dokumentaraufnahmen mache und keine Kunst, und beim elften Mal fange ich an zu brüllen: »Verdammt noch mal, haltet die Klappe und kümmert euch um euren eigenen Dreck – ihr sollt mir nur sagen, was es mit diesen Orten auf sich hat.« Unsere Tour durch die Stadt war die meiste Zeit ziemlich scheußlich.

Das Sterneckerbräu ist ein Hitler-Denkmal. Vielleicht trägt es eines Tages eine Tafel: »Hier schlief Hitler«. Aber er schlief hier nicht nur. Hinter dem Biersaal befindet sich ein Labyrinth aus kleinen Räumen, die jetzt ausgebrannt und zur Straße hin offen sind. Damals, 1921, wurden sie vermietet oder für private Feiern und Versammlungen benutzt. Hitlers Zimmer war klein und unterschied sich von den anderen nur darin, dass seine acht »Jünger« um ihn herum saßen und über den Wert der Macht theoretisierten und die Eroberung der Welt planten.

Ich hatte einen Wallfahrtsschrein erwartet, aber das Zimmer war ganz normal vom Hausmeister des Gebäudes bewohnt, ein dünner, knorriger, schnurrbärtiger Typ, der gerade damit beschäftigt war, Kohlen zu schaufeln. Sein Lebensmittelvorrat auf dem Tisch bestand aus ein paar Eiern und einem sehr großen Glas Bier. Das eiserne Bettgestell und der rohe Tisch seien noch fast genauso wie zu Hitlers Zeit, als er ihm diente, sagte er, und die zwei Kabinettschränke, der eine ein brauner Kleiderschrank, der andere ein richtiger Safe, seien dieselben, in denen die Parteipapiere aufgehoben wurden. Der rohe, schmutzige Boden aus breiten Dielen und das einzige nackte Licht erinnerten an die bedrückenden Verhältnisse einer Mietskaserne, und die Geduld des kleinen Mannes mit dem großen Glas Bier, das schal und warm wurde, während wir ihm verwirrende Fragen stellten, entsprang der Armut und Täuschung – ein trister Eindruck.

Das Hofbräuhaus war schon berühmt, bevor Hitler im letzten Krieg Gefreiter wurde. Das Bier, der Käse und der Garten, wo die Studenten den 1. Mai mit grünem Bier feierten, waren typisch für München, nicht für den Hitlerismus. Der große Saal im obersten Stock mit dem

Wandbild des alten München hatte kein Dach mehr, der Boden war gewellt wie ein krankmachendes, öliges Meer, und übriggeblieben waren nur das dunkelbraune Gemälde und ein Stapel langer Gerüststangen für die unbeendeten Reparaturarbeiten. Unten in der Eingangshalle waren Stühle aufgetürmt, mit einem vergessenen Nazibanner auf der Spitze, das einzige, was dort an Hitlersymbolik übrig geblieben war.

Nachdem das 157. Regiment abgezogen worden war, wohnten im Biersaal im Erdgeschoss nur wenige blasse, kleine Zivilisten, die geplünderten Käse und Schwarzbrot aus Taschen und Rucksäcken hervorkramten und das nach feuchtem Stroh schmeckende Bier tranken, das die Soldaten aus den Kellern geholt hatten. Ich trank es mit großem Widerwillen aus einem Bierkrug mit Zinndeckel und den Initialen H.B., aber ich war so dickköpfig wie die Touristen, die sagen wollen, sie hätten den *Arc de Triomphe* oder das Grabmal des unbekannten Soldaten gesehen, und sich dann in die nächste Bar zurückziehen, und so soll es auch sein, denn deswegen sind sie ja nach Paris gekommen.

Ein Regiment hatte gerade das Bürgerbräuhaus als sein Hauptquartier geräumt, und die wenigen zurückbleibenden Soldaten belächelten nachsichtig die befreiten Zwangsarbeiter, die an Hitlers Schrein vorbeizogen, beladen mit Beutegut aus den Kellern der Wehrmacht weiter oben an der Straße. Die Soldaten hatten den Befehl, zu packen und dann zu verschwinden – und nicht die ehemaligen Sklaven daran zu hindern, sich den Bauch vollzuschlagen. Das Innere des Gebäudes war einfach weiß gestrichen und frisch verputzt. Der Anschlag auf das Leben des Führers (am 8. November 1939) hatte in dem größten und schmucklosesten Saal stattgefunden. Der Pfeiler, in dem die Bombe deponiert gewesen sein soll, war erneuert und das ganze Haus renoviert worden.

Darunter befanden sich mehrere Kilometer modern konstruierter Bunker, einer davon war abgesperrt, da er die Archive der NSDAP und eine Sammlung kultureller Objekte und Bücher beherbergte. In einigen Kisten und Regalen lagerte eine kleine Auswahl der berüchtigten [Alfred] Rosenberg-Sammlung. Da standen Kisten mit hebräischen Bibeln, geraubt aus und beschriftet mit Rotterdam, Köln, Frankfurt, Odessa, Warschau, Den Haag. Es gab Regale mit verbotener und erlaubter Literatur aus fünfzehn Ländern. Da standen Ordner mit Gewaltliteratur aus der Zeit vor dem letzten Krieg sowie Archive mit Zeitungen und Plakaten sämtlicher Richtungen der Sozialgeschichte seit der Abdankung des Kaisers. Es gab einen Aktenschrank voll mit all den Zeitungen, die der Nazi-Ideologie widersprachen, oder zumindest mit repräsentativen Ausschnitten. Es war in der Tat ein Museum für das, was in den letzten zwanzig Jahren in der Welt vor sich gegangen war.

Es stand keine Wache davor, und Leute waren hier gewesen, um nach Wein oder Lebensmitteln zu suchen. Sie waren ziemlich intelligent vorgegangen. Nachdem sie nur ein paar Kisten aufgebrochen und nicht gefunden hatten, wonach sie suchten, hinterließen sie auf dem Boden zwischen Nazireliquien und symbolischen Skulpturen einen großen Scheißhaufen, um zu zeigen, was sie von dieser heiligen Stätte hielten. Ich versuchte, für diese Kellersammlung einen Wachposten zu bekommen, aber die Einheiten änderten ihre Stellungen so rasch, dass niemand diese Idee weiterverfolgen konnte. Zwei Tage später kam ich zurück und musste feststellen, dass der Ort verwüstet war. Ein geplatztes Rohr hatte alles unter Wasser gesetzt, und Flüchtlinge hatten auf den Teppichen Freudenfeuer entzündet, zum Beispiel mit den Manuskripten von Anti-Nazi-Reden, gehalten von Menschen, die schon vor langer Zeit ermordet worden waren, und den wenigen Plakaten, die die Nazis von ihrem Russlandkrieg aufbewahrt hatten.

Etwa drei Blocks von Hitlers Haus entfernt, in einer kleinen Straße, Wasserburger Straße 12, stand Eva

Brauns quadratische Stuckvilla, eine von vielen in den modernen Stadtteilen Münchens. Die Häuser ringsum waren von Bomben beschädigt, aber dieses eine und die Nummer 10 waren neu verglast, und die Einschlaglöcher von Bombensplittern waren sauber zugespachtelt worden. Es gab nur eine Einfahrt für Kraftfahrzeuge, allerdings keine Garage. Innerhalb des Tores befand sich ein Wachhäuschen aus Beton, und Plünderer hatten auf das Schloss in der Haustür geschossen, so dass sie sich nicht mehr öffnen ließ. Das Durcheinander im Inneren zeigte uns, dass wir nicht die ersten waren, die das Fenster des Esszimmers als Eingang benutzten. Geschirr und Papiere waren auf dem Boden verstreut, wie in allen Häusern, die von Vertriebenen und Verschleppten geplündert wurden. Die hier gewesen waren, hatten keine Ahnung, in wessen Haus sie ganz zufällig nach Lebensmitteln und Wein gesucht hatten.

Porträts von Hitler mit zärtlicher Widmung an Eva und ihre Schwester Gretl, die mit ihr zusammenlebte, waren für jeden Besucher sichtbar, und das Briefpapier auf dem Schreibtisch war mit ihrem vollen Namen und der Adresse bedruckt. Das Geschirr war zum Teil modernes Bauerngeschirr, zum Teil weißes Porzellan, bemalt mit blassblauen Blümchen. Möbel und Dekorationen stammten sämtlich aus dem Warenhaus, wie alles im Naziregime: unpersönlich und von durchschnittlichem, kunstgewerblichem Geschmack. Die Zimmer waren klein und eng und so gut möbliert wie in einem neu gekauften Vorstadthaus. Die Küche war zu klein für die vielen Utensilien aus Aluminium und die Elektrogeräte, und im oberen Flur hing ein Paar Turnringe zum Üben.

Evas Bett war mit gestreiftem eisblauem Satin bezogen. Die Wäsche trug die Initialen E.B., und die fast leeren Schränke waren mit chintzüberzogenen Kleiderbügeln und gepolsterten Hutständern ausgestattet. Wattierte Schachteln bewahrten wahrscheinlich früher Strümpfe, Schleier und künstliche Blumen auf. Schwere Kristallflaschen und Sprühflakons standen auf den oberen Regalen, leer. Ein Karton voll Tütchen mit seifenfreiem Waschmittel für blondes Haar, ein paar Gürtel, ein Barett aus Tweed und eine Intimdusche waren das Einzige, was von ihrer beneideten Garderobe übrig geblieben war. Auf der Frisierkommode mit hohem Spiegel lag allerlei Krimskrams, Pinzetten, Nachfüllungen für Elizabeth-Arden-Lippenstifte (aus Mailand), eine halbe Flasche Arden-Gesichtswasser, kleine Trichter und Spatel zum Umfüllen von Kosmetika. Nichts war schmutzig, alles sah neu aus.

Auf dem Schreibtisch in ihrem Schlafzimmer lagen ein Schreibtischset aus Porzellan und ein paar Briefe; in einem ging es um den Kauf einiger Eier vom Land, in einem anderen bestellte sie Trauerkleider bei einem Schneider. Wie alle deutschen Schreibtische war auch dieser komplett ausgestattet mit Büroklammern, Federn, Löschpapier, Linealen, neuen Bleistiften und stapelweise Briefpapier. Dieses Merkmal findet man in jedem deutschen Haus; nirgendwo habe ich so viel Briefpapier gesehen und so wenig Briefe wie in Krautland. Vielleicht haben sie alles verbrannt.

Das Badezimmer war supernormal, abgesehen von zwei Medizinschränken, die beide vollgepackt waren mit Tabletten und Markenpräparaten, genug für eine ganze Station von Hypochondern. Die beiden Schwestern müssen ähnliche Krankheiten gehabt haben, wenn auch in Evas Schrank mehr von allem war. Evipan, Augenwasser, Schlaftabletten und Nasensprays. Eine Vielfalt von Bronchial-Allheilmittel – Drüsenmedikamente und Vitamine. Mädchen aus der Nachbarschaft sagten, Eva habe ständig irgendetwas gegen irgendwelche Schmerzen genommen, besonders gegen Frauenleiden.

Unter dem Haus befand sich ein klassischer Luftschutzkeller wie in einem Hauptquartier: Türen mit Stahlplatten, gepolsterte Bänke, Sauerstoff- und Atemschutzmasken, Lebensmittel, Küchenausstattung, besondere Wäsche und Tafelsilber. Wasser in Flaschen und ein

Kühlschrank, der noch funktionierte. In dem Safe lagen ziemlich wertlose Dinge wie eine Schüssel mit kleinen modernen Elfenbeinfiguren – Pferde und Fische und Männer mit Enten – und einige Kristallgläser. In einer Truhe lag Kleidung für Gretls Kind. Gemüsekisten waren voll schimmeliger Kohlköpfe und keimender Zwiebeln und Kartoffeln.

Die Nachbarn erzählten mir, dass beide Frauen vor etwa sechs Wochen plötzlich ihre Sachen packten und nach Berlin flogen – auf Befehl von Hitler. (Zwei Tage vor dem Fall Berlins sollen sie geheiratet haben.)

Eine Büchse Olivenöl und eine Dose Thunfisch waren den hungrigen Augen der befreiten russischen Familien entgangen, die gerade das Nachbarhaus säuberten. Es sah aus wie eine gewöhnliche moderne Villa, war aber das Quartier der SS-Wache gewesen, die Eva und Adolf beschützte. Ein paar russische Kinder, die ich kennenlernte, als sie sich vergebens mit Evas verschlossener Haustür abmühten, nahmen mich mit zu ihren Familien. Die Wohnzimmer waren blitzblank geputzt, und es gab sogar Kohlestückchen für die Boiler. Sie hatten die besten deutschen Weine, drei Sorten Käse und ein Fahrrad für jeden. Auf dem Tisch stand eine Vase mit Flieder, und sie stopften mich mit Essen voll und lachten, weil sie nun Kapitalisten waren und im Luxus ihrer ehemaligen Peiniger lebten.

Sie wollen zurück in ihre Heimatstadt Simferopol auf der Krim, wo einer der Männer als Mechaniker, der andere als Buchhalter gearbeitet hatten. Doch sie würden gerne den Weg über Amerika nehmen und fragten mich, wie es dort ist. Sie bekamen glänzende Augen beim Anblick des Milchpulvers, das ich ihnen für das traurig blickende kleine Kind gab, sie beklagten den Tod Roosevelts, auf den sie mehrmals einen Toast aussprachen, und sie waren natürlich neugierig auf das Nachbarhaus, als ich erklärte, dass dort Hitlers Frau und Freunde von ihm gewohnt hatten. Selbst sie hatten der Legende geglaubt, er lebe zölibatär und sei ein Sonderling, aber keiner ist überzeugt davon, dass er tot ist. Alle, Soldaten, Zivilisten und ehemalige Gefangene wollen seine Leiche sehen aus Angst, er könnte wieder aus den Trümmern hervorkriechen.

Ich machte ein Nickerchen auf Evas Bett und probierte die Telefone aus, die mit »Berlin«, »Berchtesgaden«, »Wachenfeld« (Hitlers Haus auf dem Berg über Berchtesgaden) gekennzeichnet waren. Es war bequem, aber auch makaber: Ein Fensterladen war aus massivem Stahl, der andere mit klappbaren Auslegern verbarrikadiert, ich döste auf dem Kissen eines Mädchens und eines Mannes, die jetzt tot waren, und ich war froh, dass sie tot waren, wenn es denn stimmte.*

Ich frage mich, welcher Sammler den großen Globus aus Messing ergattern wird, der auf Evas Wohnzimmertisch stand und in dem Likörgläser aufbewahrt wurden. Die Kontinente waren reliefartig herausgehämmert, und er hing geöffnet in den Angeln, leer bis auf die kleinen Zacken, die die Gläser und Flaschen hielten, mit denen angestoßen wurde auf »*... und morgen die ganze Welt*«.

Ich sah das Ende des Krieges in einer Rauchwolke, die aus den Überresten von Hitlers Rückzugsort in Berchtesgaden aufstieg.** Obwohl das Gebiet schwer bombardiert worden war, Häuser wie die Schalen hartgekochter Eier zerdrückt wurden und der Talhang von Kratern übersät war, stand Hitlers Haus immer noch, das Dach leicht schief, während das Feuer, das die SS als letzten Salut gelegt hatte, aus den Fenstern schlug. Ich kroch über die von Bomben aufgeworfenen Hügel und die Ruinen von Görings Haus nebenan und sah den leeren Fahnenmast, an dem das letzte Nazibanner über der Redoute gehangen

* Hitler und Eva Braun begingen am 30. April 1945 Selbstmord.

** Berchtesgaden wurde am 4. Mai 1945 erobert, und die Deutschen kapitulierten vier Tage später in Berlin.

hatte. Die abziehende SS hatte das Hakenkreuz aus der Mitte gerissen, das rote Tuch aber zurückgelassen.

Die untergehende Sonne färbte die schneebedeckten Berge. Bei den Feuern war es warm. Zwei weitere Feuer wurden wie Fanale auf dem Gipfel gegenüber entzündet, und die Soldaten in unserem Jeep hielten ihre Maschinengewehre bereit, denn falls irgendwelche rachsüchtigen Nazis noch nicht aufgegeben hatten, boten wir im Schein des Feuers ein herrliches Ziel.

Die Straße hinunter in den Ort war steil und kalt und dunkel. Die wenigen Deutschen, die wir trafen, waren Soldaten, die sich ergeben wollten, und im Kommandoposten bildete sich eine lange Schlange gefangener Gestapo-Leute in Zivilkleidung. Sie hatten wahrscheinlich noch am Morgen das Abendessen bestellt, das uns dann im Restaurant des Hotels Zur Post serviert wurde.

Am nächsten Morgen war das Feuer fast erloschen, und die Plünderer waren am Werk – rechtmäßig, denn dies war Eigentum der Wehrmacht. Inzwischen waren auch die französischen Panzer eingetroffen. Da sie im chaotischen Verkehr stecken geblieben waren, verpassten sie die Gelegenheit, in Berchtesgaden Geschichte zu schreiben. Der ganze Ort sah so aus, als fände dort ein bewaffnetes Wettrennen in zwei Sprachen statt. Die Franzosen behaupteten, dies sei ihr Gebiet, obwohl sie es nicht erobert hatten, und wollten den Amerikanern nicht erlauben, allein in einer kleinen Zeremonie auf der Bergkuppe ihre Flagge zu hissen.

Keineswegs brannte das ganze Haus von Hitler aus. Über der Erde gab es einen Lagerraum mit Büchern und Schätzen. Aber die große Überraschung fand sich im Inneren des Berges. Kilometerlange Gänge mit Bibliothek, Speisesälen, Filmprojektoren, Wohn- und Küchenräumen. Rustikale bayerische Möbel und schwere kunstgewerbliche Keramik bestimmten den Einrichtungsstil. Kisten voll Tafelsilber und Wäsche mit Adler und Hakenkreuz über den Initialen A.H. fielen in die Hände von

Souvenirjägern. Die Bücher wurden weggeworfen, wenn sie kein Exlibris, keine Widmung oder keinen persönlich aussehenden Einband hatten. Es war wie eine sehr wilde Party, bei der die Champagnerkorken über den Fahnenmast zischten, während das Haus über uns zusammenfiel. Alle paar Augenblicke rutschten Kaskaden aus Mörtel das Dach herunter. Im Inneren des Hauses erschütterte eine Explosion (der französische Militärische Abwehrdienst versuchte, Hitlers Safe aufzusprengen) den Berghang und spuckte Rauch und Ziegelsteine aus den Gängen. Ich kann mir nicht vorstellen, dass sich dort irgendwelche wertvollen Archive befanden. Die SS hätte sich bestimmt darum gekümmert. Falls doch, sind sie nun, nachdem die Franzosen den Ort übernommen haben, nicht mehr da. Nicht ein Stück ist übrig geblieben für ein Museum über den großen Kriegsverbrecher, und verstreut über die ganze Welt wird in Zukunft Leuten ein Serviettenring oder eine Gurkengabel angeboten, die angeblich von Hitler benutzt worden waren.

Unten im Tal gab es ein schönes Anwesen. Sechs Häuser im Bungalowstil waren großzügig auf einem landschaftlich gestalteten Plateau verteilt. In der warmen Sonne und mit dem Blick auf die schneebedeckten Berge machte das eher den Eindruck eines Urlaubsortes als den eines Anwesens von Reichsmarschall Göring und des obersten Hauptquartiers der Luftwaffe. Die Tante des Kommandanten dieses Militärlagers lief ziellos umher und wusste nicht, was sie mit der Wäsche machen sollte und was mit der Leiche eines Generals, der sich umgebracht hatte. General von Kastner, der mit offenem Mund und einer Kugel im Hinterkopf dalag, sah ohnehin zum Kämpfen zu alt aus. Er trug dem Anlass entsprechend seinen besten Anzug und war der einzige Bewohner dieses Lagers.

Zurück in Salzburg machten die müden Truppen der kämpfenden 3. Division eine Verwandlung durch: die Kampfuniformen wurden mit frisch gebügelten Abendanzügen vertauscht, man stöberte Mitglieder berühmter Symphonieorchester für Konzerte auf, und die Helme wurden neu angemalt. Offiziere aus dem Stab von General » Iron Mike« O'Daniels wetteiferten um die beste Offiziersklubfeier für den VE-Day. GIs fuhren in beschlagnahmten Mercedes-Benz-Limousinen herum und trugen Krawatten, deren bloßen Besitz sie noch vor einer Woche geleugnet hätten. Jedes Haus war hell erleuchtet, und die einzigen Schüsse, die zu hören waren, kamen von Probeschüssen beim regen Pistolenhandel. Ein fantastisch getarnter Palast mit Marmorböden und funkelnden Kristallleuchtern, der einst einem Erzherzog gehört hatte und vor kurzem noch Hitlers Sommerhauptquartier gewesen war, wurde das Hauptquartier der 3. Division. Nun konnten sie die Lichter strahlen lassen und gefahrlos mit ihrem Standort prahlen.

Krautsoldaten trotten zu Hunderten in Kolonnen oder in kleinen Gruppen vorbei an überglücklichen befreiten Gefangenen und wünschen sich, auf ihrer Seite zu sein.

Unsere Jungs fragen sich, ob sie bei der Besatzungsarmee bleiben oder direkt zu den Kriegsschauplätzen in China, Burma und Indien geschickt werden. Neidisch, aber entspannt hören sie im Sender des Oberkommandos in Deutschland von den Feiern auf der Piccadilly, dem Broadway und in ihren Heimatorten. Für sie und für mich ist der Krieg in Europa zu Ende.

SCHLUSS. AN DIE REDAKTIONSMITGLIEDER VON VOGUE – HAPPY V.E. DAY!

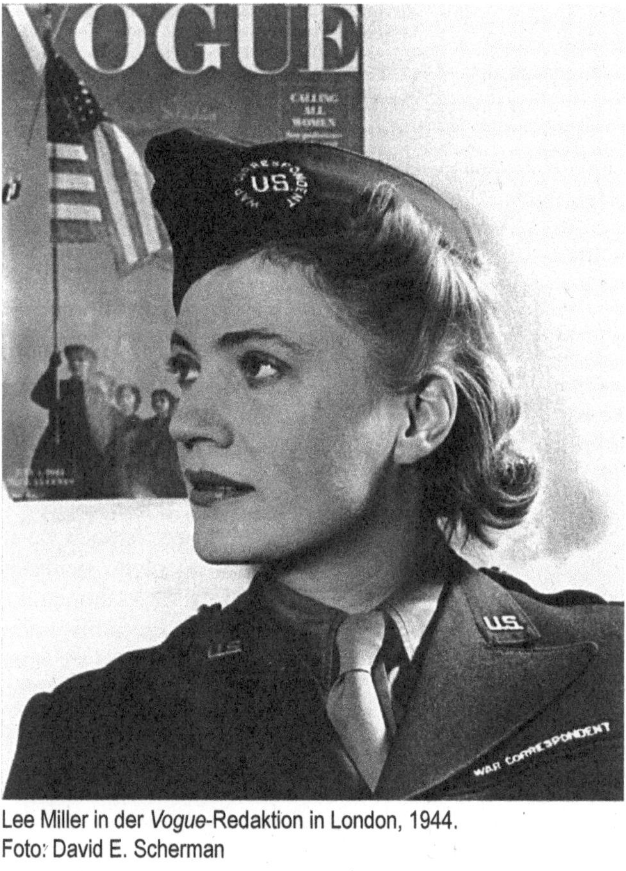

Lee Miller in der *Vogue*-Redaktion in London, 1944.
Foto: David E. Scherman

Nachwort

Lee Miller sprach so gut wie nie über den Krieg. Als Thema war er in ihren Gesprächen völlig abwesend, und sie ließ sich auch nicht dazu drängen. Manchmal, etwa in den sechziger Jahren, wenn sie Motorradfahrer erblickte, die modische, mit Hakenkreuzen verzierte Nazihelme trugen, erlaubte sie sich einen beißend sarkastischen Kommentar. Der Anblick deutscher Touristen oder der Klang der gesprochenen Sprache machte sie immer wütend, aber sie erklärte nie, warum. Als Jackie Knight, ihre alte Freundin aus der New Yorker Zeit, einen Deutschen heiratete, brach Lee einfach alle Kontakte zu ihr ab.

Ich erinnere mich, dass ich, als ich etwa elf war, zu Hause erzählte, ich hätte in der Schule gehört, dass die Konzentrationslager der Nazis in Wahrheit von den Amerikanern als eine Hetzkampagne gegen die Deutschen erfunden wurden. Sie waren sehr real, antwortete Lee, und fügte hinzu, sie habe Menschen gekannt, die dort gestorben seien. Kein überzeugendes Argument, wenn man nur den Wortlaut wiedergibt, aber die eisige Härte in ihrer Stimme, als sie diese Worte sprach, schockierte mich zutiefst und erhob ihre Aussage über alle Zweifel. Dieser scheinbar irrationale Hass auf Deutsche änderte sich bis an ihr Lebensende so wenig wie ihre völlige Verschwiegenheit über ihr Werk.

Nach ihrem Tod im Jahr 1977 begannen wir, die auf dem Dachboden der Farley-Farm gelagerten Schrankkoffer durchzusehen, die dort ungeöffnet standen, seit Roland Penrose und sie kurz nach dem Krieg ihr Haus in London aufgegeben hatten. Unmengen von Manuskripten, Negativen und Kontaktabzügen kamen zum Vorschein, aber der ganze Umfang von Lees Werk zeigte sich erst einige Jahre später, als meine Frau Susanna, die Fotos von mir als Baby finden wollte, um sie unseren Kindern zu zeigen, die eingestaubten Schachteln durchstöberte. Sie zeigte mir einen ihrer Funde, das Manuskript zur Belagerung von Saint-Malo, das ich aufs Geratewohl an einer Stelle öffnete, die mit den Worten begann: »Maschinengewehrfeuer bellte aus dem letzten Unterstand …« Ich war bereits von ihren Fotos fasziniert, nun, da ich die Texte las, war ich völlig gefangen.

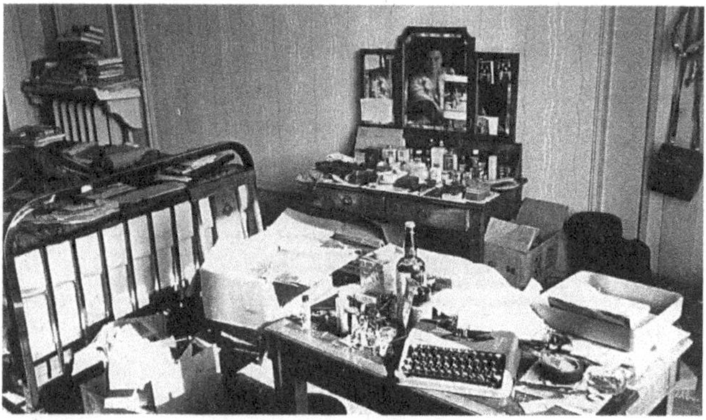

Lee Millers Zimmer im Hotel Scribe in Paris.
Foto: David E. Scherman.

Lee Millers Arbeiten offenbarten eine Person, die ich nie kennengelernt hatte. Sie sprach über ihr Leben immer so geringschätzig und gerade in den letzten Jahren, da ich sie besser kannte, so gleichgültig, dass ich kaum glauben konnte, dass sie die Autorin dieser überraschend lebhaften Prosa war. Allmählich begann sich die Persönlichkeit hinter den Worten zu entfalten. Die Mischung aus Kultiviertheit, derbem Humor und schierer Entschlossenheit deutete auf eine Person hin, die sich das größtmögliche Stück vom Leben abgeschnitten und es mit Leidenschaft und wachem Bewusstsein gelebt hatte. Unmittelbarkeit war ihr Sauerstoff, nicht aus Sensationslust, sondern aus dem Bedürfnis, dort zu sein, wo etas los war – wo es am wichtigsten war. Ihre Mission war es, der Welt von der Realität dessen zu berichten, was sie sah. Von dem Mut und Stolz der einfachen Leute, die mit den extremsten Situationen, die man sich vorstellen kann, fertig werden. Von der Verzweiflung über die Unmenschlichkeit des Menschen, von den Lügen und Täuschungen der Politiker. Der Krieg gab ihr ein klares Ziel, das ihr ganzes Leben fokussierte und all ihre früheren Erfahrungen in eine Richtung lenkte – eine Welt zu formen, die auf den Prinzipien der Gerechtigkeit und Wahrheit und des Mitgefühls gründet.

Es war kaum überraschend, dass sie viele Nachkriegsjahre mit Depressionen und Alkoholmissbrauch verbrachte, bevor ihr eiserner Wille wiederkehrte und sie sich aus dem Abgrund herauskämpfte.

Ich begann mit meinen Recherchen in den Jahren 1982 und 1983 und stellte das Manuskriptmaterial zusammen, als ich ihre Biografie *The Lives of Lee Miller* schrieb. Alles war völlig ungeordnet, und da die Manuskriptseiten selten nummeriert oder betitelt waren, musste ich oft einen Artikel Seite um Seite wiederherstellen, indem ich das passende Schreibmaschinenpapier zuordnete. Da Lee es meist vor Ort entwendet hatte, ließen sich die Zusendungen an die Zeitschrift *Vogue* voneinander unterscheiden. Manchmal fehlten Seiten. Häufig hatte der Zensor ganze Abschnitte, die Daten und Namen enthielten, durchgestrichen oder ausgeschnitten, was für mich viel verwirrender war, als es je für den Feind hätte sein können. Entscheidende Hinweise gaben die zahlreichen Nebensächlichkeiten. Da waren Landkarten, an denen noch der Schlamm aus dem Elsass klebte, Bildtexte und Notizen, die auf Papierfetzen gekritzelt waren, Anordnungen und Pässe vom Militär, erbeutete Souvenirs, von denen einige, wie etwa der Gelbe Stern aus fadenscheiniger Baumwolle mit dem einem Wort – *Juif* –, auch nach vierzig Jahren noch heftig anklagten.

Es gab auch Bündel von Briefen, aber nicht viele an Freunde, da offensichtlich Audrey Withers, die wahrhaft bemerkenswerte Herausgeberin der *Vogue*, Lee so vertraut geworden war wie kaum jemand sonst. Viel von ihrer Wut und Frustration richtete Lee an Withers, die ihrerseits unerschütterlich ihre Unterstützung aufrechterhielt, während die meisten anderen Herausgeber eine solche Mitarbeiterin zurückbeordert oder auf der Stelle gefeuert hätten.

Der Abdruck von Lees Material in der *Vogue* stellte in der Welt der Modezeitschriften eine Leistung dar, die sich nicht wiederholt hat. Die Artikel, die den Schrecken des Krieges drastisch beschreiben, nahmen viel Platz ein und wurden durch Alex Krolls geschickte Auswahl der Fotos und sein brillantes Layout mit geradezu surrealistischen Effekten akzentuiert. Nur ein paar Seiten trennten die grauenvollen skelettartigen Leichen von Buchenwald von den herrlichen Rezepten, die schöne Frauen in luxuriösen Kleidern zubereiten sollten.

Während ihrer Teilnahme an der Kampagne im Elsass konstatiert Lee: »Wir sind alle falsch konditioniert worden … Man hätte uns vertraut machen müssen mit Nachtclubs, Kurzschlaf, gefährlichen Situationen und unbekannten Gegenden, um uns auf dies hier, unser Leben vorzubereiten.« Eine Existenz als surrealistischer Künstler ist wohl die einzig mögliche Vorbereitung, die einen Menschen befähigt, seine Objektivität angesichts der totalen Unlogik des Krieges zu bewahren, das Sinnwidrige zu verstehen. Lee gab dem Fotojournalismus diese surrealistische Dimension auf eine ähnliche Weise, wie Humphrey Jennings es für das Filmemachen tat. Trotz ihres klaren Bekenntnisses zur dokumentarischen Fotografie – »Zehnmal erkläre ich, dass ich Dokumentaraufnahmen mache und keine Kunst, und beim elften Mal fange ich an zu brüllen: ›Verdammt noch mal, haltet die Klappe und kümmert euch um euren eigenen Dreck – ihr sollt mir nur sagen, was es mit diesen Orten auf sich hat.‹« – ihre Fotografien waren zweifellos Kunst, und wie Jennings war sie subtil genug, das gewählte Medium zu unterlaufen, um ihre Botschaft in dem ihr eigenen Stil zu vermitteln. Die Stärke und Integrität dieser Botschaft haben gewiss die Zeiten überdauert.

Antony Penrose
Burgh Hill House, Oktober 1991

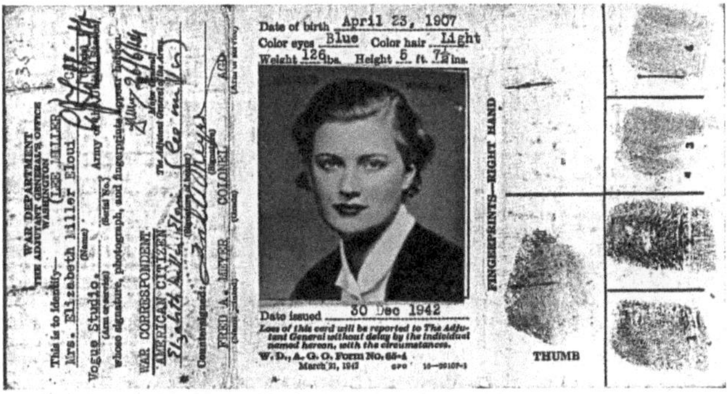

Lee Millers Kriegskorrespondenten-Ausweis.

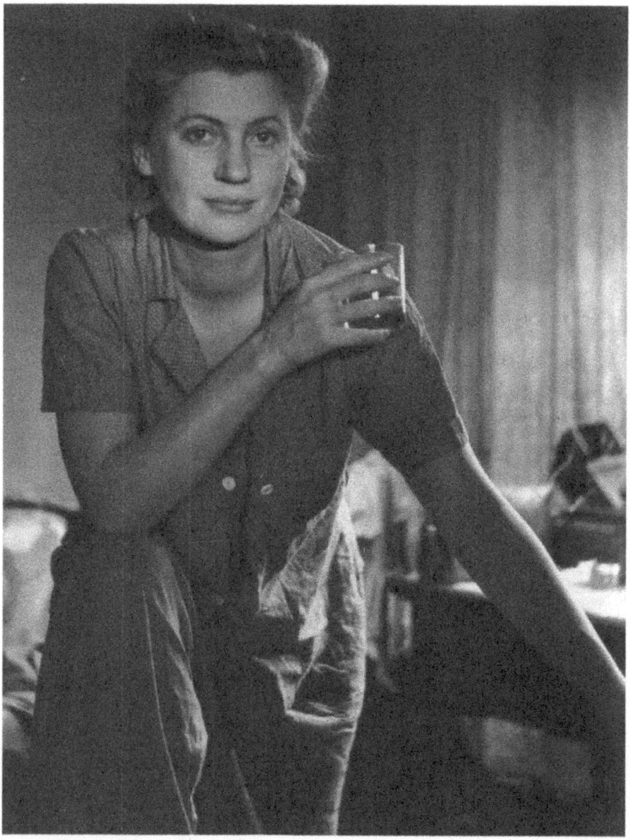

Lee Miller, 1943. Foto: David E. Scherman.

Berichte aus einer fremden Welt

Klaus Bittermann

»Deutschland ist ein schönes Land – mit Dörfern wie Juwelen und zerbombten Stadtruinen –, und wird von Schizophrenen bewohnt. Es gibt blühende Landschaften und schöne Aussichten; auf jedem Hügel thront ein Schloss. Die Weinberge an der Mosel und die frisch gepflügten Felder sind fruchtbar. Makellose Birken und zarte Weiden säumen die Flüsse, und die winzigen Städte bestehen ganz aus pastellfarbenem Putz, so als wären sie ein modernes Aquarell mit Anspielungen auf das Mittelalter. Kleine Mädchen spazieren nach ihrer Erstkommunion in weißen Kleidern und Blumenkränzchen in der Hand herum. Die Kinder haben Stelzen, Murmeln, Kreisel und Reifen und spielen mit Puppen. Mütter nähen, putzen und backen, Bauern pflügen und eggen; alles wie bei richtigen Menschen. Aber das sind sie nicht. Sie sind der Feind. Dies ist Deutschland, und es ist Frühling.«

Was sich wie David Lynchs »Blue Velvet« anhört, der plötzliche Einbruch des Bösen in die Idylle, war nicht etwa nur ein Ressentiment, sondern hatte gute Gründe, denn die Frau, die die Deutschen so hasste, hatte die schöne Mosel gesehen *und* Buchenwald, am Morgen des 13. Aprils 1945, einen Tag nach der Befreiung des Lagers. Die Reporterin Lee Miller hastete mit einer Rolleiflex durch das Konzentrationslager und fotografierte das Unfassbare, um es möglichst lückenlos zu dokumentieren. »Ich flehe Sie an zu glauben, dass dies wahr ist«, kabelte sie nach New York. Und der Chefredakteur der amerikanischen *Vogue* glaubte ihr. Zwei der Aufnahmen wurden groß abgedruckt und belegten Lee Millers eindrucksvolle Reportage: Ein Leichenberg im Hof des Krematoriums und ein am Strick baumelnder SS-Mann mit heraushängender Zunge. Angewidert und voller Hass schrieb sie über die KZ-Aufseher, die sich nicht schnell genug aus dem Staub gemacht hatten: »Einer dieser Herrenmenschen sieht wie Hitler aus. Jedesmal, wenn die Tür aufgeht, werfen sich einige ehemalige Insassen zu Boden und betteln um Gnade. Drei von ihnen waren seit Monaten als Spione im Lager. Ein SS-Mann hatte genug von allem und erhängte sich im Sitzen mit einem Strick, den er am Heizkörper befestigt hatte.«

Lee Millers Einstellung gegenüber den »Krauts« kann man als unerbittlich, rigoros und aggressiv bezeichnen, und manchmal war sie von erfrischender Ungerechtigkeit. Vor allem konnte sie nicht verstehen, dass das Böse und Grausame ganz öffentlich geschehen war, dass nichts versteckt wurde. Erschüttert von den Folterspuren der aus dem Gestapo-Gefängnis befreiten Häftlinge schrieb sie: »Beeindruckend an jenem Gefängnis war, dass es sich mitten im Herzen Deutschlands befand. Diese Taten wurden inmitten des Vaterlands begangen und nicht von Leuten, die sich nicht zu benehmen wissen wie Touristen, die sich Zigarren mit einem 1000-Francs-Schein anzünden. Diese Taten waren auch keine zügellosen Ausfälle einer kleinen Gruppe Verdammter, die ihre Energie nicht unter Kontrolle hatten und denen man nicht auf die Schliche kommen konnte oder die mit Einsamkeit und Langeweile entschuldigt wurden. Es waren nicht die gefürchteten SS-Männer, die gottgleiche Elite, es waren Nazis der unteren Befehlsränge und Angestellte der Regierung, ganz normale Leute.«

Je mehr sie sah, desto mehr hasste sie die Deutschen; und das entsprach ziemlich genau ihrer Kameraführung.

Wenn sie einen SS-Mann in Buchenwald als »wohlgenährten Bastard« verflucht, dann blickt das Objektiv ihrer Rolleiflex den gefangenen Tätern, die nicht an Ort und Stelle von den Häftlingen umgebracht worden waren, direkt in die zerschlagenen und blutenden Gesichter mit ihren weit aufgerissenen Augen. Ihre Perspektive hat etwas vom sezierenden, teilnahmslosen Blick eines Insektenforschers, den nur das Detail, die Sache interessiert, was ihrer Serie von Täterbildern eine kalte Grausamkeit verleiht. Zu dieser Serie gehört auch eine Aufnahme aus Buchenwald, die eine junge, gut genährte, im feschen Dirndl und in weißer Schürze umherstolzierende Frau mit verkniffenem Mund zeigt, als sie zusammen mit den Weimarer Einwohnern auf »Einladung« General Pattons das Lager besichtigen musste und offensichtlich fest entschlossen war, das ganze als eine propagandistische Inszenierung der Alliierten zu betrachten.

Dass Lee Miller in schweren Schnürstiefeln und in der amerikanischen Armeeuniform mit den riesigen Außentaschen im verwüsteten Deutschland unterwegs sein würde, daran hätte sie wahrscheinlich selbst im Traum nicht gedacht, als sie 1927 in New York die Karriere eines Fotomodells begann. Edward Speichen, der *Vogue*-Cheffotograf hatte im knabenhaften Äußeren Lee Millers, in ihren kurzen, blonden Haaren und klaren Gesichtszügen die neue selbstbewusste Frau entdeckt, die natürliche Eleganz und Gelassenheit ausstrahlte und dabei ihren Blick verträumt und rätselhaft in die Ferne schweifen ließ.

Im Paris der Surrealisten zu Beginn der dreißiger Jahre hatte sie die Luft der Freiheit, der Liebe und der Kunst geatmet, und Picasso hielt gleich in vier Porträts ihre Schönheit fest. Als eine der fünf schönsten Frauen der Welt lagen ihr die Surrealisten zu Füßen, die nichts lieber taten, als mit ihr durch die Kneipen von Montparnasse zu ziehen. Cocteau huldigte ihr in seinem Film *Le sang d'un poète*, in dem sie eine Statue spielt, die sich plötzlich bewegt und das Bild verlässt. Gleich nach ihrer Ankunft in Paris angelte sich Lee Miller den Fotografen Man Ray, der sie in die »französische Gesellschaft« einführte. In seiner Autobiographie äußert sich Man Ray angesichts der Bedeutung, die Lee Miller für ihn hatte, etwas spärlich über seine »damalige Schülerin«: »Schlank, wie sie war, mit blondem Haar und wunderschönen Beinen, wurde sie ständig zum Tanz entführt, und ich mußte mich allein um das Fotografieren kümmern. Ich freute mich über ihren Erfolg, ärgerte mich aber zugleich auch darüber – nicht wegen der zusätzlichen Arbeit, sondern aus Eifersucht; ich war verliebt in sie.« Lee Miller stand für viele Aufnahmen vor der Kamera, die Man Ray später berühmt gemacht haben. Z. B. der in keinem Katalog fehlende, von einem Schattenmuster bedeckte Torso oder die Nacktaufnahme, die Man Ray mit »Selbstmord« betitelte. Als seine Schülerin erlernte sie das Handwerk hinter der Kamera und erfand zusammen mit Man Ray die »Solarisation«. Irgendwann kommt es in der heftigen Liebesbeziehung mit Man Ray zum Zerwürfnis. 1932 verlässt sie das linke Seine-Ufer, aber Paris ist die Stadt, die sie liebt, und sie mochte später nicht einfach zusehen, wie die Deutschen die Pariser Cafés bevölkerten. Daran aber konnte sie nun einmal nichts ändern, doch bereits einen Tag nach der Befreiung war auch sie in der Stadt und eilte in Begleitung ihres Kollegen Robert Capa in die Rue des Grands Augustin, um ihren Freund Picasso zu umarmen, der während der deutschen Besatzung in Paris geblieben war.

Im Hotel Scribe hatten die hastig aufbrechenden Deutschen eine moderne Kommunikationsanlage zurückgelassen, die der internationalen Presse zur Verfügung gestellt wurde. Hierher kehrten die Kriegsreporter von ihren Ausflügen an die Front zurück. In der Hotelbar war nicht nur Hemingway ein häufig anzutreffender Gast, sondern auch Lee Miller und ihre Kolleginnen Janet Flanner, Martha Gellhorn und Margaret Bourke-White.

Janet Flanner, die »Doyenne der Pressekorrespondenten in Paris«, schrieb ihre wöchentlichen »Letters from Europe« für den *New Yorker* und Martha Gellhorn war für *Collier* unterwegs. Damals war das alles andere als eine Selbstverständlichkeit, denn den für Presseakkreditierungen zuständigen Stellen passte es nicht, dass sich Frauen bei den Kampftruppen herumtrieben. Auch die Zeitschriften waren nicht sehr begeistert, und Lee Miller gelang es erst nach heftigen Auseinandersetzungen, die Chefredaktion von *Vogue* davon zu überzeugen, sie, und nur sie, aufs europäische Festland zu schicken, denn pro Zeitung durfte nur eine Person unterwegs sein.

Martha Gellhorn wiederum hatte Probleme mit Hemingway, mit dem sie seit ein paar Jahren verheiratet war. Hemingway schnappte ihr zuerst gezielt den Job bei *Collier* weg, obwohl sich fast alle Zeitschriften um den berühmten Schriftsteller rissen, und anschließend unternahm er nichts, um sie an Bord der Pan-Am-Maschine nach London zu lotsen. Er wusste genau, wie wichtig ihr die ganze Sache war, denn in einem Brief hatte sie ihm mitgeteilt, dass sie »alles dafür geben würde, an der Invasion teilzunehmen und in Paris von Anfang an dabeizusein«. Sie musste die weitaus gefährlichere Atlantiküberquerung per Schiff auf sich nehmen, und als sie in London angekommen war, hatte sie es mit »engstirnigen« Pressesprechern zu tun, die »regelrecht feindselig« wurden, als sie sich auf ein Lazarettschiff schmuggelte, um auf das europäische Festland zu kommen.

Martha Gellhorn war jung, gutaussehend und erfolgreich, als Hemingway in »Sloppy Joe's Bar« in Key West ein Auge auf sie warf. Das war 1936, und da hatte sie schon in Paris für verschiedene Zeitschriften geschrieben, auf Capri einen Roman verfasst und als Interviewerin der »Federal Emergency Relief Administration« die »wahren Probleme der Arbeitslosen« erforscht. Ihre Berichte über Leid und Verzweiflung der Menschen veröffentlichte sie in dem Buch »The trouble I've seen«. H. G. Wells steuerte für die »bezaubernde Miss Gellhorn« ein Vorwort bei, und selbst Amerikas First Lady Eleanor Roosevelt machte in ihrer Zeitungskolumne auf die »hübsche Collegeabsolventin« mit ihrem »exquisit Pariserischen ›esprit‹« aufmerksam: »Sie hat Verständnis für Menschen und Situationen und kann sie für uns lebendig machen.« Zehn Jahre später schlug sie sich ohne Presseakkreditierung zu der »großartigen« 82. US-Luftlandedivision durch und sah den »Bomber-Boys« bei der Arbeit zu.

Keine der Kriegsreporterinnen war neutral. Ihre Sicht war subjektiv und ihr Standpunkt parteiisch. Sie waren für Demokratie, und Meinungsfreiheit war ihnen selbstverständlich. Verständnis für die Deutschen, die beides mit Füßen getreten hatten, konnte man von ihnen nicht erwarten. Je mehr sie sahen, was die Nazis angerichtet hatten, desto empörter reagierten sie auf ein Volk, das jegliche Schuld und Mitverantwortung an der Katastrophe leugnete. »Ein ganzes Volk, das sich vor der Verantwortung drückt, ist kein erbaulicher Anblick«, schrieb Martha Gellhorn nach ihrer ersten Begegnung mit der deutschen Bevölkerung, und sarkastisch schlug sie vor, das immer wieder zu vernehmende »Wir sind keine Nazis. Wir sind nie welche gewesen« zu vertonen – »dann könnten die Deutschen diesen Refrain singen«. »Niemand ist ein Nazi. Niemand ist je einer gewesen. [...] Ich habe acht Wochen lang einen Juden versteckt. Wir haben nichts gegen Juden; wir sind immer gut mit ihnen ausgekommen. Wir haben lange schon auf die Amerikaner gewartet. Ihr seid gekommen und habt uns befreit. Ihr seid gekommen, um uns einen Freundschaftsdienst zu erweisen. Die Nazis sind Schweinehunde. Wir haben von dieser Regierung die Nase voll gehabt. Ach, wie wir gelitten haben. Die Bomben. Wir haben wochenlang im Keller gelebt. Die Amerikaner sind uns willkommen. Wir haben keine Angst vor ihnen; wir haben keinen Grund zur Angst. Wir haben nichts Unrechtes getan; wir sind keine Nazis. Sie reden alle so. Man fragt sich, wie die verabscheute Nazi-Regierung, der niemand Gefolgschaft leistete, es fertig brachte, diesen Krieg fünfeinhalb Jahre lang durchzuhalten. Nach allem, was sie so von sich geben, hieß kein Mann, keine Frau und kein Kind in Deutschland den Krieg auch nur einen Augenblick gut. Wir stehen mit fassungslosen und verächtlichen Gesichtern da und hören uns diese Geschichte ohne Wohlwollen an und ganz gewiss ohne Achtung.«

Diese hartnäckigen Unschuldsbeteuerungen waren jedoch nur die üblichen Lügen, mit denen die Besiegten die Alliierten hinters Licht zu führen versuchten. Ernstzunehmen waren die »Naziflunkereien« nicht, denn immerhin war die größte militärische Aktion in der Geschichte notwendig gewesen, um das Dritte Reich in die Knie zu zwingen, was deutlich machte, dass die Deutschen nicht die verführten und unterdrückten Wesen waren, als die sie sich anschließend gerne sahen. »Kein Deutscher fand, dass Hitler etwas falsch gemacht habe, außer dass er den Krieg verlor«, befand Lee Miller, und damit hatte sie die psychologische Lage präzise erfasst, denn die meisten Deutschen fühlten sich nicht befreit und machten die Alliierten für ihre Misere verantwortlich. Einem Bericht der US-Militärregierung (OMGUS) zufolge, lag der Anteil derer, die den Nationalsozialismus für eine »gute 1dee« hielten, die nur schlecht umgesetzt worden war, Ende 1945 bei 50 Prozent, 1947 schon bei 55 Prozent, bei unter 36-jährigen sogar bei 68 Prozent.

»Die Masse der Deutschen denkt nach wie vor braun, wie sich die Deutschen selber ausdrücken«, schrieb Janet Flanner bei einem Berlin-Besuch im Sommer 1947, als sie sich an eine Art Bestandsaufnahme »Zur Lage der in vier Zonen aufgeteilten Stadt« macht. Aber nicht die Phrasen der großen Politik interessieren sie, sondern das Alltagsleben: dass der Sitzplatz in der U-Bahn, den früher zwei Berliner benötigten, heute für drei reicht; dass ein Pfund echten Kaffees auf dem Schwarzmarkt sechshundert Mark kostet; dass sie Eugen Kogons gerade erschienenem Buch »Der SS-Staat« nicht die geringsten Verkaufschancen einräumt; dass der Geschichtsunterricht an den Berliner Schulen ausfällt, weil sich die Alliierte Kommandatur auf kein von allen vier Mächten akzeptiertes Geschichtslehrbuch einigen kann; dass die Entnazifizierungsexperten am liebsten alles hinschmeißen würden. »Nach der gröbsten Arbeit war das erste, was die Amerikaner in ihrer Zone und ihrem Berliner Sektor versucht haben, diesen jungen, verrückten Nazis eine gute und aufrüttelnde Lektion in Sachen Demokratie und Geschichte zu erteilen. Über diesen Schnellkurs in Demokratie für die Hitlerjugend lachen die Deutschen noch heute.« Janet Flanner vernimmt Klagen über den Hunger und die verlorenen Wohnungen, als ob die Deutschen die einzigen wären, die unter der Zerstörung gelitten hätten: Das Leid anderer interessierte sie nicht, und die Gaben von Ländern, die sie zerstören wollten, nahmen sie »eher nörgelnd als dankend« auf. »Natürlich wird keine hungrige Hausfrau zugeben«, schreibt Janet Flanner, »dass sie einen Krieg gewollt hat, der ihr nur Warteschlangen vor den Lebensmittelläden eingetragen hat. Die Nürnberger Prozesse haben die finsteren Pläne der Nazis ans Licht gebracht, doch der Durchschnittsdeutsche kann natürlich behaupten, dass er mit diesem Größenwahn nichts zu tun hatte. Die stehende Allerweltsformel in Berlin heißt: ›Damals war Krieg, aber jetzt ist Frieden.‹ Diese rätselhafte Bemerkung bedeutet, frei übersetzt, dass sich die Leute für den Krieg, den sie als ferne Historie betrachten, nicht verantwortlich fühlen und dass sie die Schuld an den Nöten und Wirren des Friedens den Alliierten zuschieben. Der Name Hitler wird nicht mehr erwähnt. Dunkel heißt es nur: ›Früher war es besser!‹, will sagen, unter Hitler.«

Als Janet Flanner Anfang der zwanziger Jahre nach Europa kam, hoffte sie, eine größere Offenheit in Fragen der Sexualität und Moral vorzufinden als in Indianapolis, wo sie herkam. Letztlich wäre sie jedoch genau aus diesen Gründen von den Deutschen in ein KZ gesteckt worden, denn Janet Flanner war mit der sich zu ihrer Homosexualität bekennenden Theaterkritikerin Solita Solano befreundet und wohnte mit ihr gemeinsam im Hotel »Saint-German-des-Pres«. In Paris gehörten die beiden zu den Expatriates, einem kleinen Kreis von amerikanischen Künstlern und Schriftstellern im Exil, der »Lost Generation« um Natalie Barney, Djuna Barnes, Sylvia Beach, Kay Boyle, Gertrude Stein und Alice Toklas. Der aufkommende Faschismus zeugte für Flanner in erster Linie von schlechtem Geschmack, und lange Zeit glaubte sie, er ließe sich durch seine »Stillosigkeit demaskieren« (Klaus Blanc), aber als sie mit einer Flüchtlingswelle im September 1939 nach Bordeaux geschwemmt wurde, um nach New York überzusetzen, verschafften sich die politischen Verhältnisse gewaltsam Zutritt in ihr Leben. Sie ist bereits 53, als sie zurückkehrt, um genau zu beobachten, »was aus diesem bösen Europa wird«.

Deutschland war »tot und begraben« (Rebecca West), der Kontinent war so gründlich zerstört, dass niemand glaubte, es könnte noch eine Zukunft geben, und niemand traute Deutschland den »Luxus einer Demokratie« zu. Das Hitlerreich war zwar zerschlagen, aber die Angst davor, die »Saat der faschistischen Internationale« (Hannah Arendt) könnte jederzeit wieder aufgehen, saß tief. Janet Flanner erinnert an eine Parole, »die einige Hellsichtige zu Beginn der Überfälle von 1940 ausgaben: ›Genießt den Krieg! Der Frieden wird fürchterlich!‹« Von der kollektiven Depression, die sich über das Land gelegt hat, wurden auch die rastlos in Europa umherreisenden Reporterinnen angesteckt. Der Frieden ist auch für sie fürchterlich. Die Euphorie am V-E-Day, dem Victory in Europe, ist schnell verflogen. Das Ziel, dem sie entgegengefiebert hatten, war erreicht. Das Interesse an den Kriegsnachrichten verlor sich allmählich, weil man zu Hause selber genügend Sorgen hatte. »In selbstmörderischer Verfassung und am Rande chronischer Schwermut« sah der Chefredakteur Harold Ross vom

New Yorker seine Pariser Korrespondentin Janet Flanner, als der »Honeymoon« der Befreiung vorüber war. Schlimm erwischte es auch Lee Miller. Der nach Tod und Verwesung riechende »Friede« war für Lee Miller wie ein Schock. Sie ergriff die Flucht nach Osteuropa, aber *Vogue* wollte keine obskuren Geschichten aus irgendwelchen obskuren Ländern mehr. 1947 kehrte sie von Erschöpfung und Krankheit gezeichnet nach England zurück, wo sie zu trinken anfing, bevor sie ihren Job an den Nagel hing und sich aufs Land zurückzog. Ihre Fotos verstaute sie in Schuhkartons und brachte sie auf den Speicher.

Selbst eine Veteranin wie Martha Gellhorn, die vorher bereits über den Spanischen Bürgerkrieg, die Kriege in Finnland und in China berichtet hatte, geriet aus dem Gleichgewicht. Sie ertrug es nicht, dass aus den Nazis schon bald wieder gut angesehene Bürger geworden sind. Und sie ertrug es nicht, dass ihre Artikel ungefähr so viel Gutes bewirkten, »als ob wir sie mit unsichtbarer Tinte geschrieben, auf Blätter gedruckt und in den Wind geworfen hätten. [...] Ich entwickelte einen absurden beruflichen Stolz darauf, dort hinzukommen, wo ich hinwollte, und meinen Text rechtzeitig nach New York zu schicken, aber ich konnte mir nicht einreden, dass auch nur ein Hahn nach meiner Arbeit als Kriegsberichterstatterin krähte.«

In der unmittelbaren Nachkriegszeit des zertrümmerten Deutschland machte sich eine eigenartige Realitätslosigkeit breit, die auch Hannah Arendt während eines Besuchs in Deutschland 1952 auffiel: »Doch nirgends wird dieser Alptraum von Zerstörung und Schrecken weniger verspürt, und nirgendwo wird weniger darüber gesprochen als in Deutschland. Überall fällt einem auf, dass es keine Reaktion auf das Geschehene gibt, aber es ist schwer zu sagen, ob es sich dabei um eine irgendwie absichtliche Weigerung zu trauern oder um den Ausdruck einer echten Gefühlsunfähigkeit handelt. Inmitten der

Ruinen schreiben die Deutschen einander Ansichtskarten von den Kirchen und Marktplätzen, den öffentlichen Gebäuden und Brücken, die es gar nicht mehr gibt. Und die Gleichgültigkeit, mit der sie sich durch die Trümmer bewegen, findet ihre genaue Entsprechung darin, dass niemand um die Toten trauert; sie spiegelt sich in der Apathie wieder, mit der sie auf das Schicksal der Flüchtlinge in ihrer Mitte reagieren oder vielmehr nicht reagieren. Dieser allgemeine Gefühlsmangel, auf jeden Fall aber die offensichtliche Herzlosigkeit, die manchmal mit billiger Rührseligkeit kaschiert wird, ist jedoch nur das auffälligste äußerliche Symptom einer tiefverwurzelten, hartnäckigen und gelegentlich brutalen Weigerung, sich dem tatsächlich Geschehenen zu stellen und sich damit abzufinden.«

Je mehr die zeitliche Distanz zum Nationalsozialismus wächst, desto größer scheint das Interesse an ihm zu werden. Noch nie gab es so viele Bücher über die Judenvernichtung und das Dritte Reich, noch nie so viele Diskussionen, Gedenkveranstaltungen, Symposien und Forschungsprojekte, noch nie war das Thema so bestsellertauglich wie heute. Aber je näher man hinschaut, desto fremder schaut es zurück. Die Berichte der Betroffenen sind unzuverlässig und merkwürdig entrückt, als hätte sich die »kollektive Amnesie« (H.M. Enzensberger) über ihre Erinnerungen gelegt. Die Journalistinnen hingegen, die in der angelsächsischen Tradition der großen Reportage standen, bieten vielleicht nicht die gesichertsten Überlieferungen, aber ihr Blick war distanziert und fremd und deshalb von umso größerer Tiefenschärfe, denn sie ordneten die Realität, die Widersprüche und irritierende Beobachtungen nicht einer vorgefassten Meinung oder Ideologie unter, sondern ließen sie für sich sprechen. Vielleicht vermitteln ihre für den Tag geschriebenen Artikel aus diesem Grund eine ziemlich genaue und lebendige Vorstellung vom Krieg und seinem Elend.

Anmerkungen des Herausgebers

Vorwort von David E. Scherman: Scherman kam 1982 nach England, um das Vorwort für dieses Buch zu schreiben, das von Valerie Lloyd herausgegeben werden sollte. Die Vereinbarungen mit dem Verleger scheiterten jedoch bald, und das Projekt schlummerte, bis es vom Verlag Random Century in Auftrag gegeben wurde. Scherman überarbeitete seinen Text im August 1991.

Unbewaffnete Krieger: Zusammengestellt aus dem Originalmanuskript (der Zensurstempel datiert vom 2. August 1944) mit ergänzenden Details aus Bildunterschriften. Veröffentlicht in der britischen und amerikanischen *Vogue* September 1944, S. 35 bzw. S. 135.

Die Belagerung von Saint-Malo: Zusammengestellt aus dem Originalmanuskript mit zusätzlichen Details von Bildunterschriften und neueren Landkarten. Veröffentlicht in *Vogue* Oktober 1944, S. 51.

Die Belagerung begann am 3. August und endete am 17. August 1944. Nach Lees Notizen traf sie am 13. August ein. Ein unsignierter Bericht zwischen Lees Papieren, betitelt »Die 83. Division in Aktion«, führt aus, dass Oberst von Aulock, ein Stalingrad-Veteran, am 6. August den folgenden Befehl erließ: »Mit dem Durchbruch unserer Panzereinheiten Richtung Avranches sind nun drei bis vier amerikanische Divisionen, die in der Bretagne operieren, abgeschnitten. Die Augen des Vaterlandes ruhen auf euch! Wenn jeder seine Pflicht erfüllt und wir nur ein wenig länger durchhalten, werden wir sehen, dass der Feind, der uns jetzt angreift, von hinten umzingelt und von unseren Panzereinheiten zerstört wird. Jeder, der desertiert oder sich ergibt, ist ein Schweinehund.«

Brief an Audrey Withers: Auszug aus einem undatierten Brief an Withers.

Paris. Seine Freude – sein Geist – seine Entbehrungen: Zusammengestellt aus dem Originalmanuskript des Artikels, veröffentlicht in *Vogue* Oktober 1944, S. 26, unter Einbeziehung des Originalmanuskripts von *The Way Things Are in Paris*, veröffentlicht in *Vogue* November 1944, S. 34 plus zusätzlichem Material von ausführlichen Briefen und Telegrammen an Audrey Withers und einem unveröffentlichten Manuskript zu Maurice Chevalier.

Paris wurde am 25. August durch die Französische 2. Panzerdivision befreit, und General de Gaulle traf am nächsten Tag ein. Unglücklicherweise gingen die Aufnahmen, die Lee von den Ereignissen machte, auf dem Transport verloren. Photo-Presse-Liberation, eine Untergrundgruppe von Fotografen, der Cartier-Bresson, Doisneau und andere angehörten, gab ihr eine Reihe von 36 Abzügen als Ersatz, die in *Vogue* Oktober 1944, S. 25 veröffentlicht wurden. Robert Capa begleitete Lee bei ihrem Besuch von Picasso in dessen Atelier.

Brief an Miss Crockett: Auszug aus einem undatierten Brief an Elizabeth Crockett, eine Londoner Redakteurin bei dem Magazin *Life*. Nach Lees Verstoß gegen Richtlinien ihrer Akkreditierung, als sie aus der Kampfzone in Saint-Malo berichtete, wurden ihr einige ihrer Filmtransport- und Zugangsprivilegien entzogen. Scherman arrangierte den Versand über *Life*, und ihre Berichterstattung über die Kapitulation von Beaugency wurde wahrscheinlich inoffiziell von ihrem Freund, Leutnant Gordon Briggs, Presseoffizier der 83. Division, ermöglicht.

Wie die Deutschen kapitulieren: Zusammengestellt aus dem Originalmanuskript von *Loire Bridges* und *How the Germans Surrender*, veröffentlicht in der britischen und amerikanischen *Vogue* November 1944, S. 50 bzw. S. 82

Brief an Audrey Withers: Auszüge aus einem undatierten sechsseitigen Brief an Withers.

Schauspieler in Paris: Zusammengestellt aus dem Originalmanuskript des Artikels, veröffentlicht in *Vogue* Dezember 1944, S. 44.

Zu dieser Zeit nutzte Lee ihre Möglichkeiten als Journalistin, um Bücher und Pamphlete von Paul Éluard und anderen Dichtern nach England zu schicken, aus denen vieles von Roland Penrose in dem Buch *In the Service of the People* (Heinemann, London 1945) veröffentlicht und in einem Artikel mit dem Titel *French Intellectuals and the Resistance 1944* (keine genauen Angaben bekannt) benutzt wurde.

Colette: Das Originalmanuskript des Artikels, veröffentlicht in der britischen und amerikanischen *Vogue* März 1945, S. 50 bzw. S. 140

Lee lernte Colette vermutlich kennen, als sie von 1929 bis 1932 in Paris lebte. Monica Stirling begleitete Lee zu diesem Interview.

Brief an Audrey Withers: Auszüge aus dem Originalmanuskript, mit dem Stempel vom Hotel Scribe (Paris) und dem Stempel des Zensors vom 4. Dezember 1944. Der Brief wurde von Withers redigiert, um den Anfang von *Muster der Befreiung* zu bilden.

Muster der Befreiung: Zusammengestellt unter Benutzung von Artikeln, veröffentlicht in der britischen und amerikanischen *Vogue* Januar 1945, S. 26 bzw. S. 57 mit Einfügungen aus dem Originalmanuskript, das aus drei Abteilungen besteht und die Datumsstempel des Zensors vom 4., 5. und 7. Dezember 1944 trägt.

Kriegswetter: Undatiertes und unveröffentlichtes Originalmanuskript.

Mit der Armee durch das Elsass: Zusammengestellt unter Benutzung des Artikels, veröffentlicht in *Vogue* April 1945, S. 50, mit Einfügungen aus dem Originalmanuskript und Bildunterschriften.

Russen und Amerikaner treffen bei Torgau zusammen: Zusammengestellt aus einem unvollständigen Originalmanuskript, teilveröffentlicht in der amerikanischen *Vogue* Juni 1945, mit einem zusätzlichen Abschnitt aus unveröffentlichtem Material in dem Dänemark-Manuskript.

Das Treffen zwischen der 1. und 9. US-Armee und der Roten Armee fand am 25. April 1945 statt.

Brief an Audrey Withers: Auszüge aus einem undatierten Brief an Withers, offenbar aus Paris, plus dem Satz über Lippenrouge, der aus einem Brief aus Köln stammt.

Deutschland. Der Krieg ist gewonnen: Zusammengestellt unter Benutzung des Artikels mit dem gleichen Titel, veröffentlicht in *Vogue* Juni 1945, mit längeren Einfügungen aus dem Originalmanuskript und Bildunterschriften.

Während dieser Zeit ließ sich Lee Miller bei der *9. Tactical Air Support Squadron* akkreditieren. Als Gegenleistung für den unbegrenzten Lufttransport ihrer Filme beschrieb sie die Erfolge des Bomberkommandos der Luftwaffe – daher die Berichte von bombardierten Städten und Fabriken. Es ist schwierig, diese riskanten Touren zu datieren, aber ein Schlüsseldatum ist der Fall von Köln am 5. März 1945. Lee muss kurz danach dort gewesen sein, als die Deutschen noch die Stadt am Ostufer des Rheins hielten.

Brief an Audrey Withers: Teil einer undatierten Dienstnachricht, die den Haupttext von *Hitleriana* bildete.

Hitleriana: Zusammengestellt aus den beiden Artikeln mit dem gleichen Titel, veröffentlicht in der berühmten Ausgabe der britischen und amerikanischen *Vogue* im Juni 1945, die den Titel »*Believe it* ...« trug und Fotos von Dachau zeigte. Mit längeren Einfügungen aus dem Originalmanuskript und Bildunterschriften.

(*Vogue* bezieht sich, sofern nicht anders angegeben, auf die britische Ausgabe.)

Bibliografie:

Bartana, Yael/ Jacir, Emily/ Miller, Lee, *Wherever I Am* (Modern Art Oxford 2004)

Blumenson, Martin, *Breakout and Pursuit* (Department of the Army, Washington DC 1961)

Boot, Chris, *Great Photographers of World War II* (Bison Group 1993)

Calvocoressi, Richard, *Lee Miller – Portraits from a Life* (Thames & Hudson 2002)

Chéroux, Clément (Hrsg.), *Mémoire des Camps* (Marval 2001)

Chudakov, Grigory/ Scherman, David E., *Allies: Great U.S. and Russian World War II Photographs* (Hugh Lauter Levin Associates 1989)

Dann, Sam (Hrsg.), *Dachau 29th April 1945* (Texas Tech University Press 1989)

Distel Barbara/ Jakusch, Ruth, *Concentration Camp Dachau, 1933-1945* (Comité International de Dachau, Brüssel 1978)

Gallo, Max (Vorwort), *La Liberation – d'Omaha Beach à Berlin* (Éditions Filipacchi 2003)

Harris, Caroline, *Lee at War* (Leicester Polytechnic, Diss. 1991)

Hobson, Mary Daniel, *Horror Through the Eyes of Beauty: Lee Miller's Photographs of World War II* (Vassar College, Diss. 1991)

Keegan, John (Einführung)/ Knightly, Phillip (Essays), *The Eye of War* (Weidenfeld & Nicolson 2003)

Keegan, John (Hrsg.), *The Times Atlas of the Second World War* (Guild Publishing 1989)

Penrose, Antony, *Roland Penrose the Friendly Surrealist* (Prestel 2001)

Penrose Antony, *The Home of the Surrealists* (Frances Lincoln 2001, dt. 2002)

Penrose Antony, *The Legendary Lee Miller – Photographer 1907-1977* (Lee Miller Archives 1998)

Penrose, Antony, *The Lives of Lee Miller* (Thames & Hudson 1985)

Rose, Josh, *»Occupying« Hitler's Bathtub* (University of North Texas in Denton 2000)

Thomas, Lesley/Bailey, Chris Howard, *WRNS in Camera – The Royal Naval Service in the Second World War* (Royal Naval Museum Publications 2002)

Williams, Mary H. (Hrsg.), *Chronology 1941-1945* (Department of the Army Washington DC, Bibliogov 2013)

First United States Army Report of Operations, 20.10.43 to 1.08.44, 1945, Annex No. 16 Medical Plan

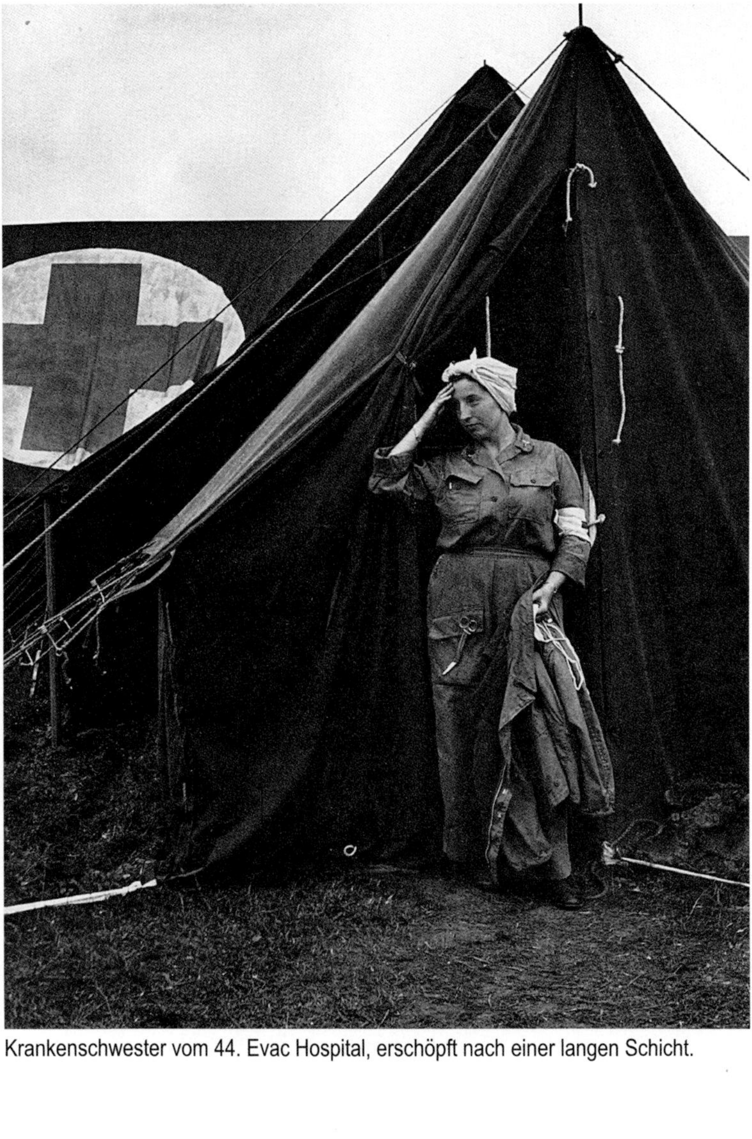

Krankenschwester vom 44. Evac Hospital, erschöpft nach einer langen Schicht.

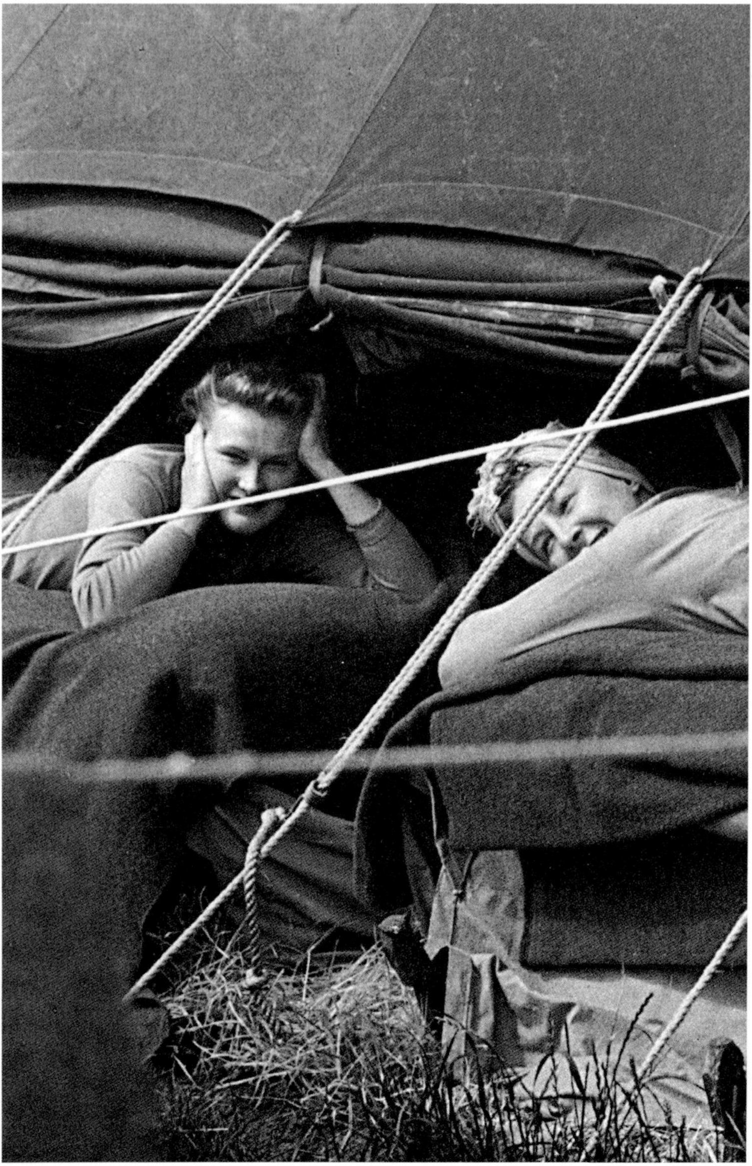

Krankenschwestern aus dem 44. Evac Hospital erholen sich.

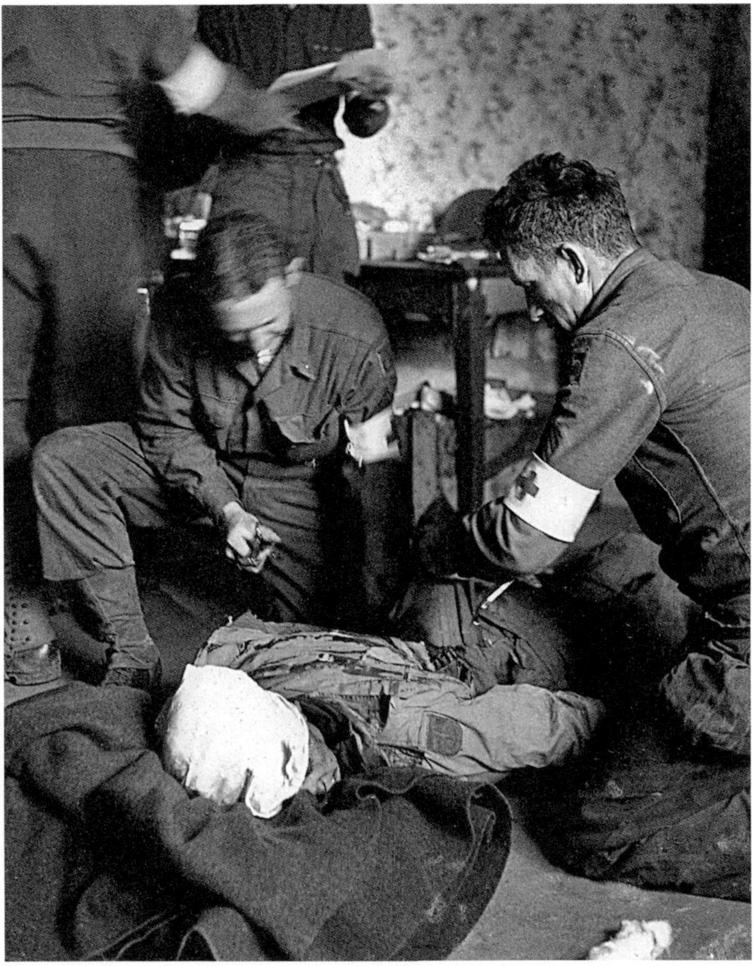

Ärzte kümmern sich um einen Verletzten, »… einem übel zugerichteten Unteroffizier …«.

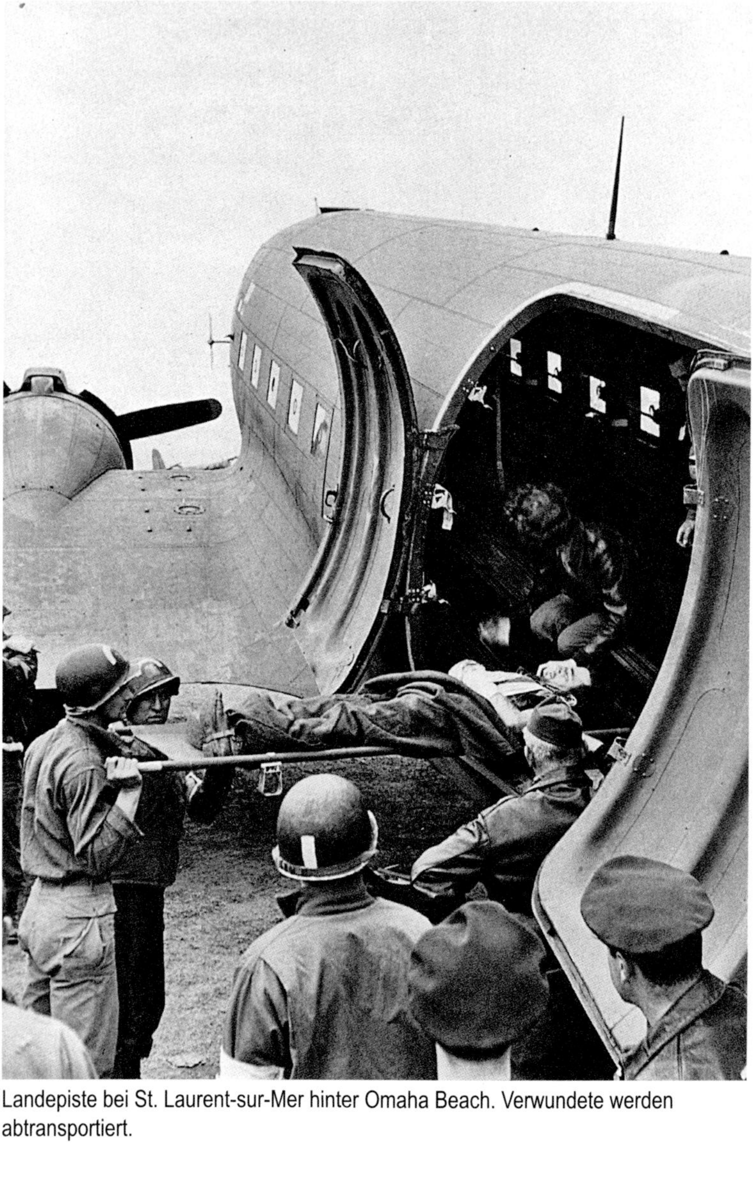

Landepiste bei St. Laurent-sur-Mer hinter Omaha Beach. Verwundete werden abtransportiert.

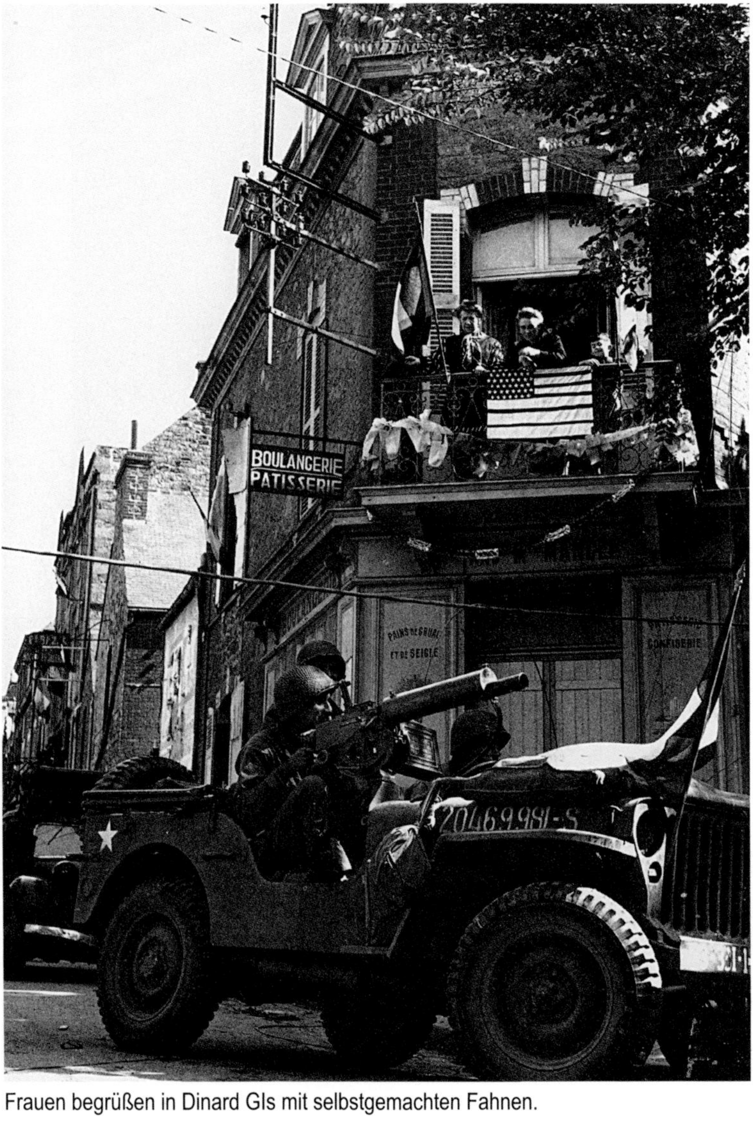

Frauen begrüßen in Dinard GIs mit selbstgemachten Fahnen.

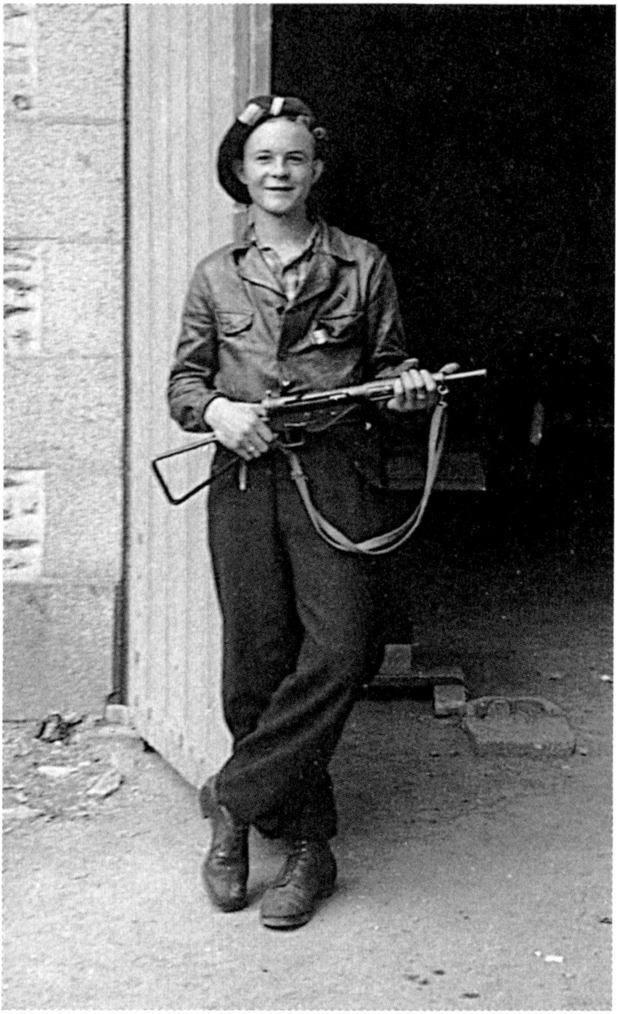

Junges Mitglied des Maquis.

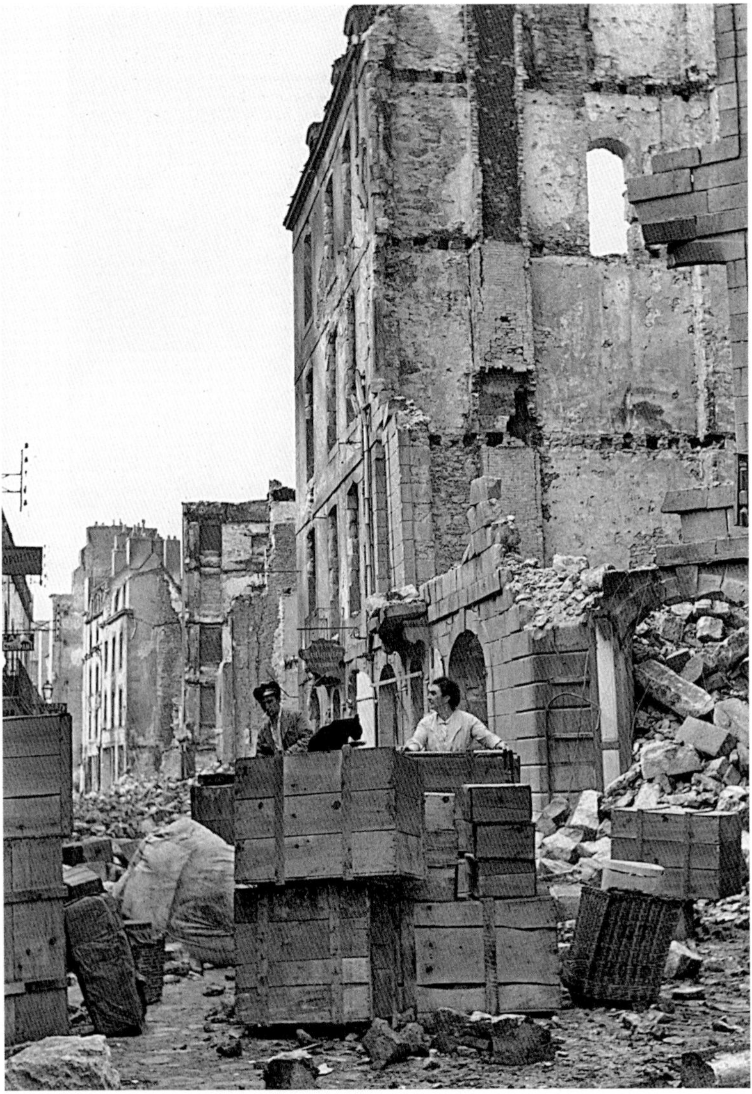

Zerstörte Häuser, Saint-Malo.

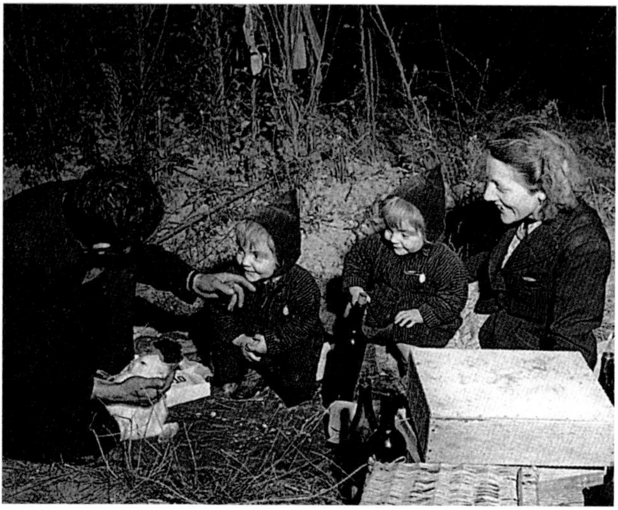
Zwillinge.

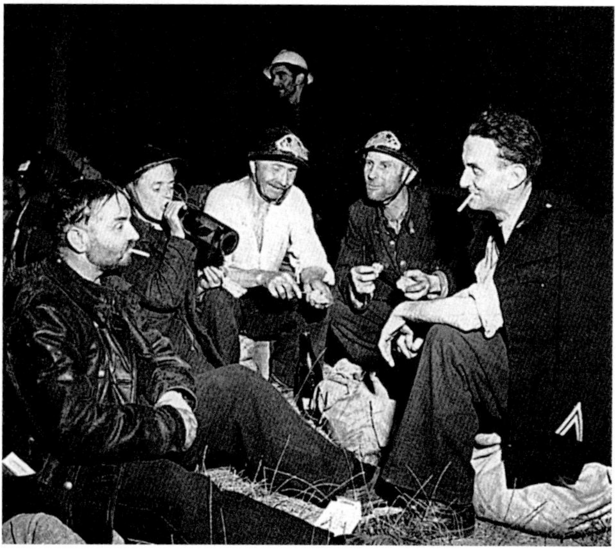
Feuerwehrmänner.

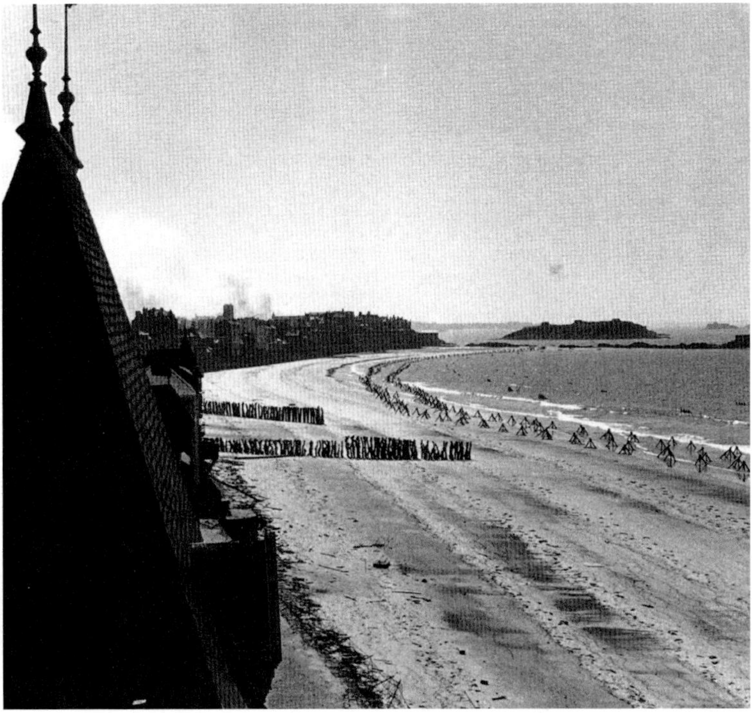

Das brennende alte Saint-Malo, aufgenommen vom Hotel Ambassadeur.

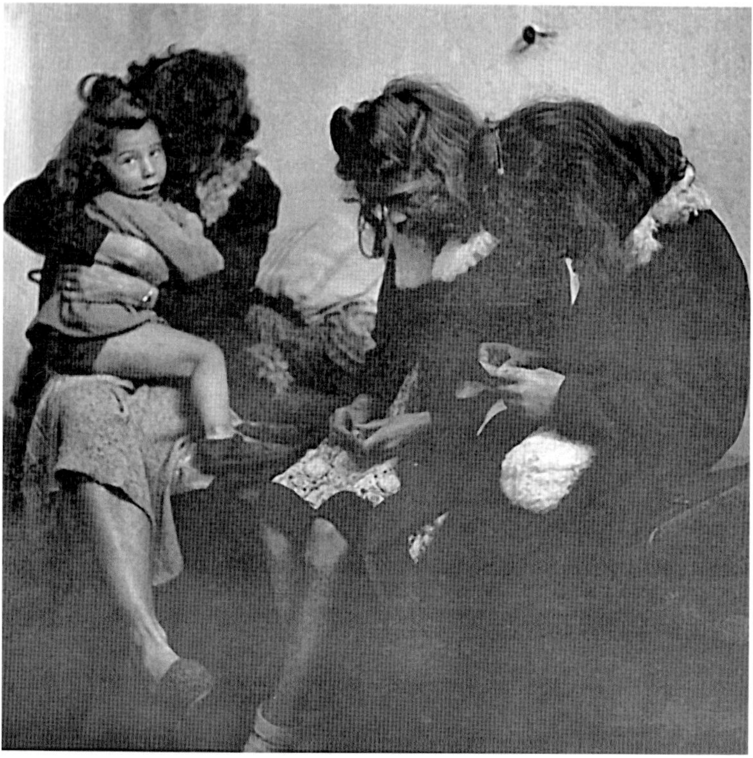
Kollaborateurin mit ihren Kindern.

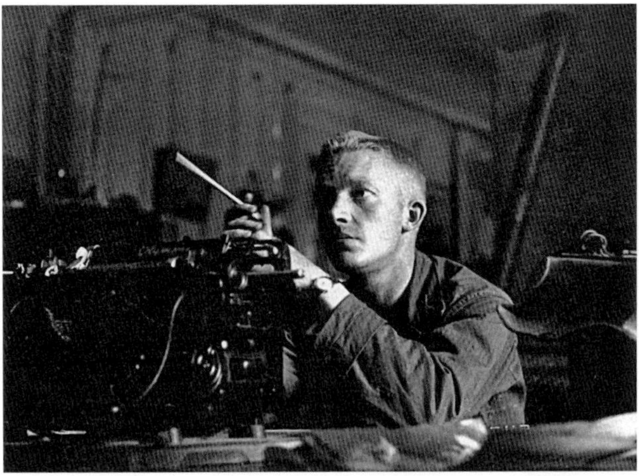

Major Speedie von 83. Division des 329. Regiments im Hotel Univers während der Vorbereitung des letzten Angriffs.

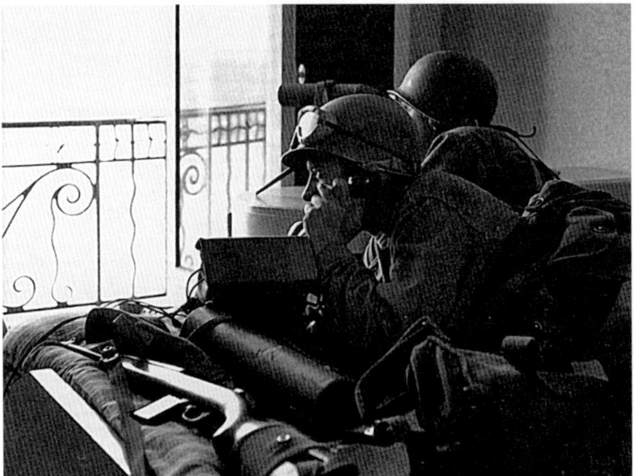

US-Soldaten bei der Ausrichtung der Granatwerfer im Hotel Ambassadeur.

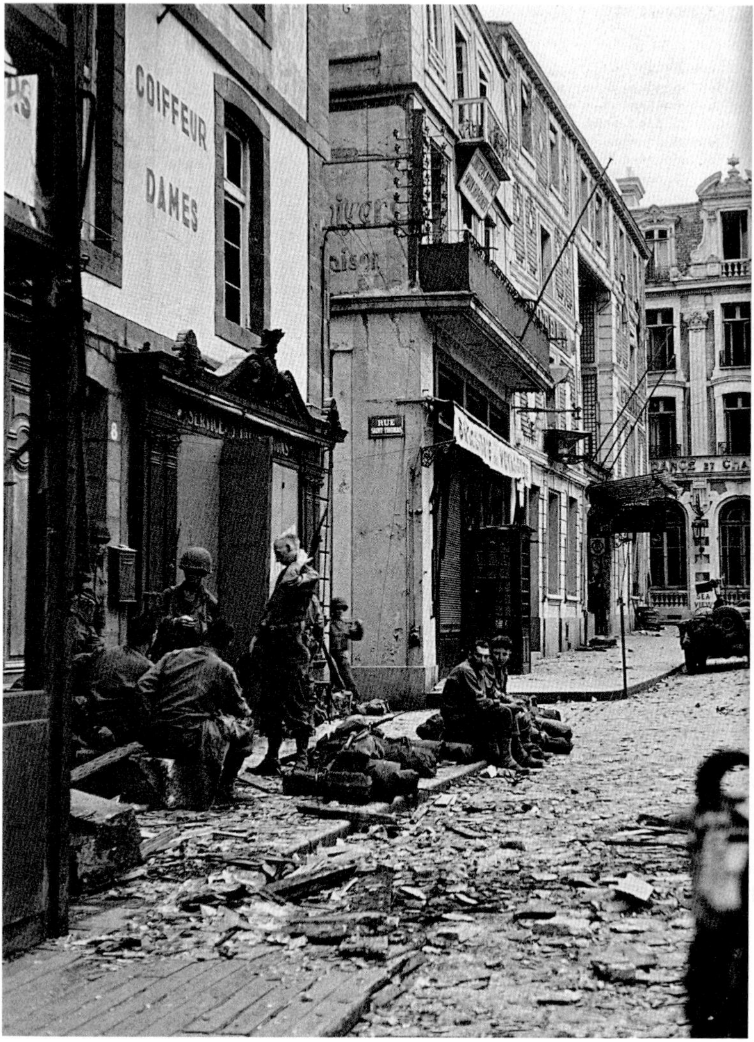

Das alte Saint-Malo.

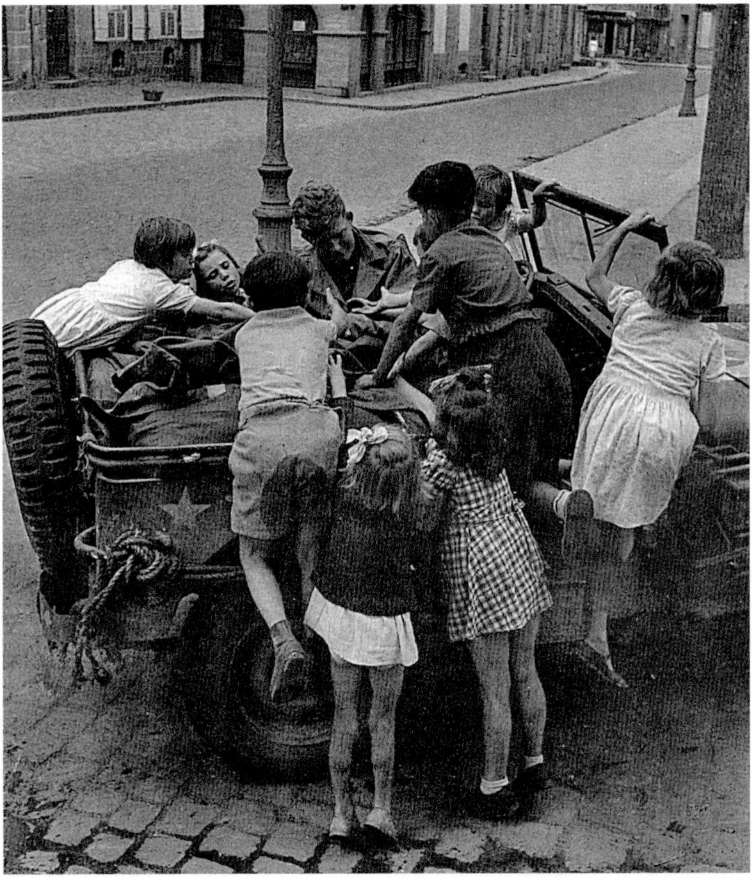

Kindern drängeln sich um Fred Feekarts Jeep, um an seine Schokolade zu kommen.

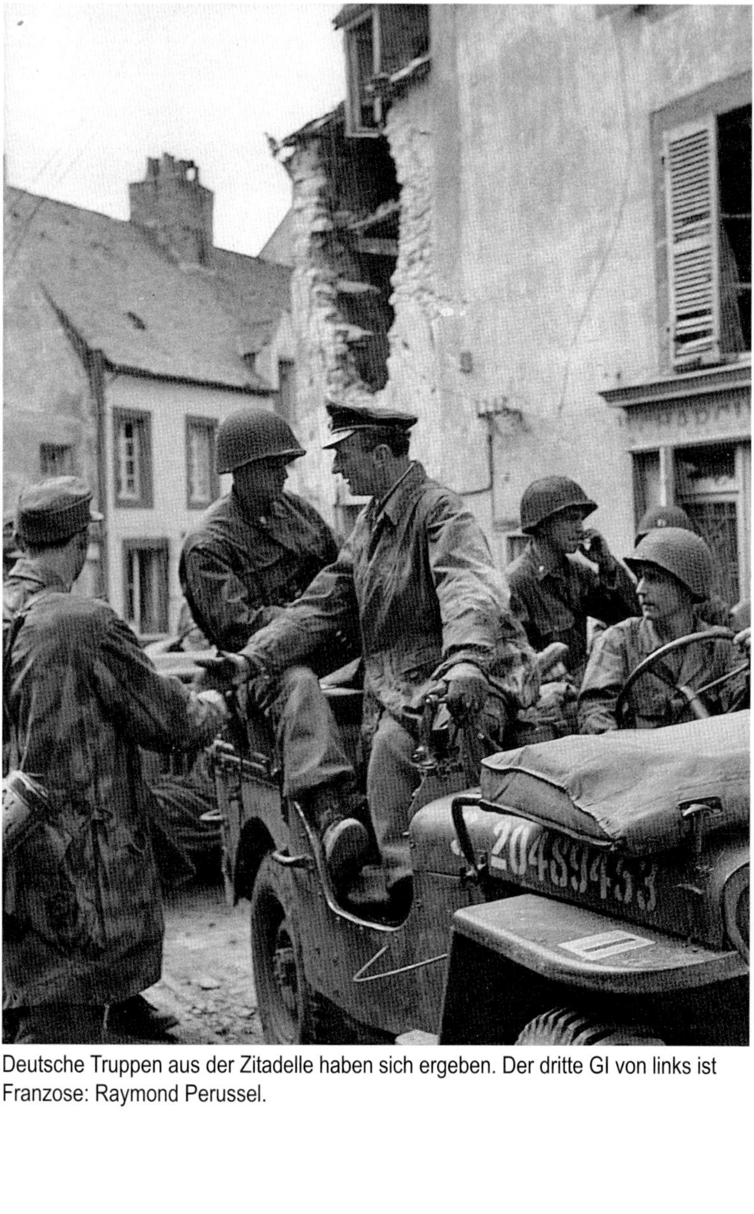

Deutsche Truppen aus der Zitadelle haben sich ergeben. Der dritte GI von links ist Franzose: Raymond Perussel.

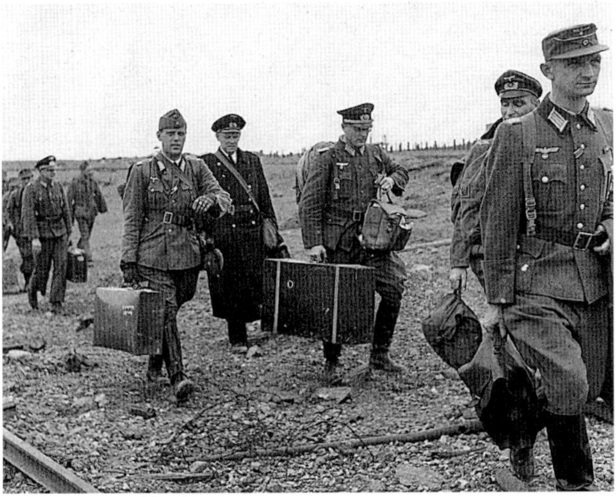
Deutsche Offiziere verlassen die Zitadelle.

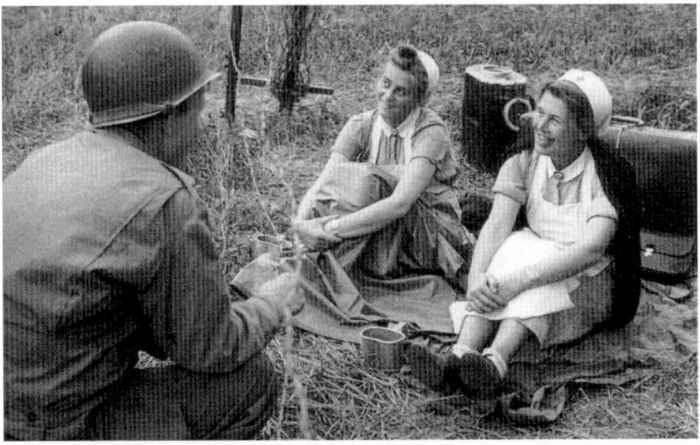
Fred Feekart mit deutschen Krankenschwestern in der Nähe von Dinan.

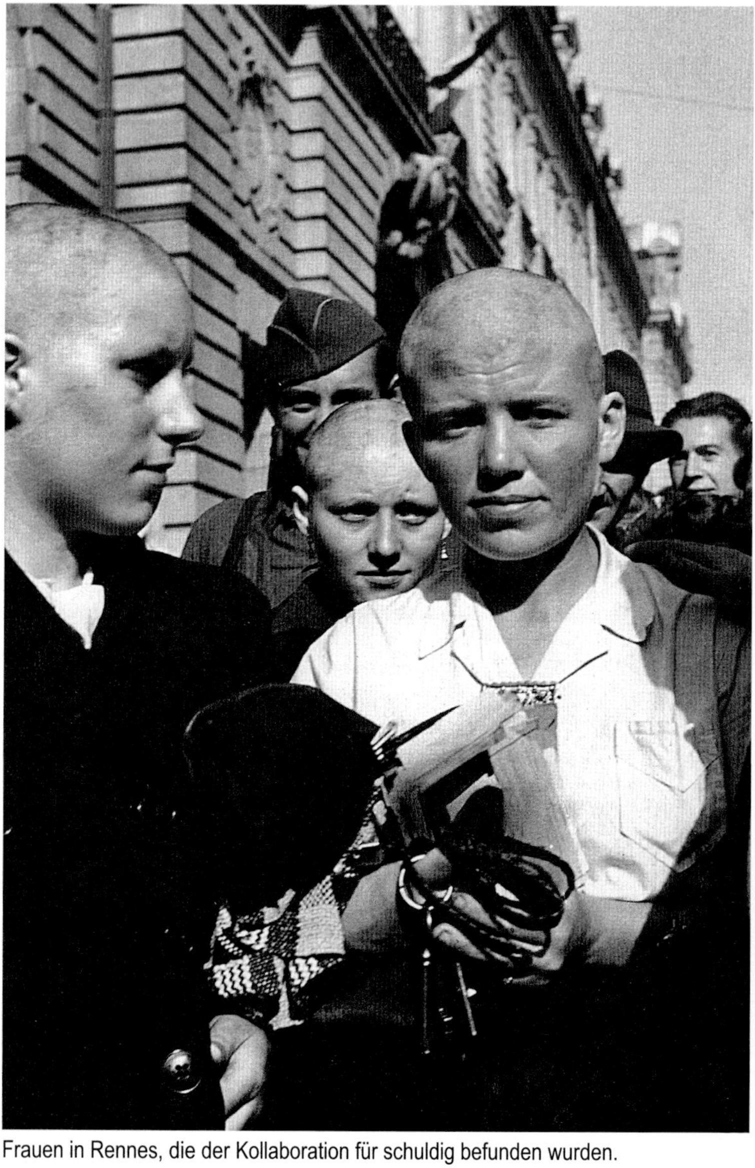

Frauen in Rennes, die der Kollaboration für schuldig befunden wurden.

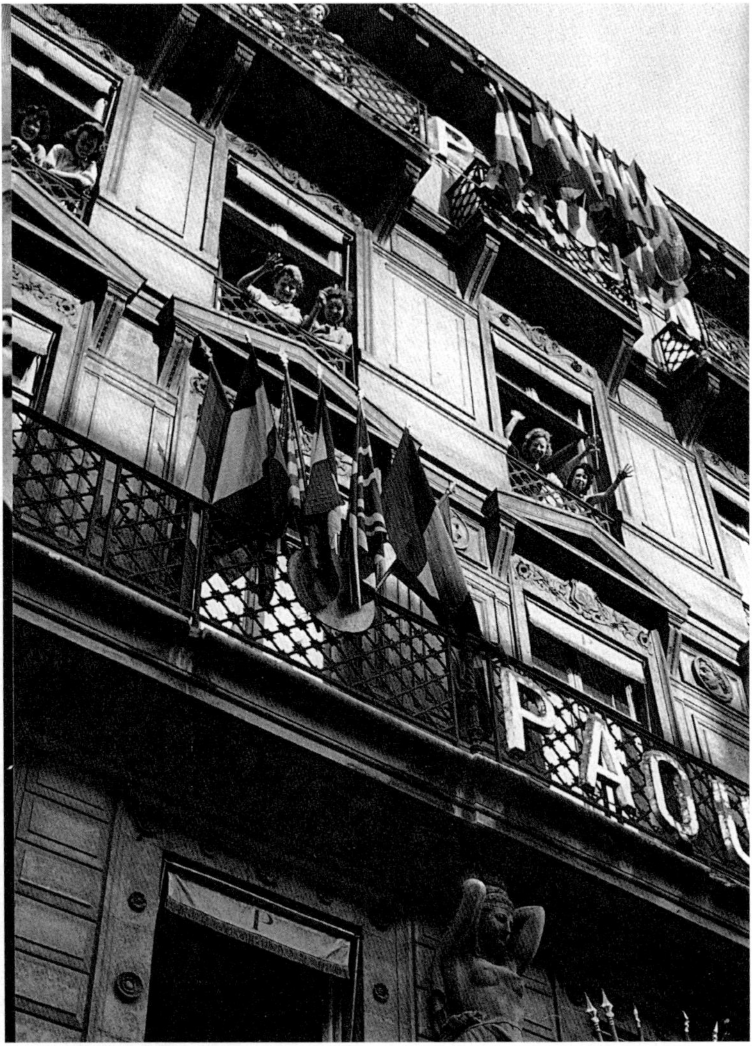

Siegesfeier im Haus Paquin.

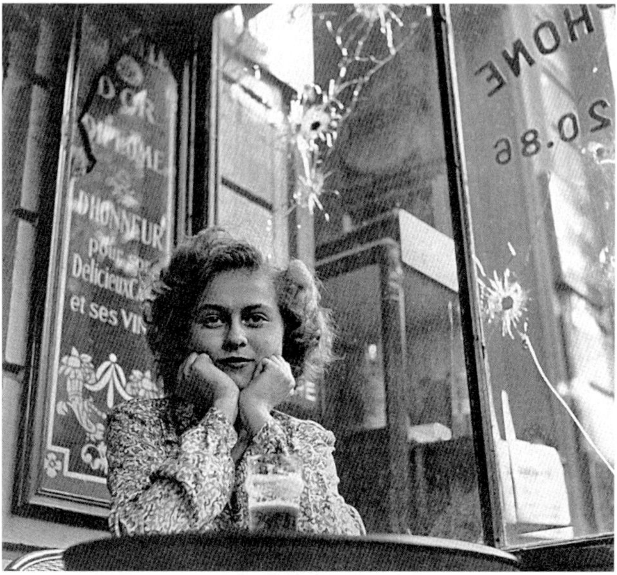

Christiane Poignet, eine Jura-Studentin.

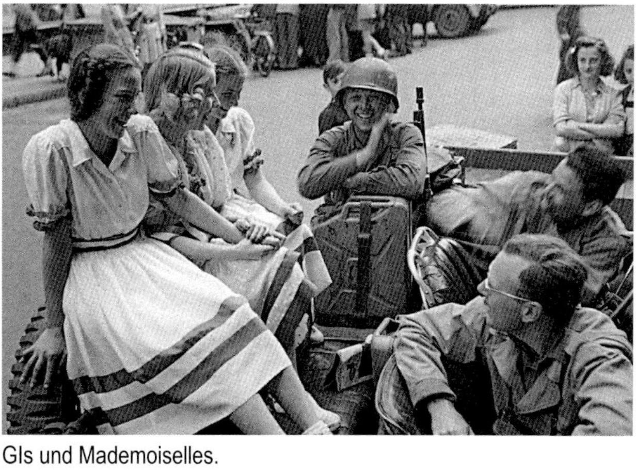

GIs und Mademoiselles.

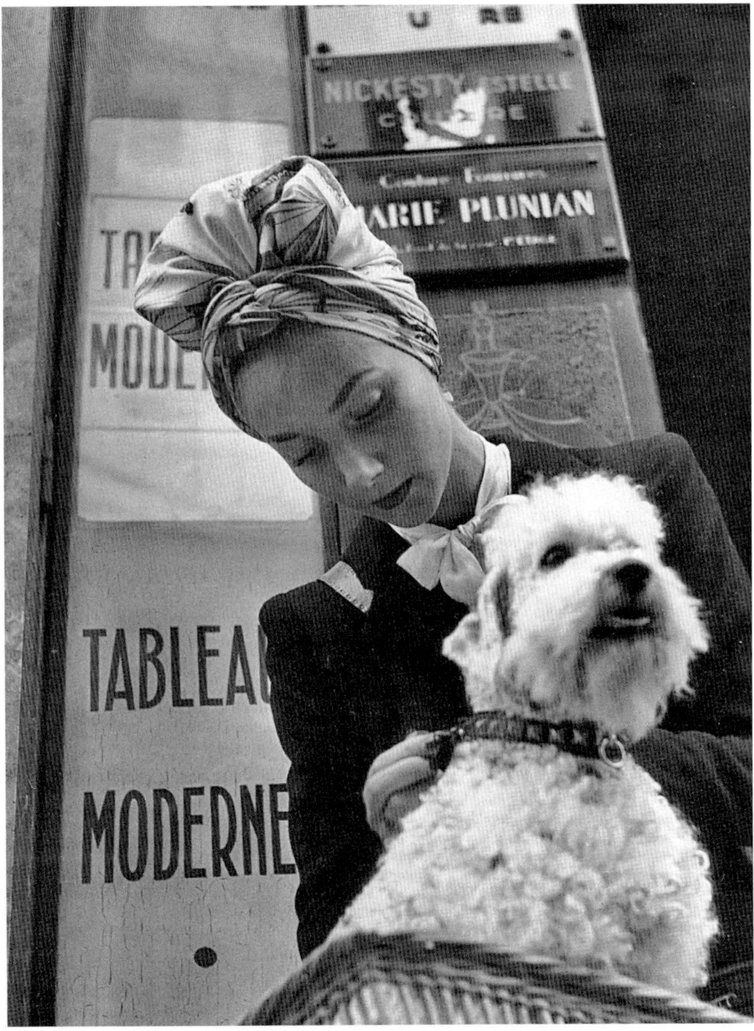

Im Frisiersalon »Pierre und René« mit nassen Locken unter einem Turban.

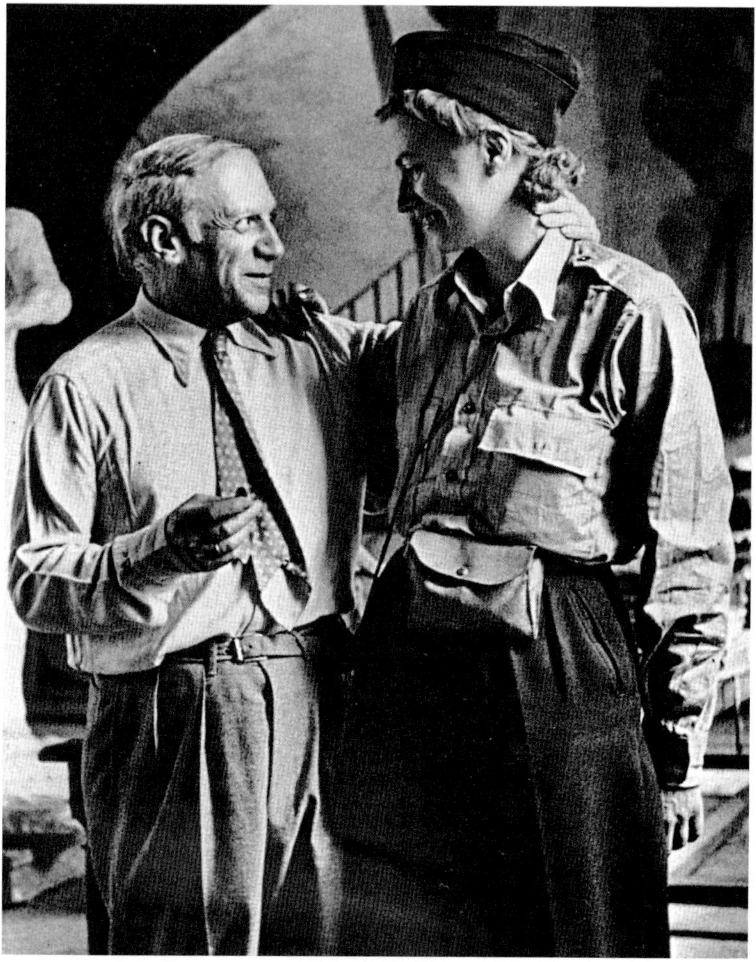

Lee Miller und Picasso nach der Befreiung von Paris, 1944.

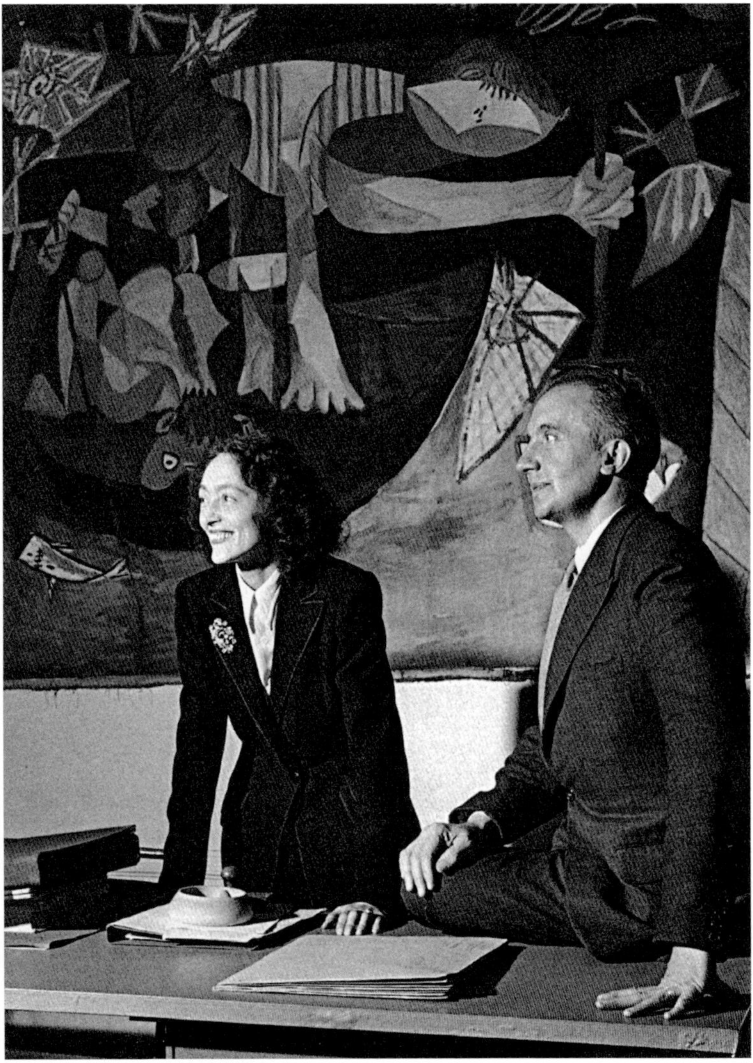

Nusch und Paul Eluard in Zervos Wohnung.

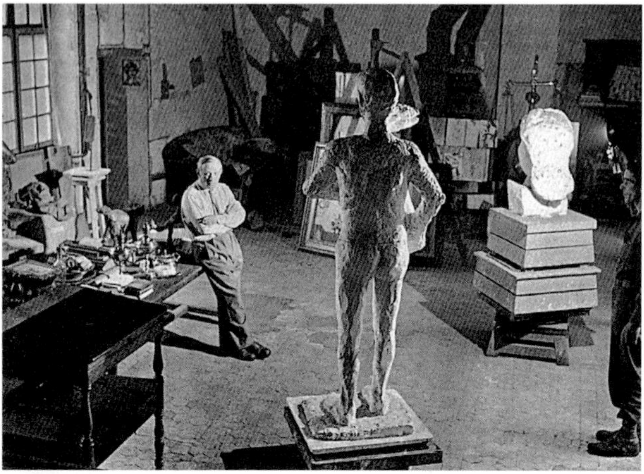

Picasso in seinem Atelier.

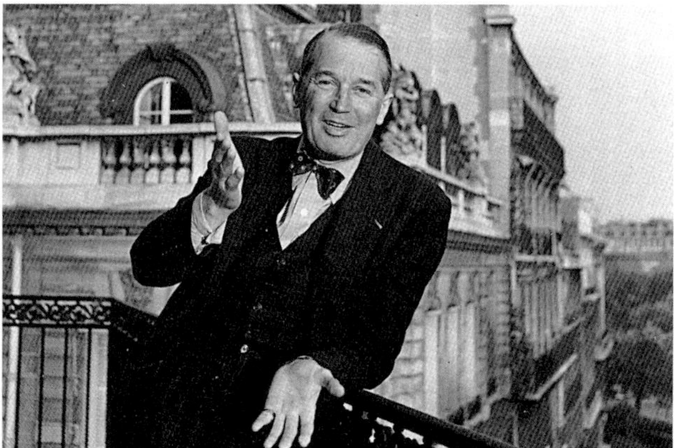

Maurice Chevalier.

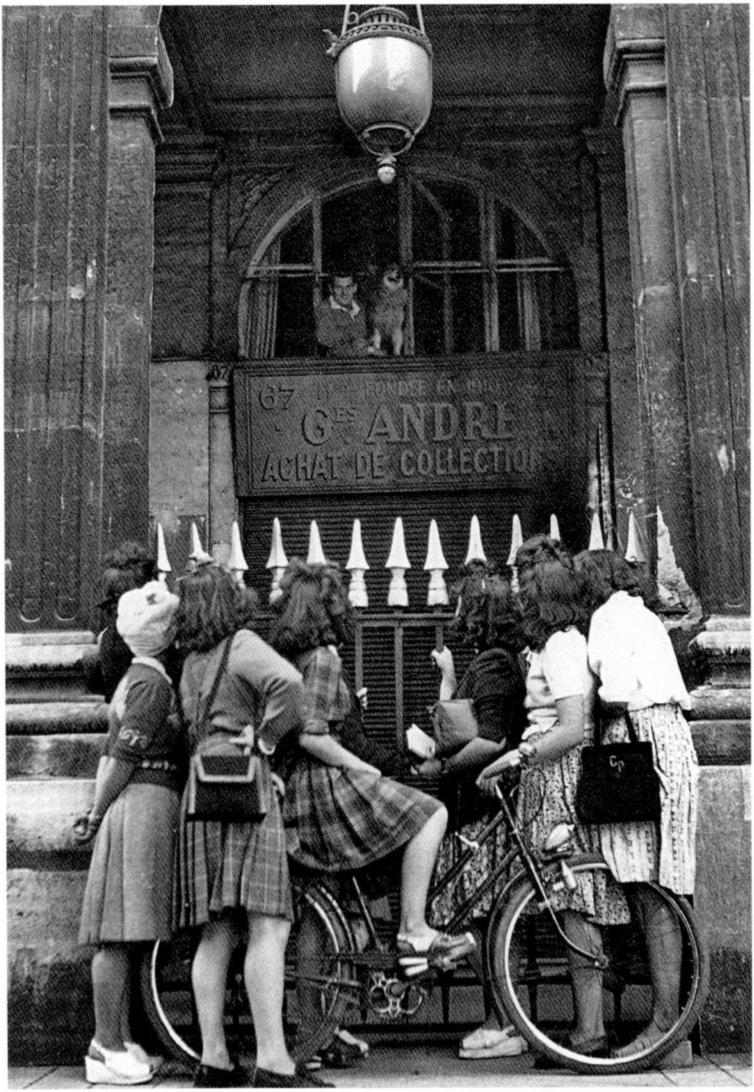

Jean Marais spricht mit seinen Bewunderinnen vom Fenster der Wohnung Cocteaus im Palais Royal.

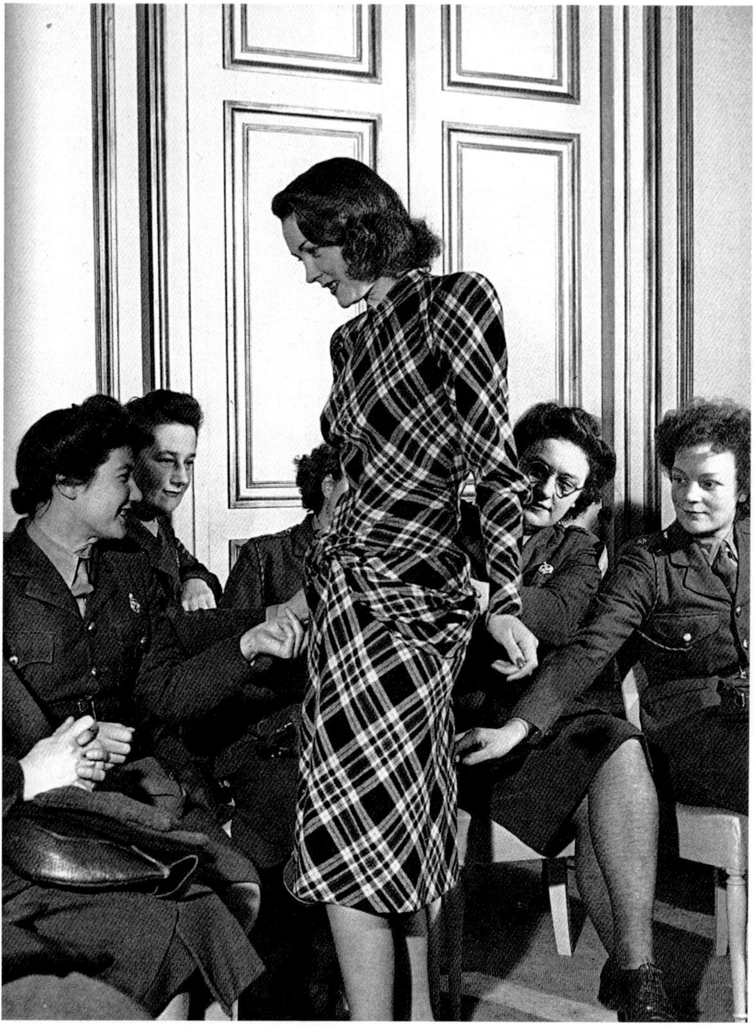

Hilfskräfte der US-Armee auf einer Modenschau.

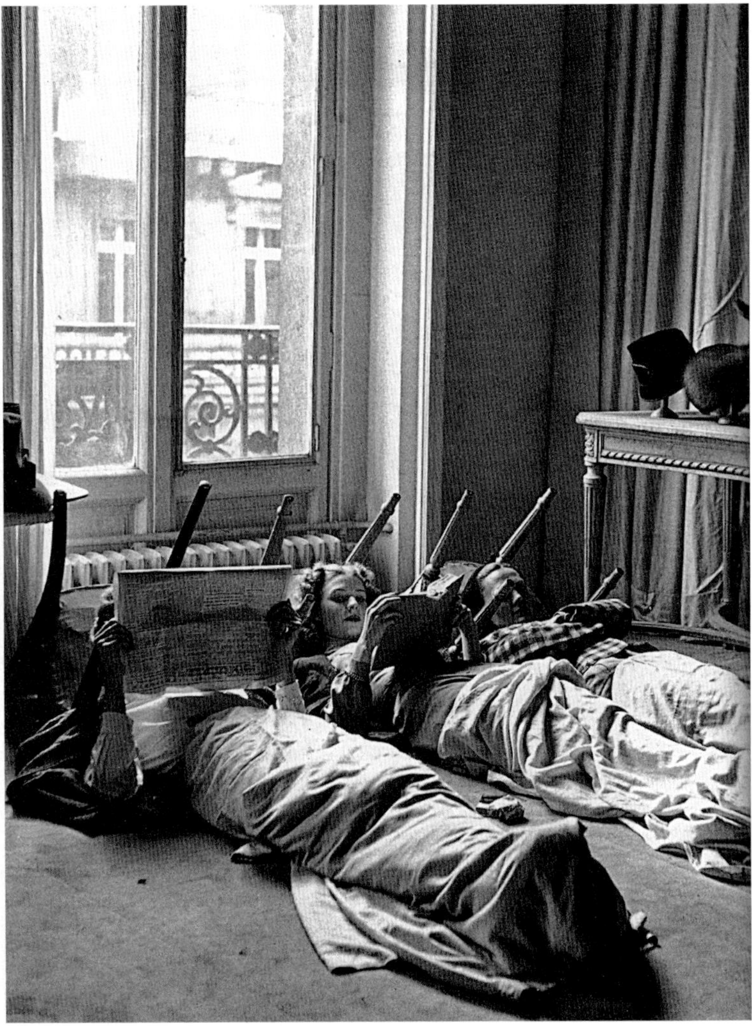

Models entspannen sich vor ihrem Auftritt.

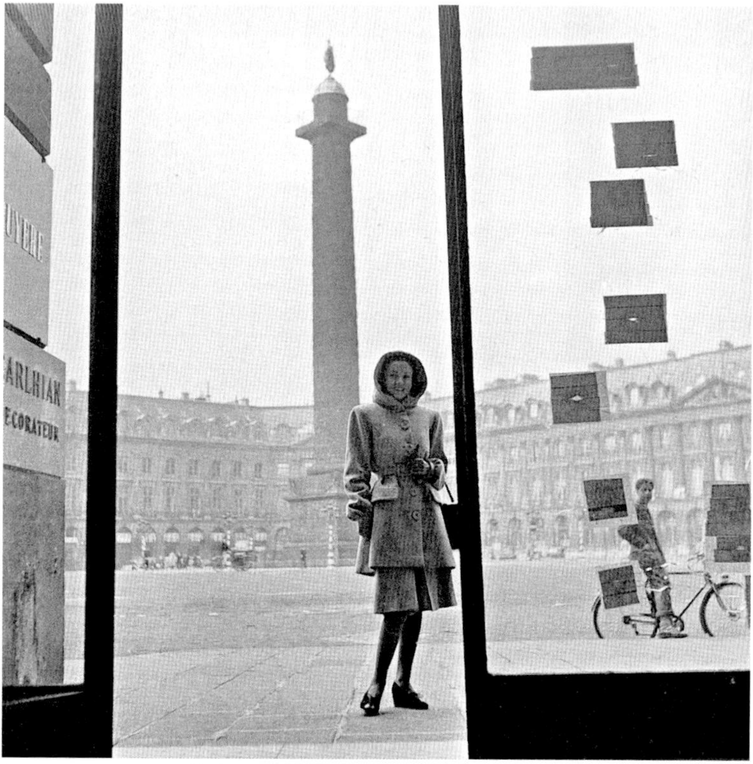

Bruyères gesteppte Windjacke, Place Vendôme.

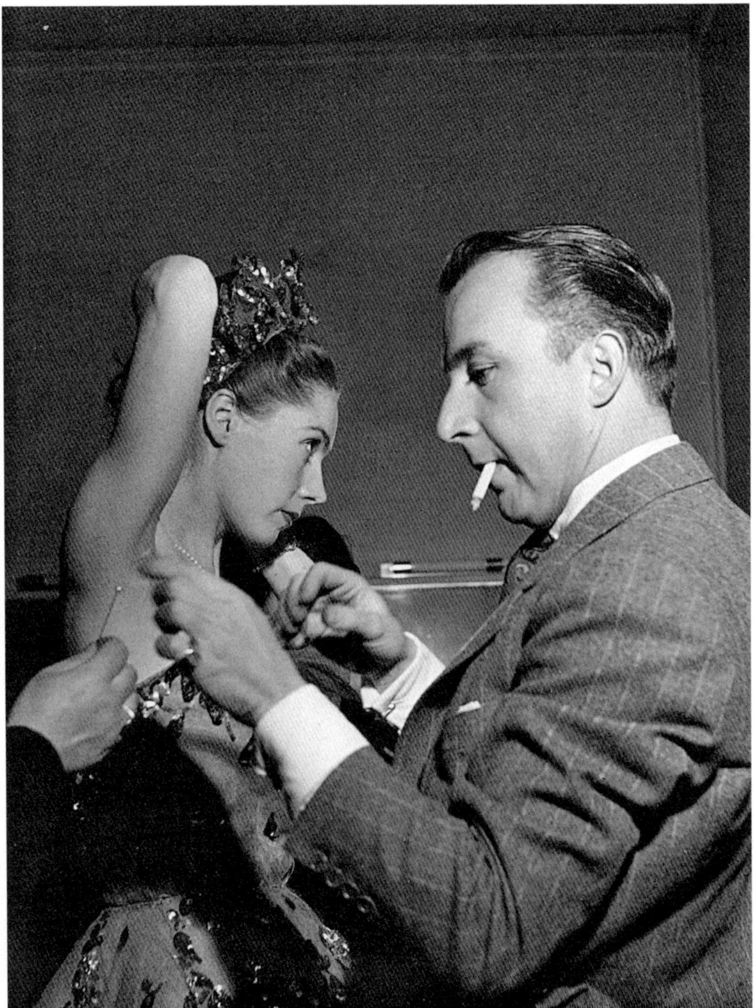

Der Designer M. Castillo.

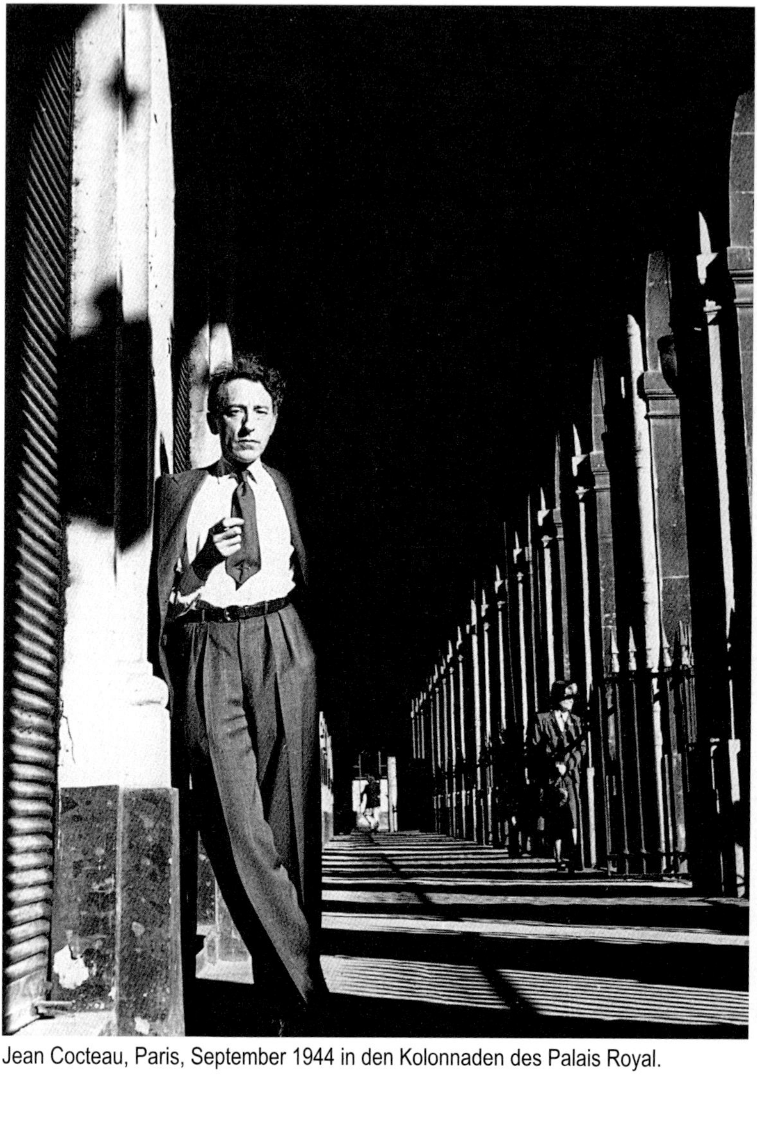

Jean Cocteau, Paris, September 1944 in den Kolonnaden des Palais Royal.

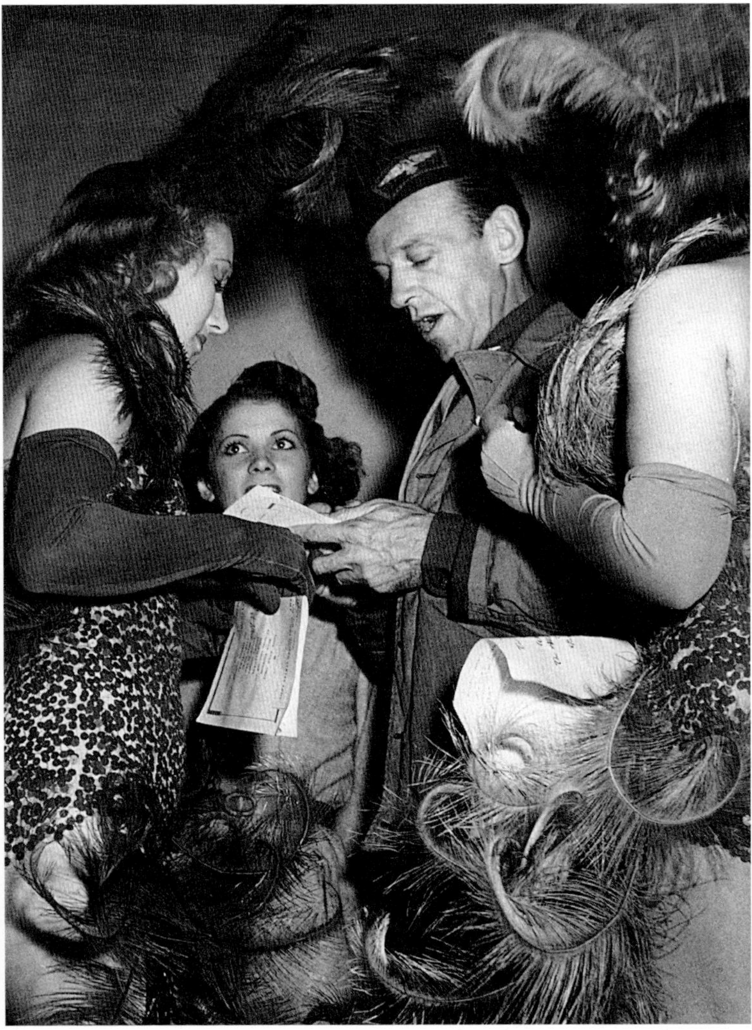

Fred Astaire.

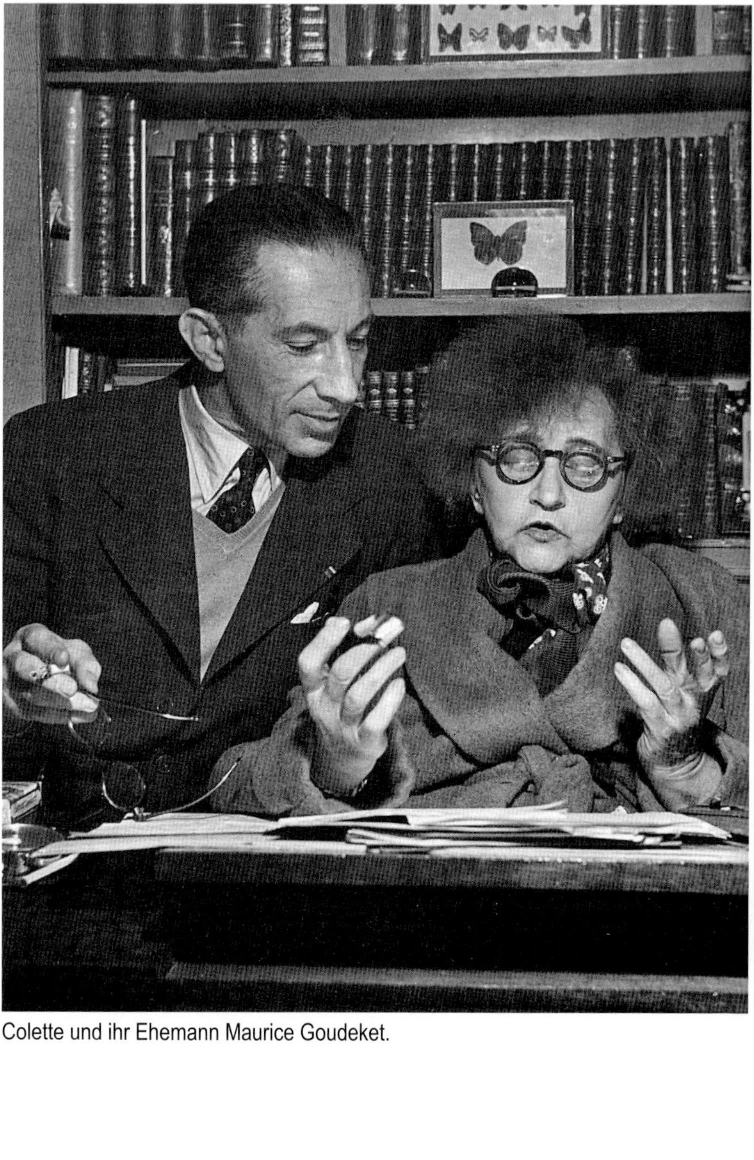

Colette und ihr Ehemann Maurice Goudeket.

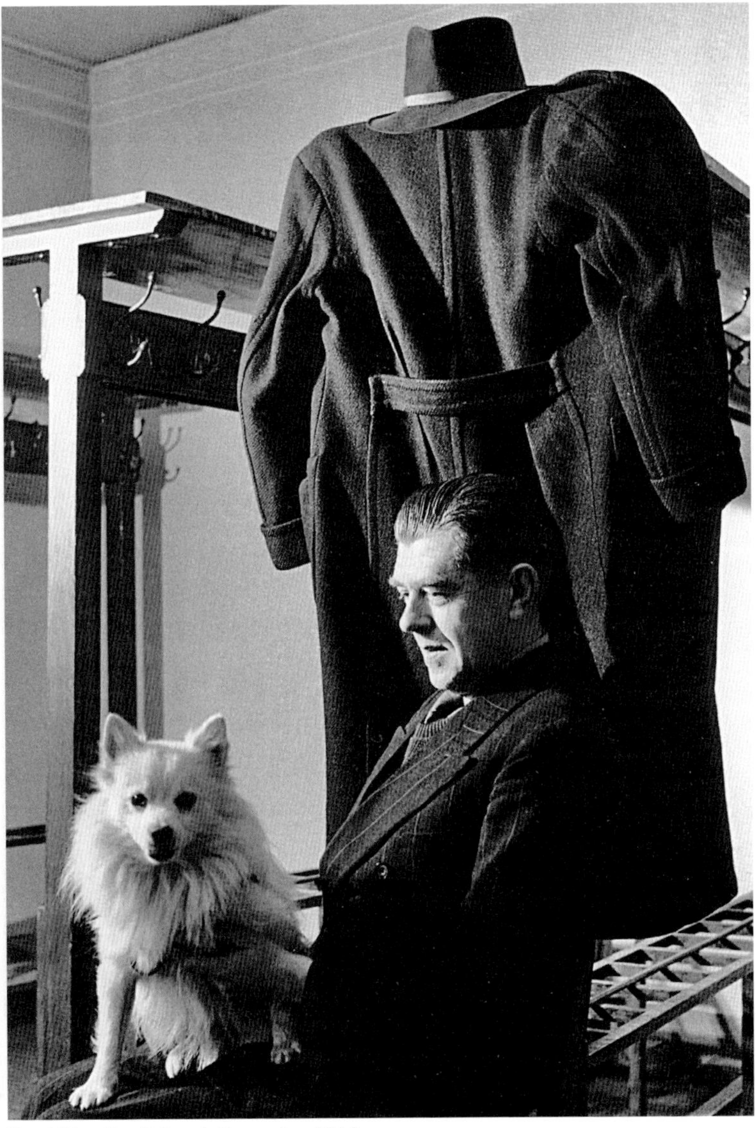

René Magritte, Brüssel, November 1944.

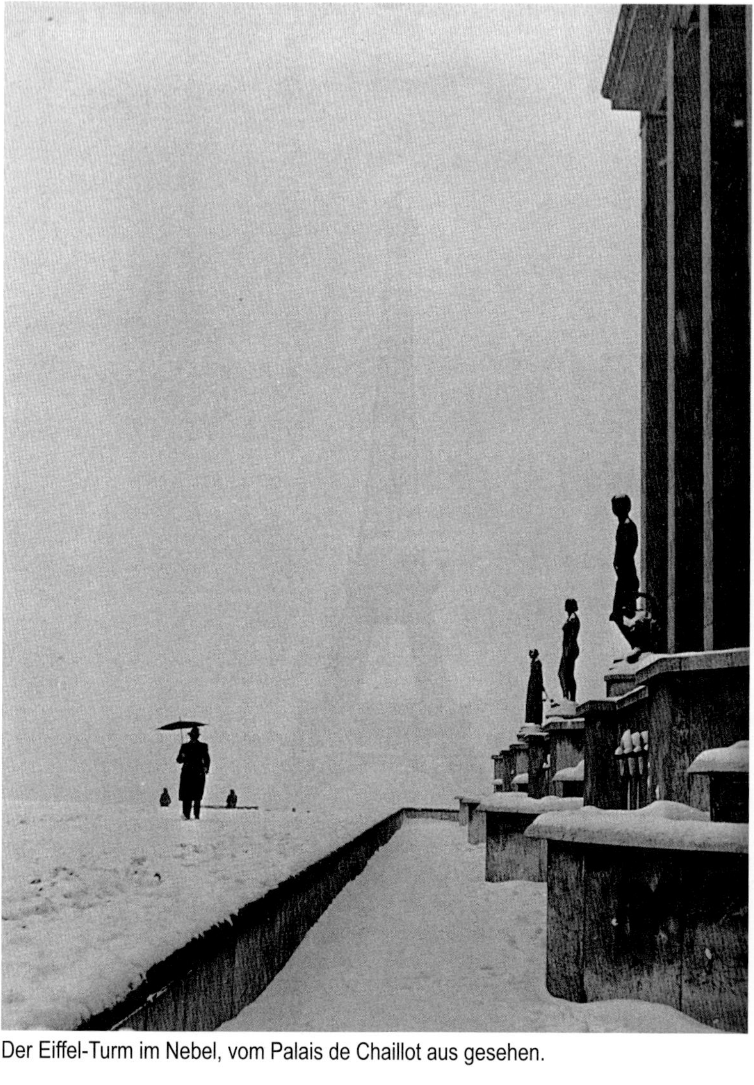

Der Eiffel-Turm im Nebel, vom Palais de Chaillot aus gesehen.

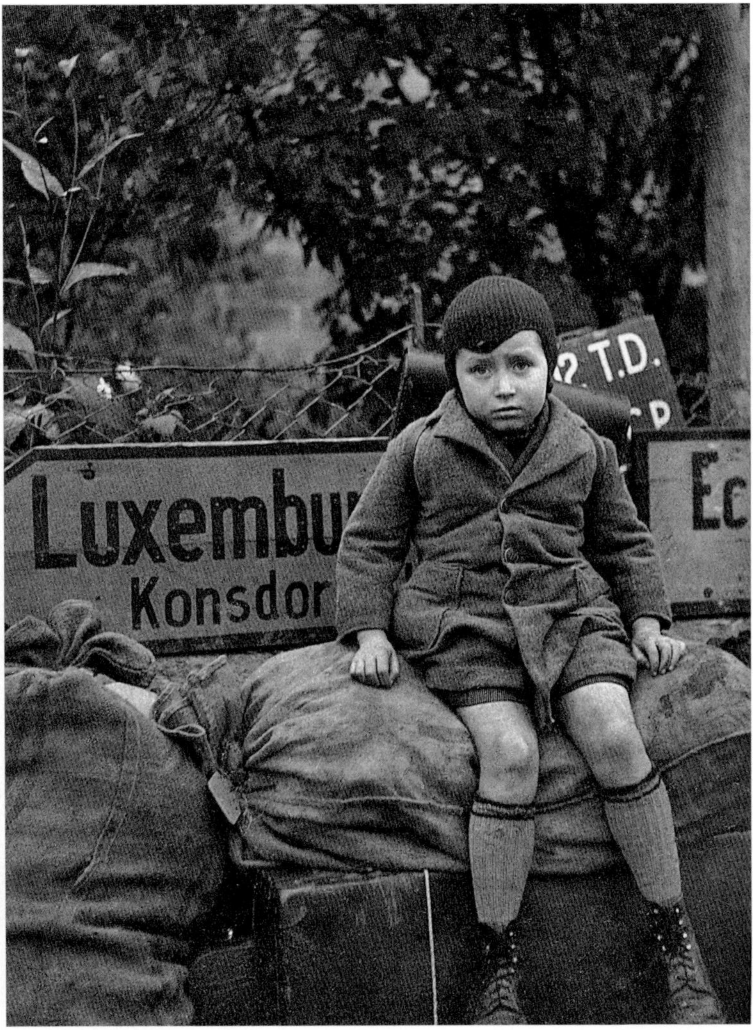

Ein Flüchtlingsjunge.

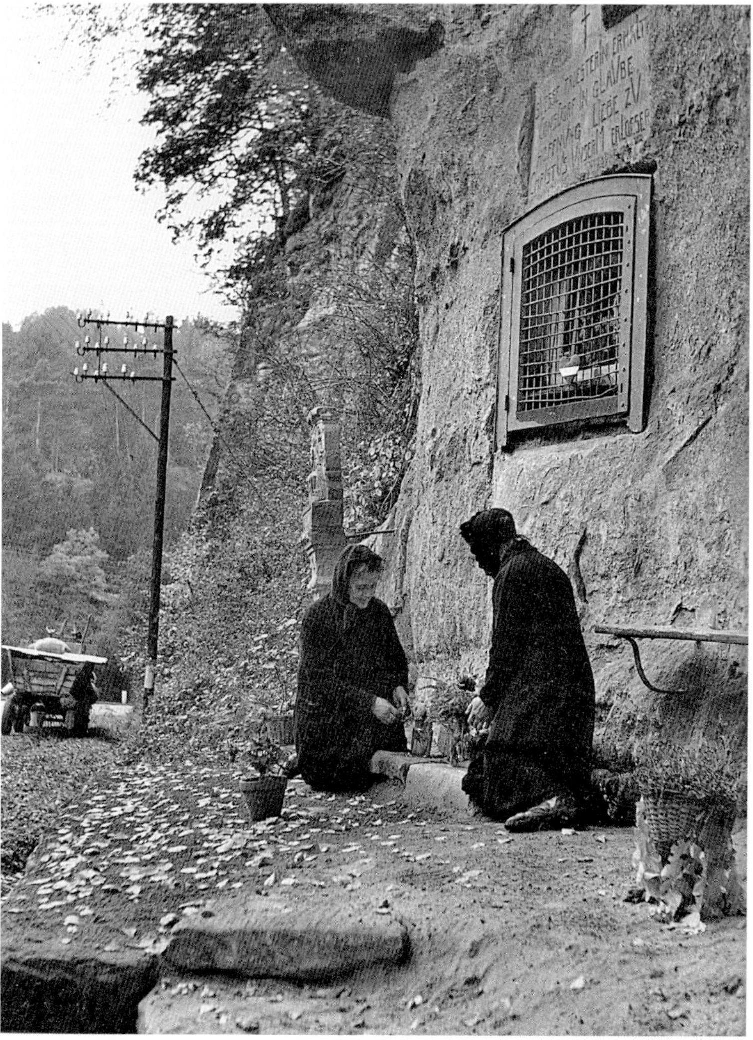

Flüchtlinge sprechen ein letztes Gebet vor einem Schrein am Wegesrand.

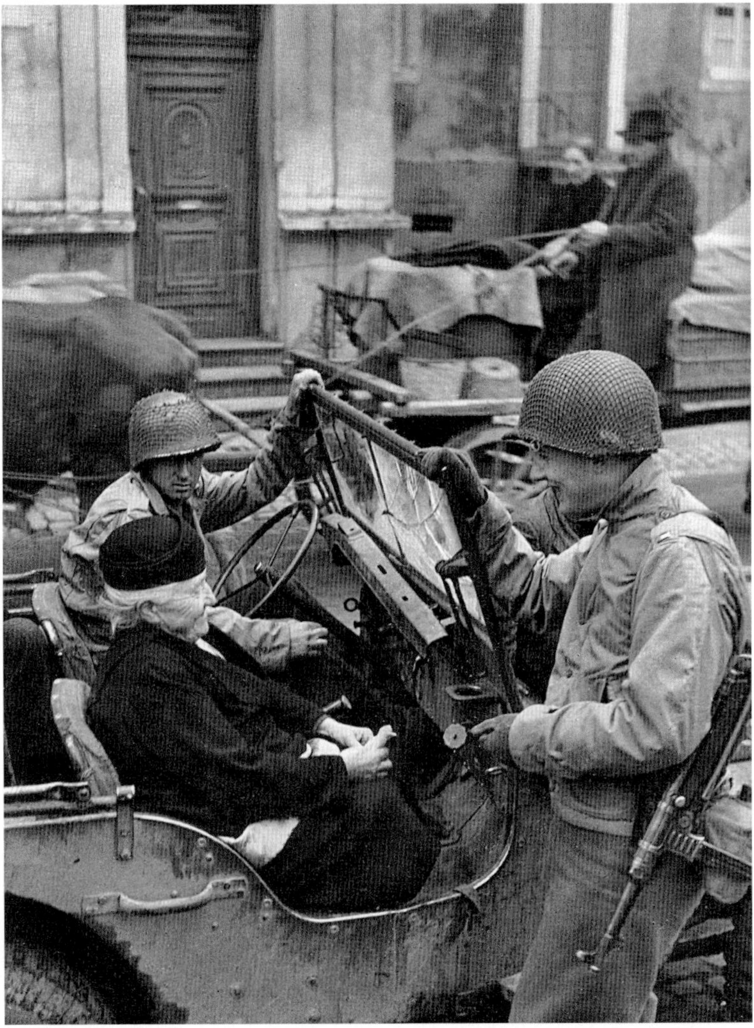

Großmutter, die zum Inventar gehörte, wird von Leutnant Paul A. Villard aufgeheitert.

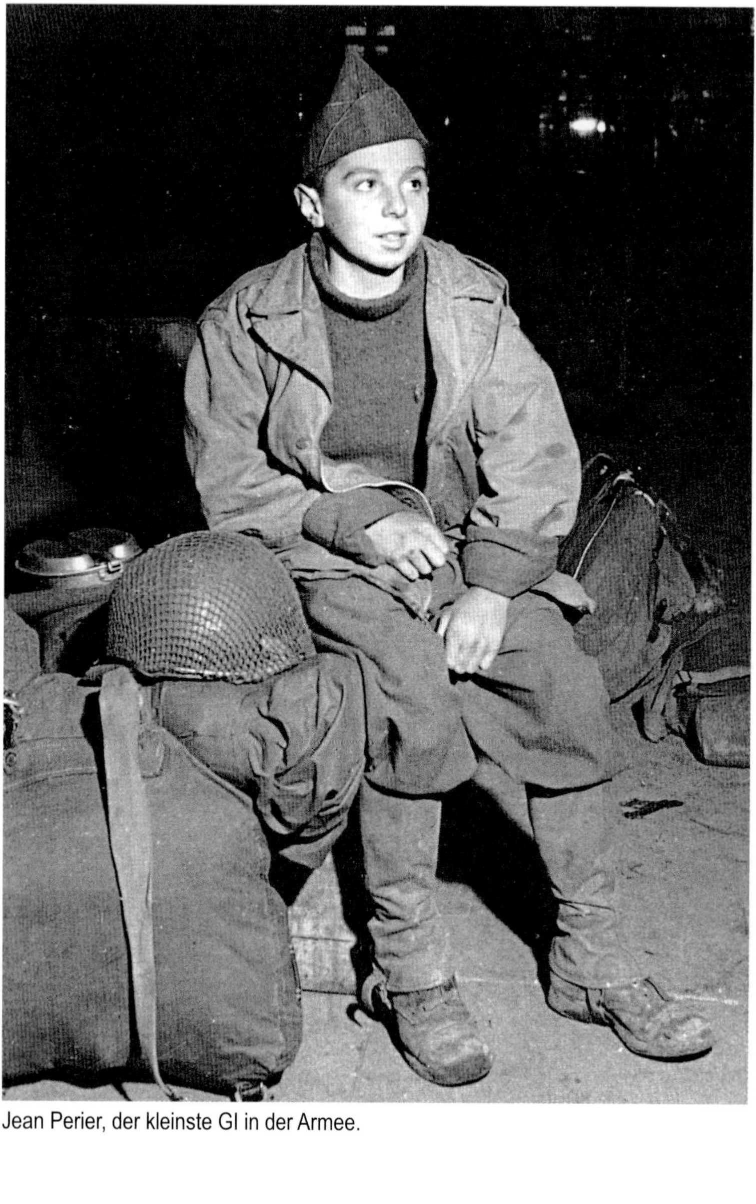

Jean Perier, der kleinste GI in der Armee.

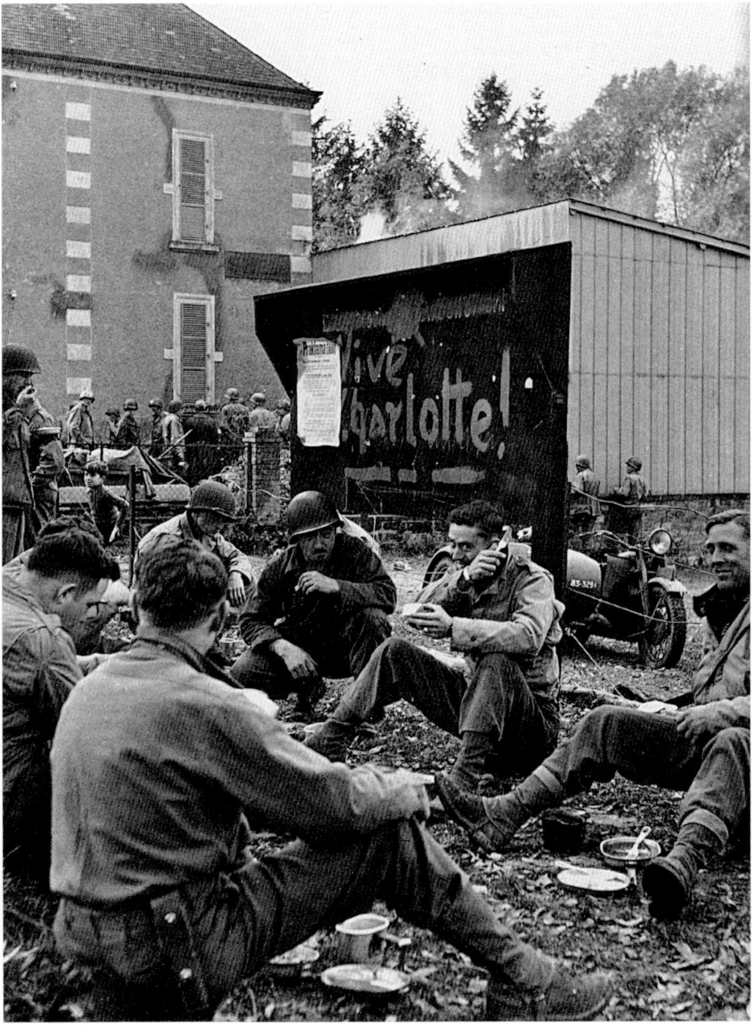

Essenszeit.

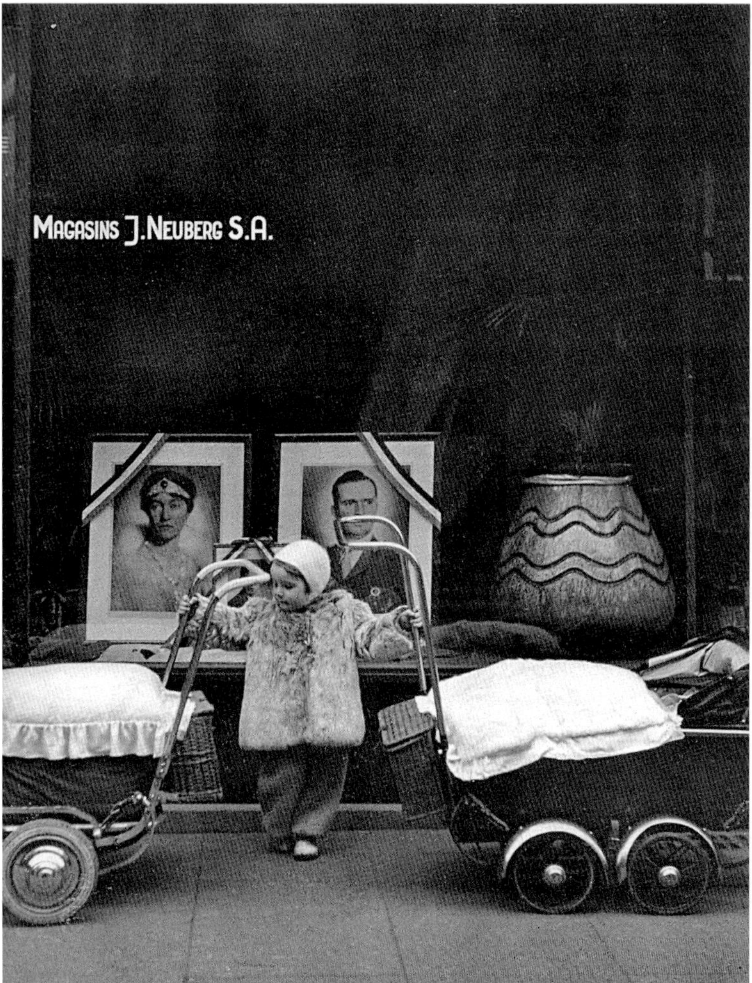

Schaufenster, geschmückt mit typischen Fotos der Großherzogin von Luxemburg und ihrem Prinzgemahl.

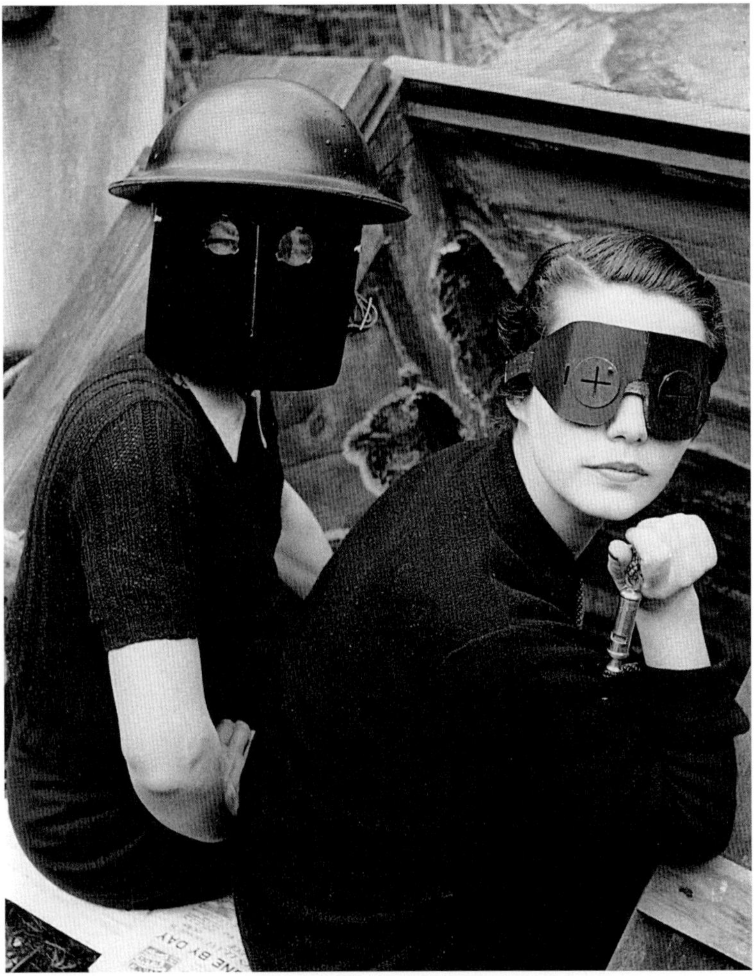

Feuermasken zum Schutz bei Luftangriffen, aufgenommen im Garten des Hauses von Roland Penrose in Downshire Hill, Hampstead, London 1941.

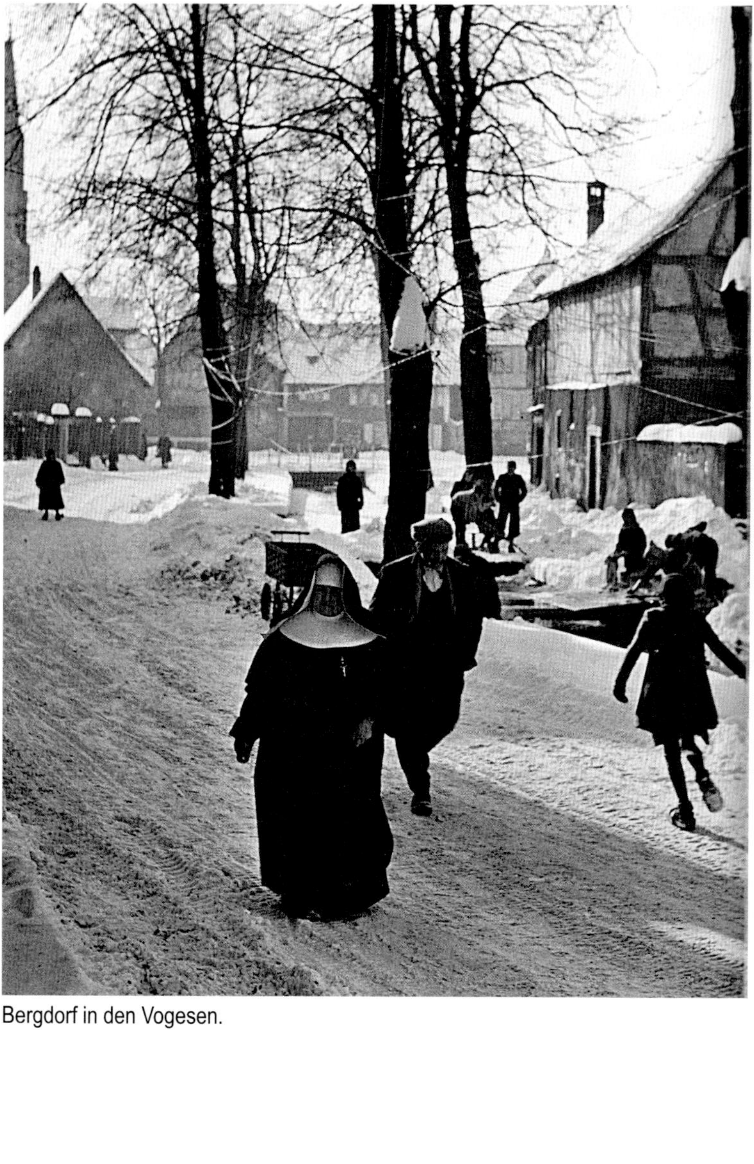

Bergdorf in den Vogesen.

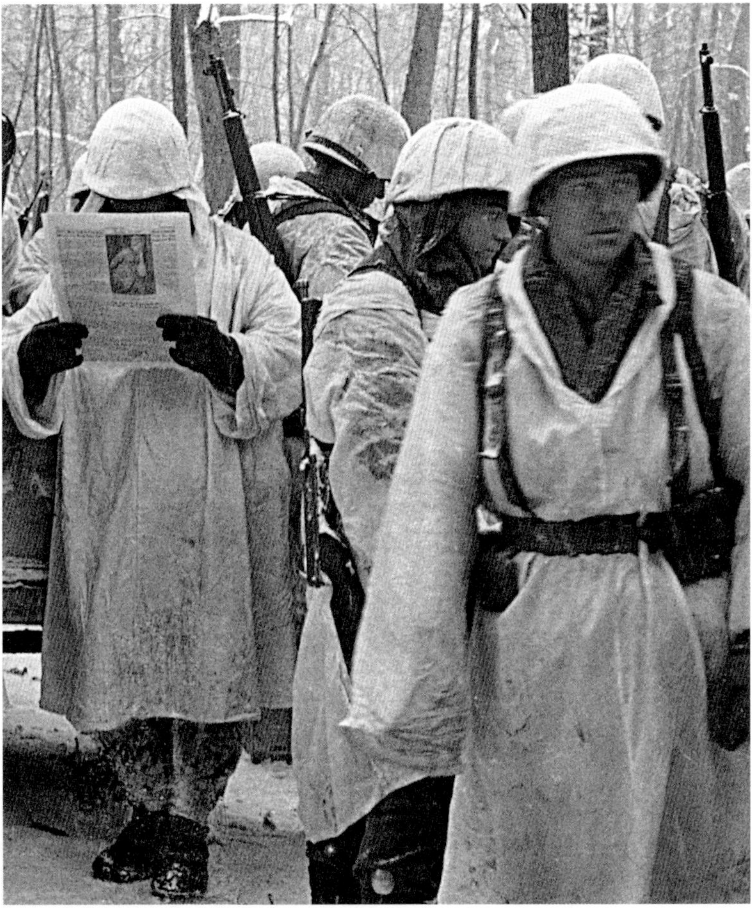

Infanterie wartet auf den Befehl zum Angriff.

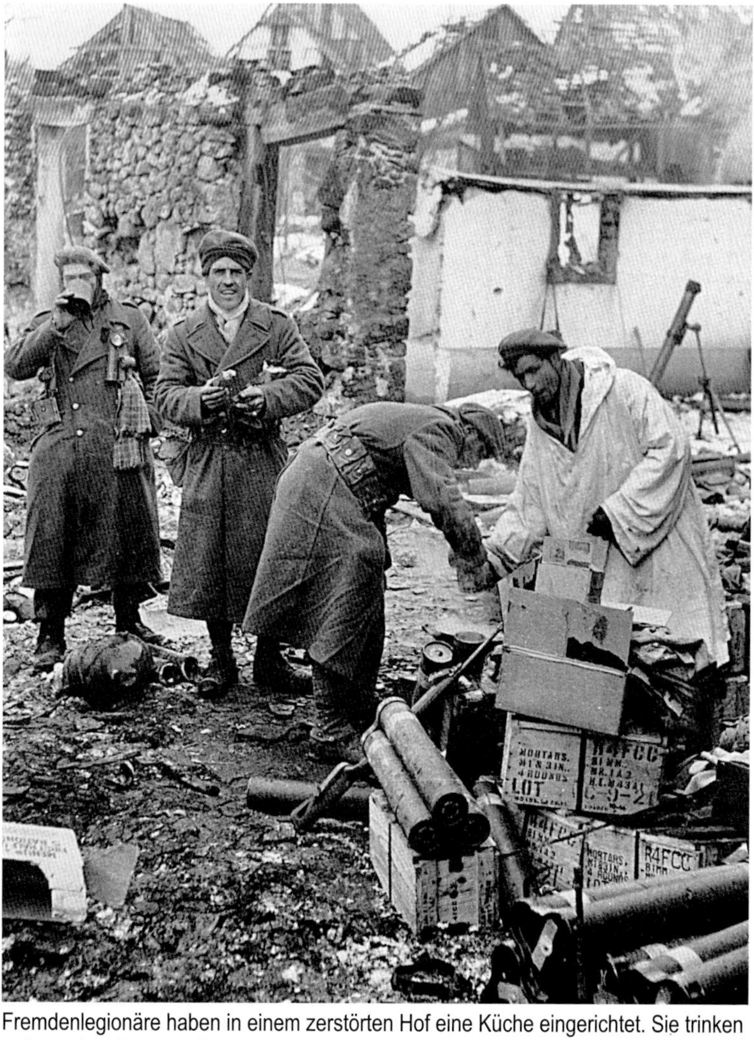

Fremdenlegionäre haben in einem zerstörten Hof eine Küche eingerichtet. Sie trinken selbst zubereiteten Kaffee.

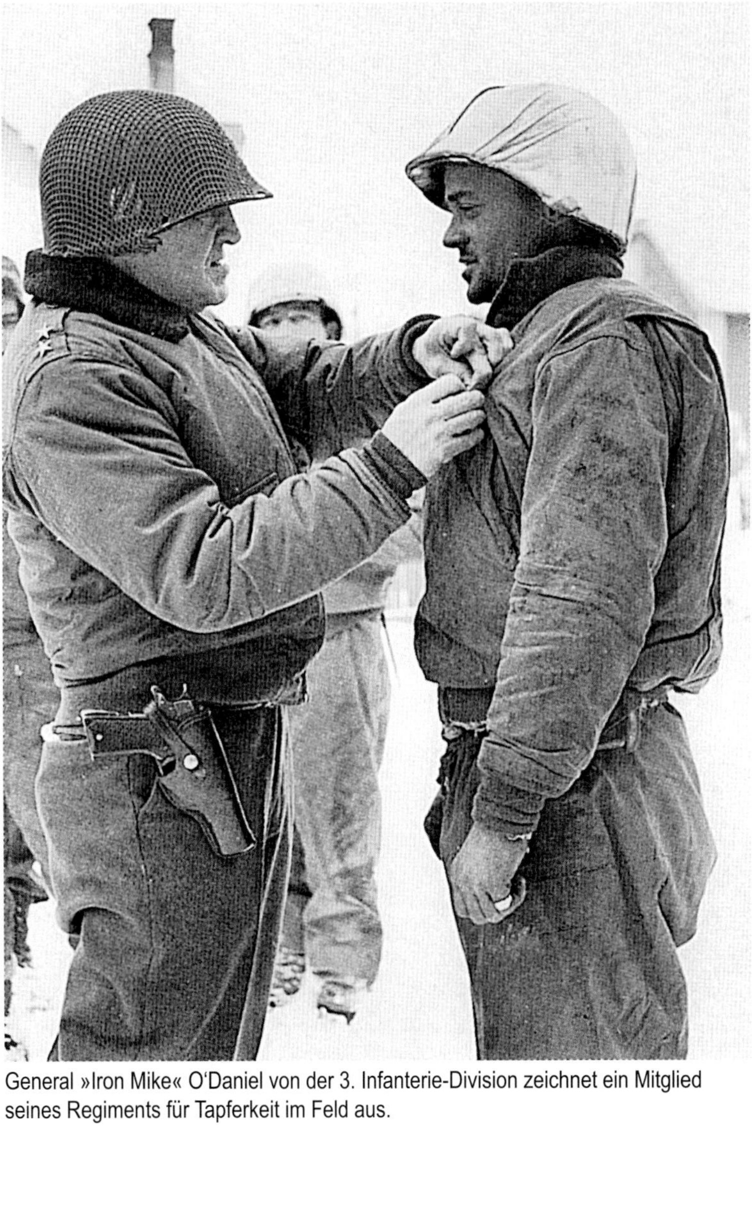

General »Iron Mike« O'Daniel von der 3. Infanterie-Division zeichnet ein Mitglied seines Regiments für Tapferkeit im Feld aus.

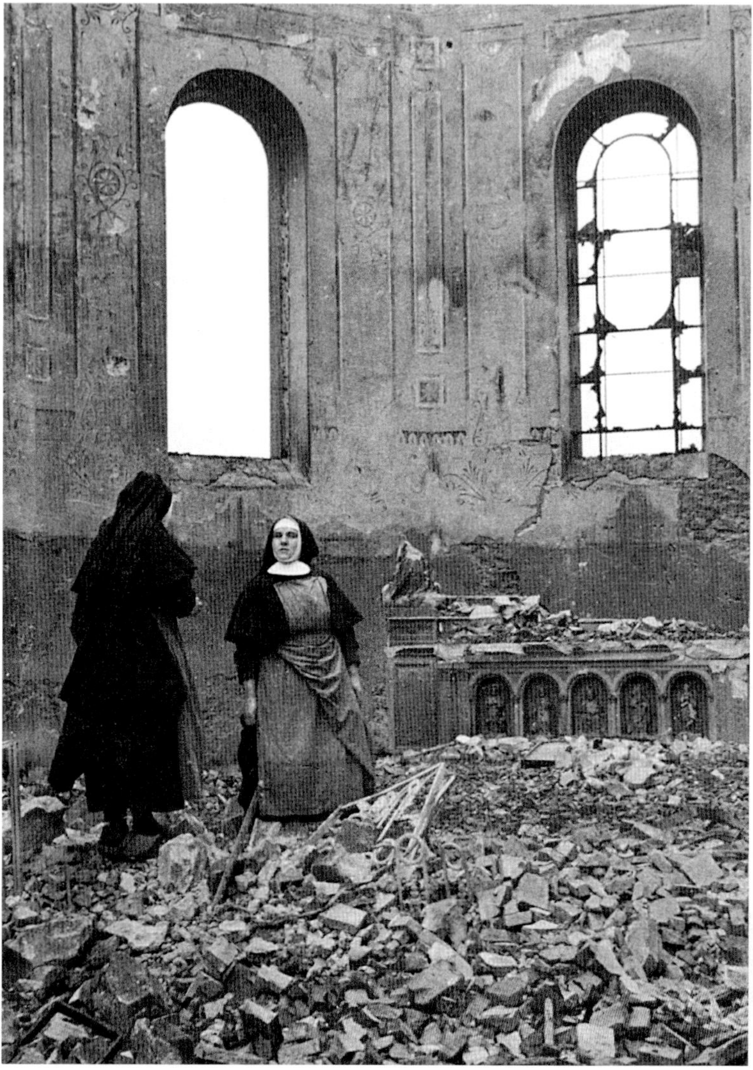

Nonnen suchen nach ihrem Pater unter den Steinen ihrer zerstörten Kirche.

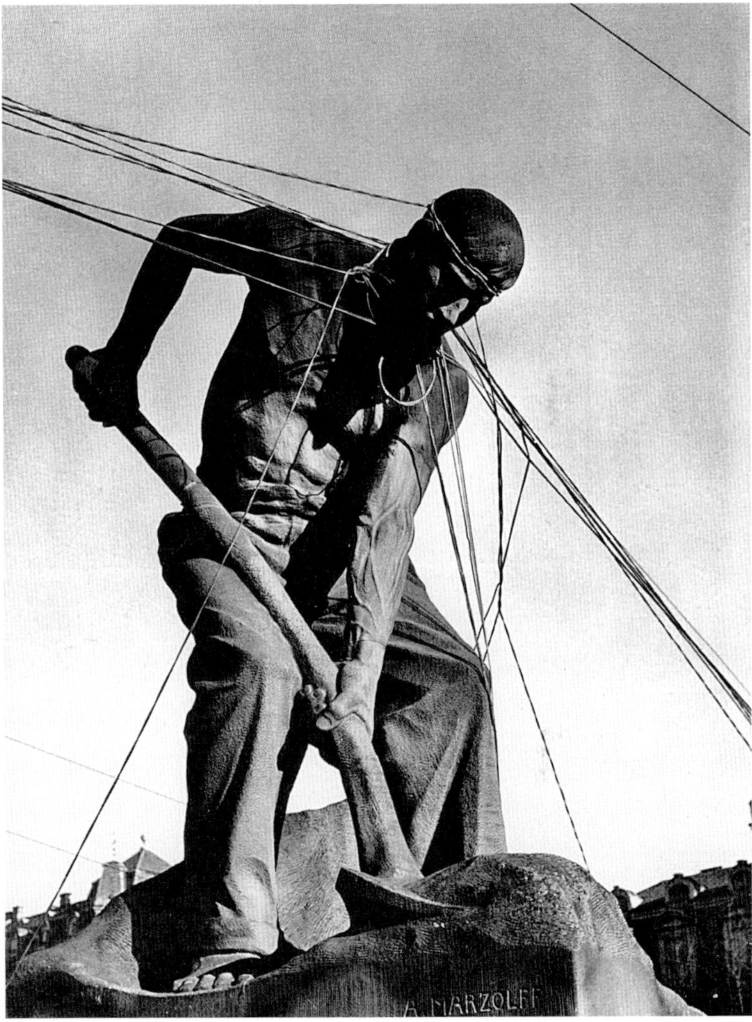

Skulptur in Strasbourg.

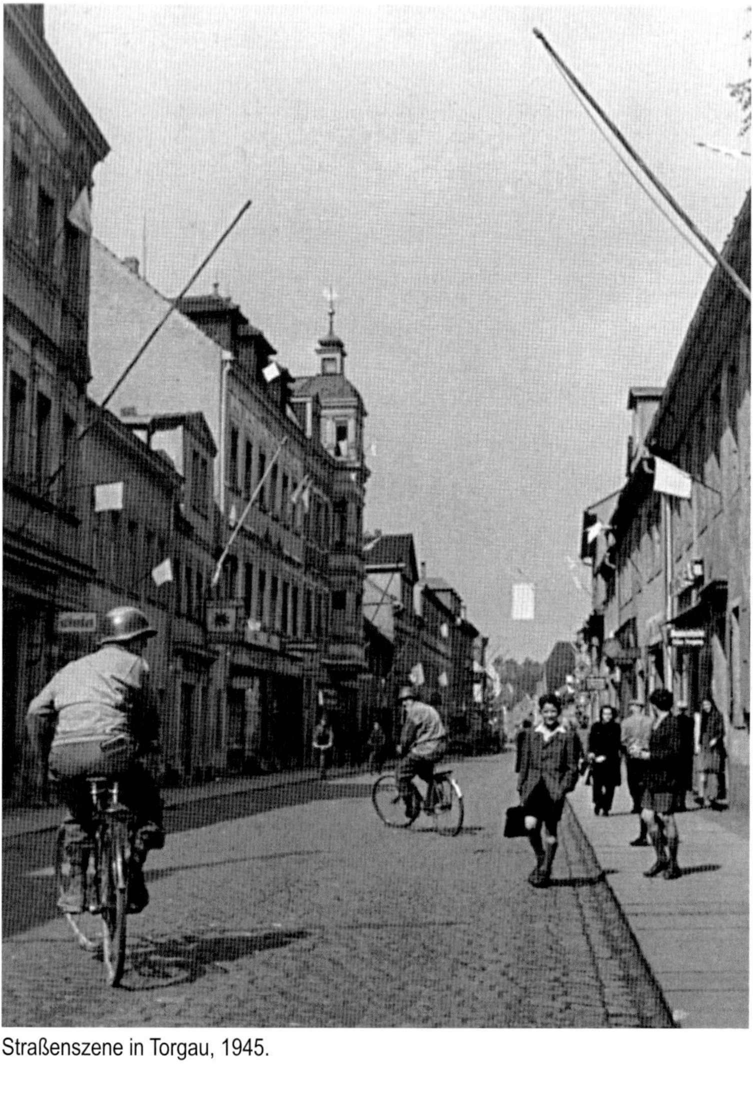

Straßenszene in Torgau, 1945.

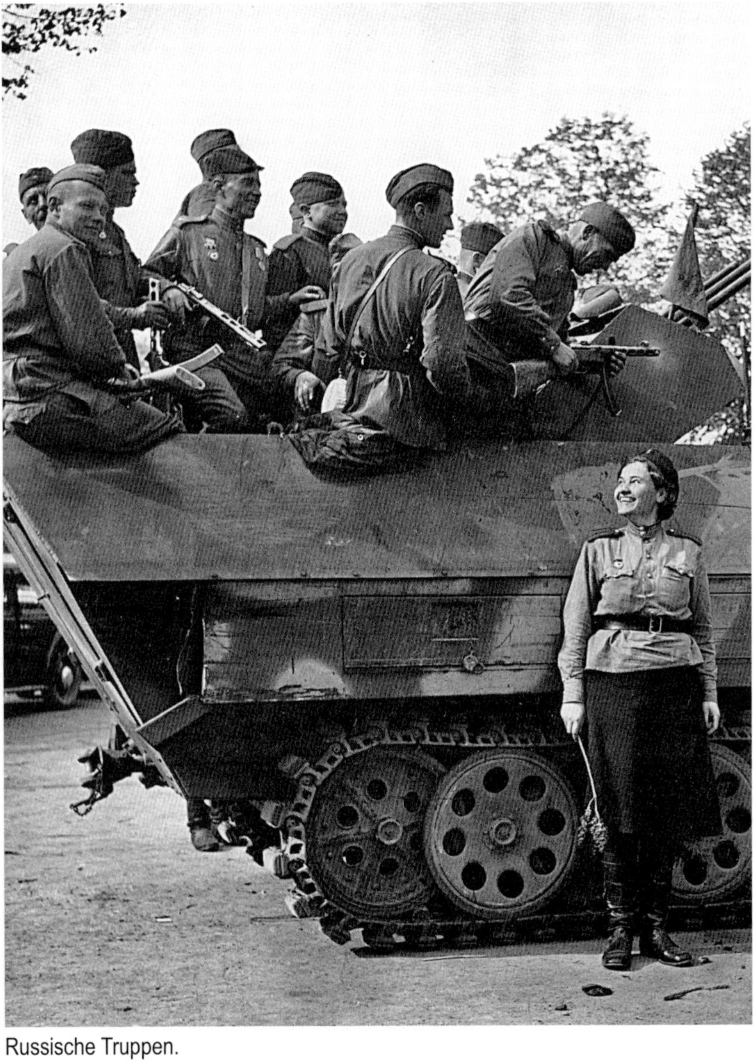

Russische Truppen.

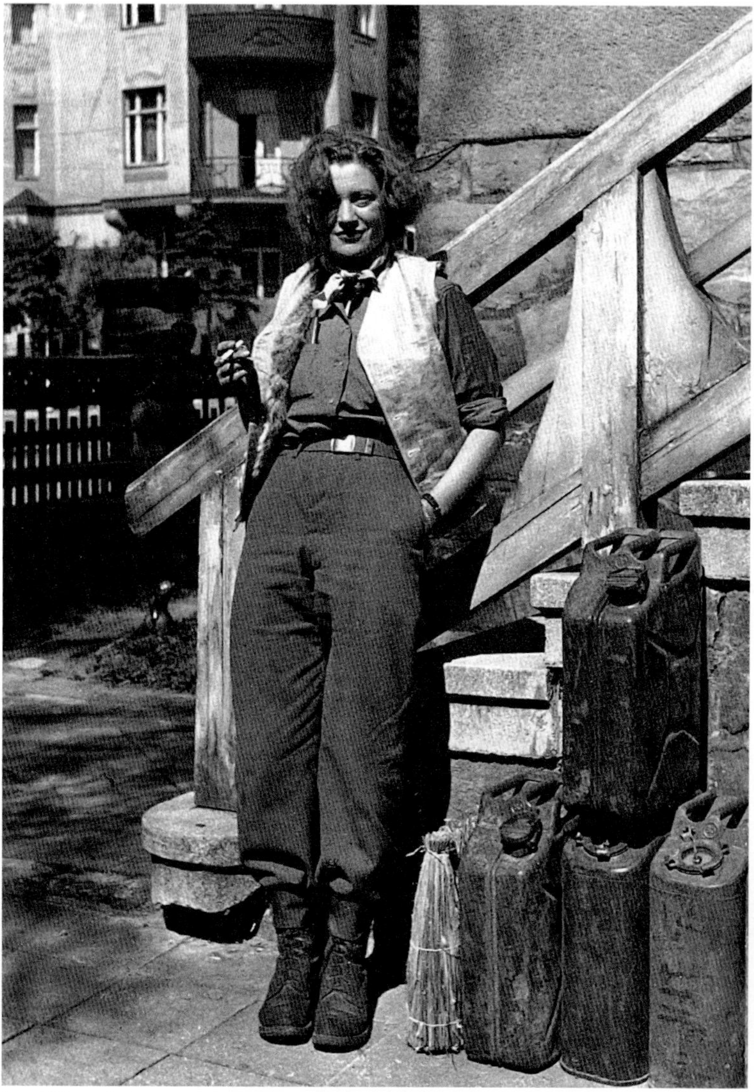

Lee Miller mit dem Lebensnotwendigen: eine Zigarette, Wein und Benzin.

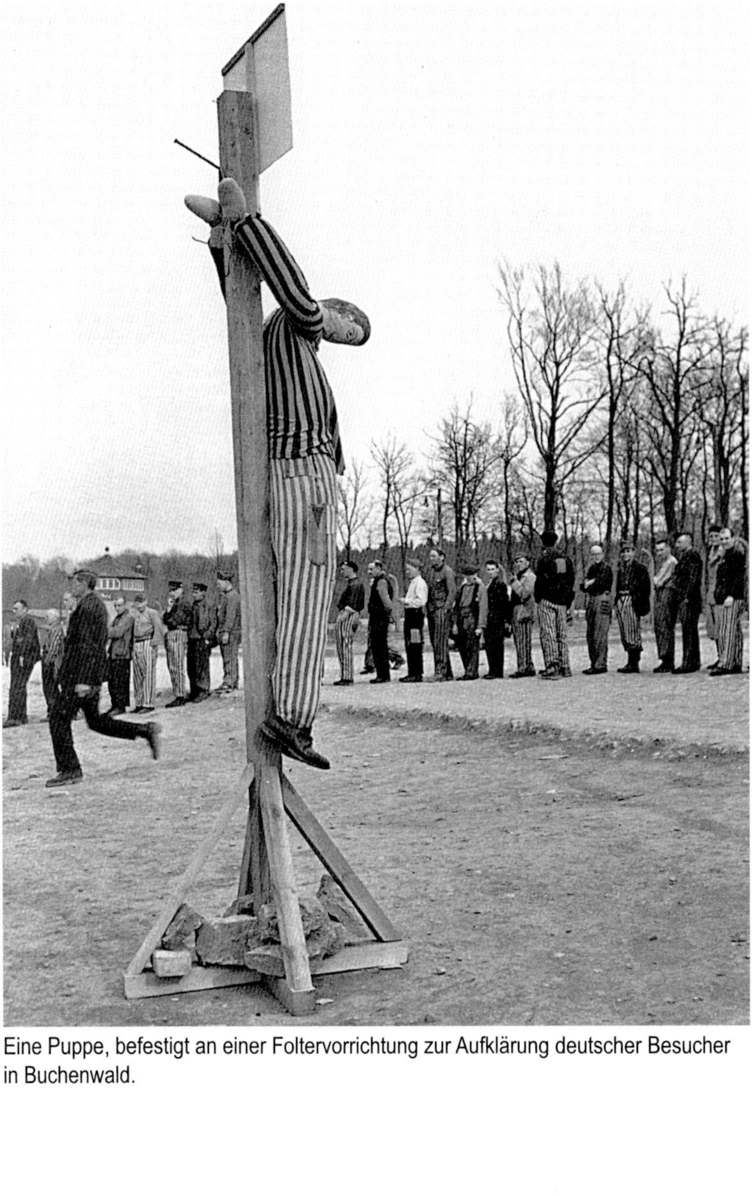

Eine Puppe, befestigt an einer Foltervorrichtung zur Aufklärung deutscher Besucher in Buchenwald.

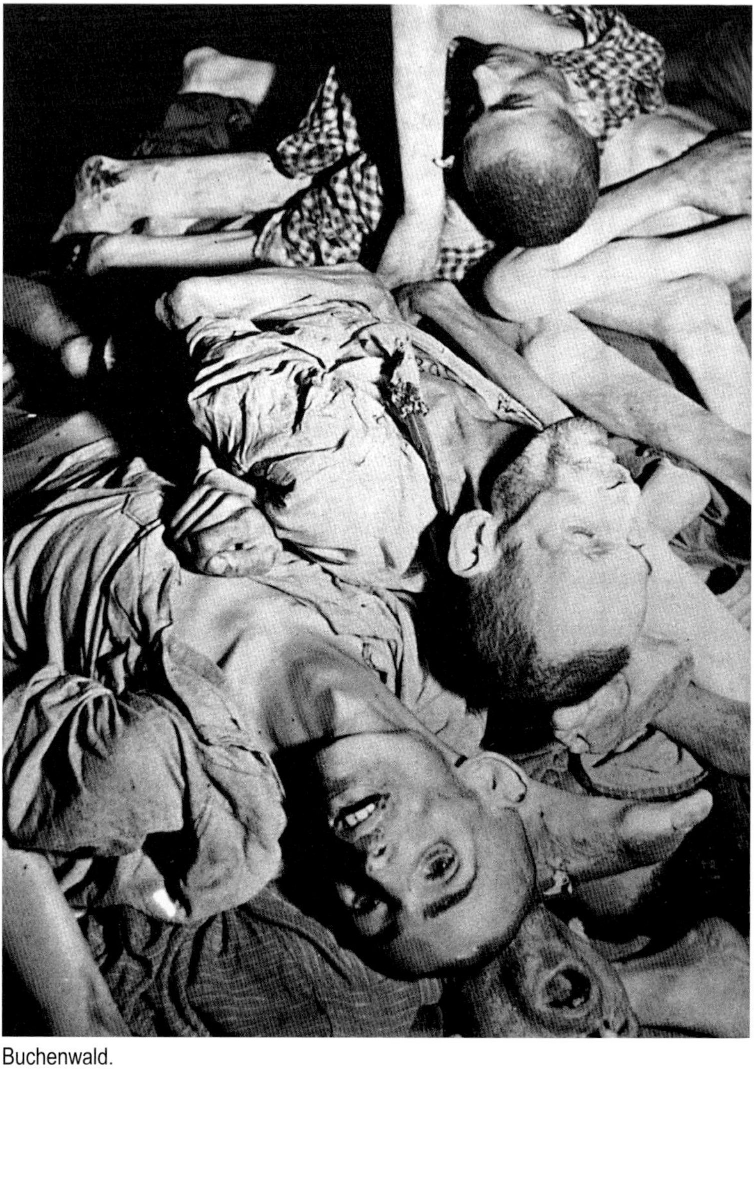

Buchenwald.

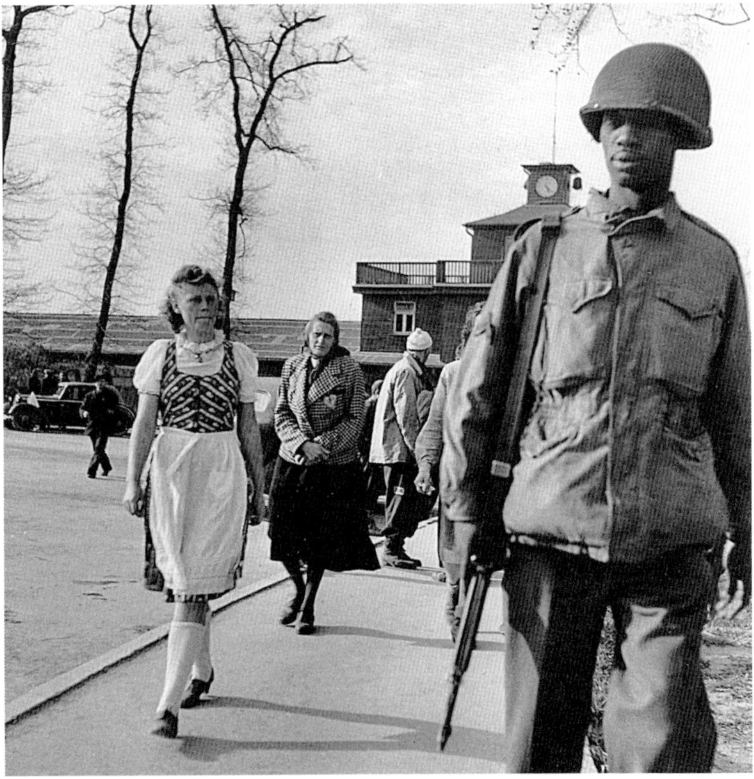

Deutsche besuchen das Konzentrationslager Buchenwald.

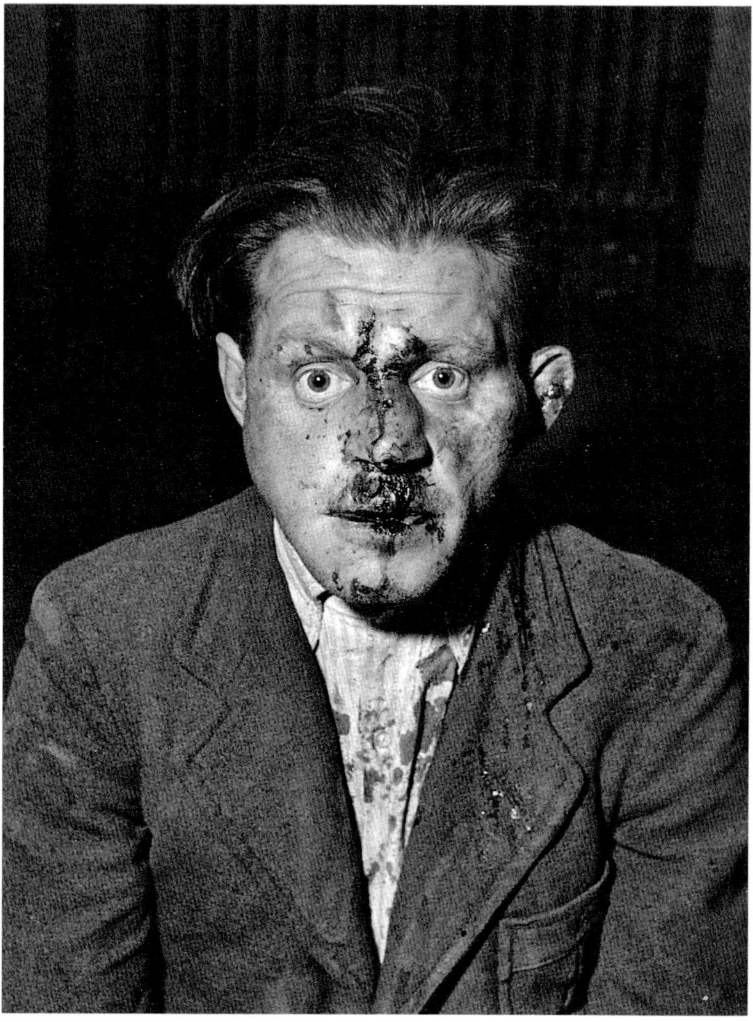

SS-Gefängniswache.

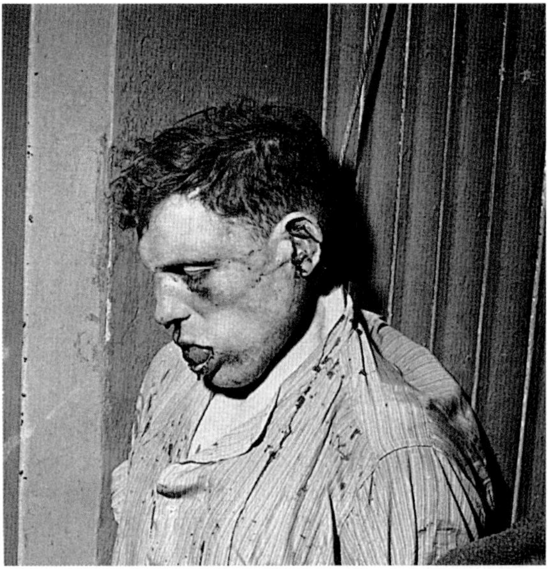

Erhängter SS-Gefängniswärter.

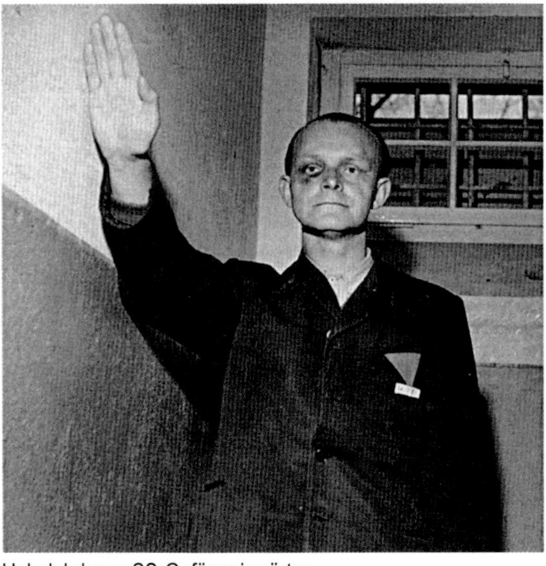

Unbelehrbarer SS-Gefängniswärter.

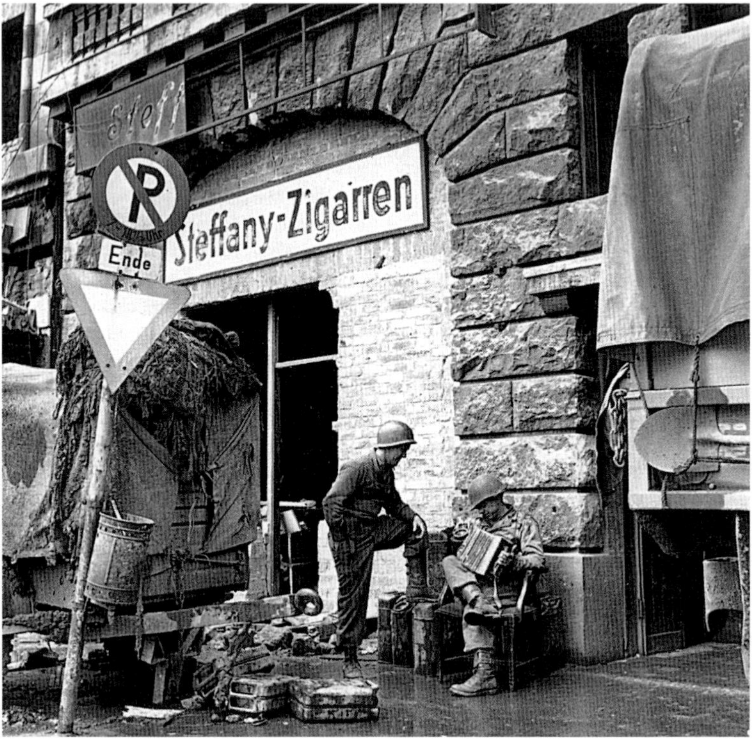

GIs in Köln.

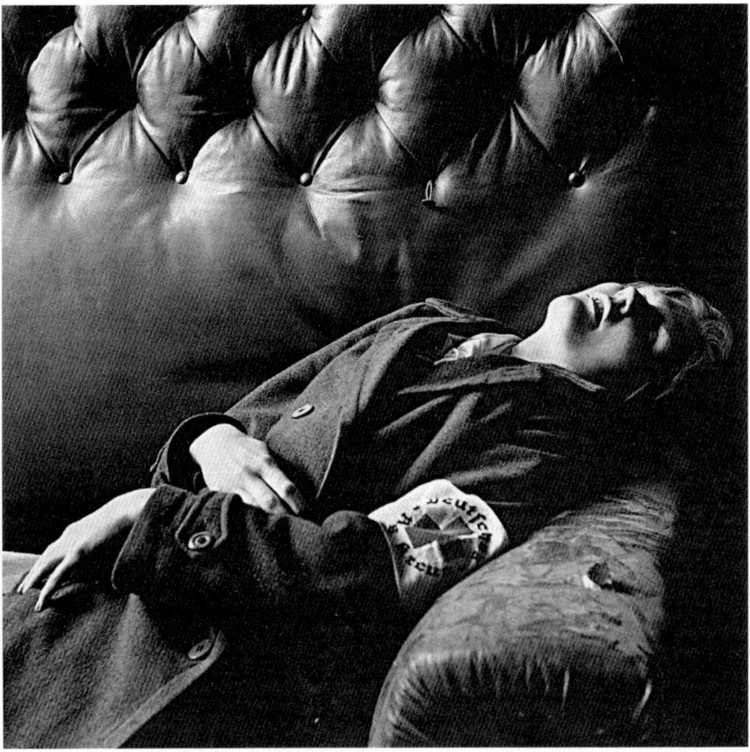

Tochter des Leipziger Bürgermeisters, die zusammen mit ihren Eltern Selbstmord begangen hat, als die Alliierten die Stadt einnahmen.

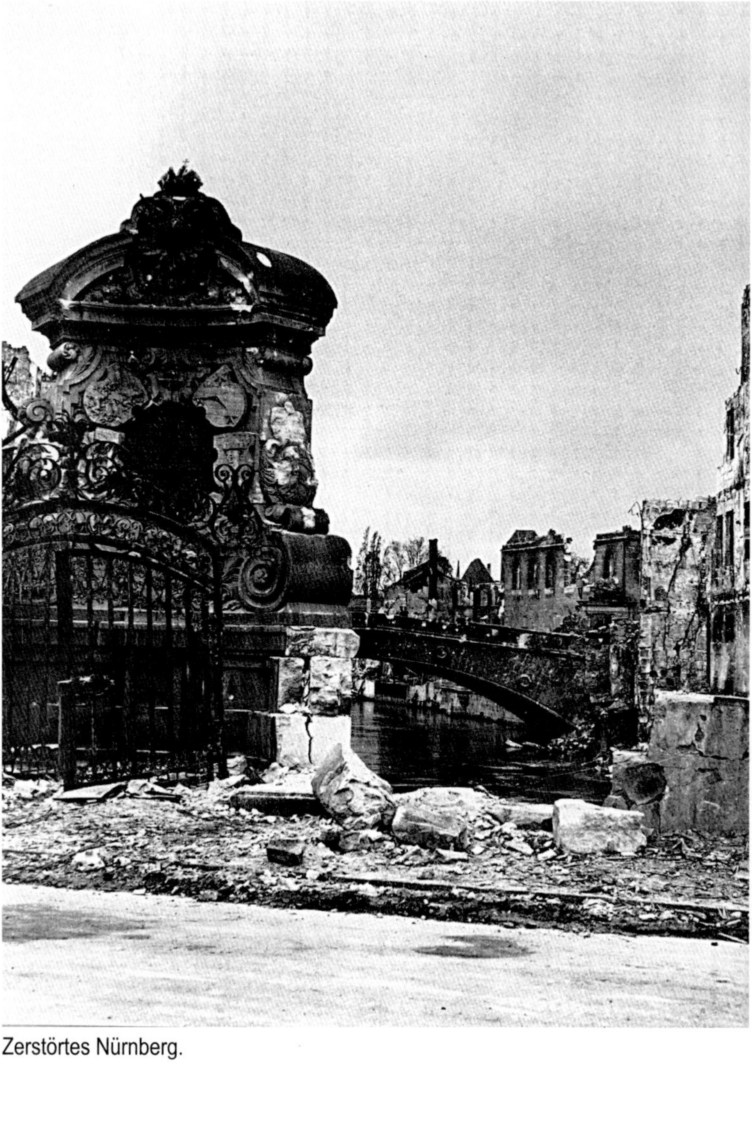

Zerstörtes Nürnberg.

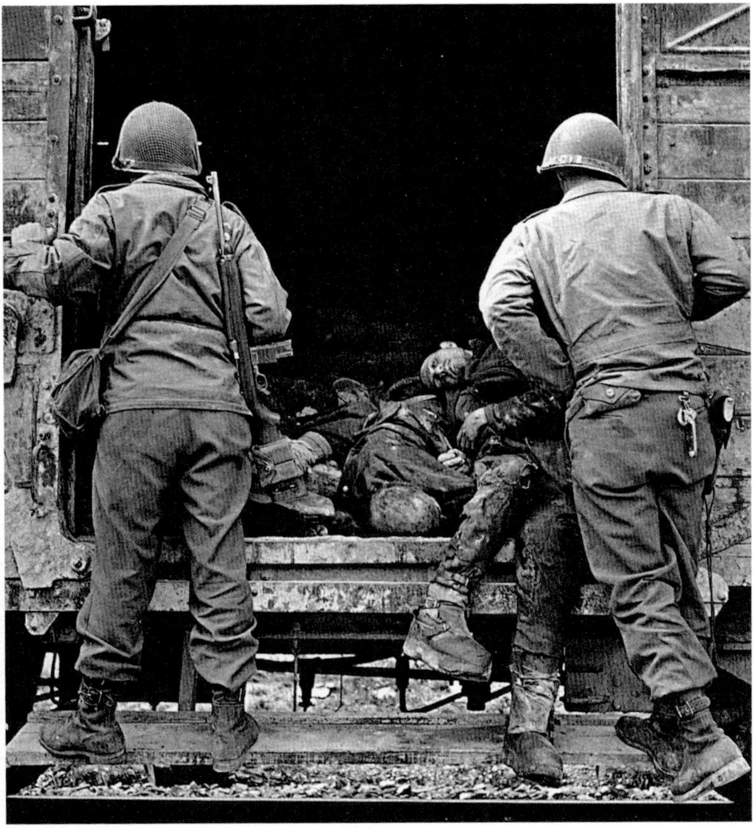

GIs stehen vor Leichen in einem Eisenbahnwaggon.

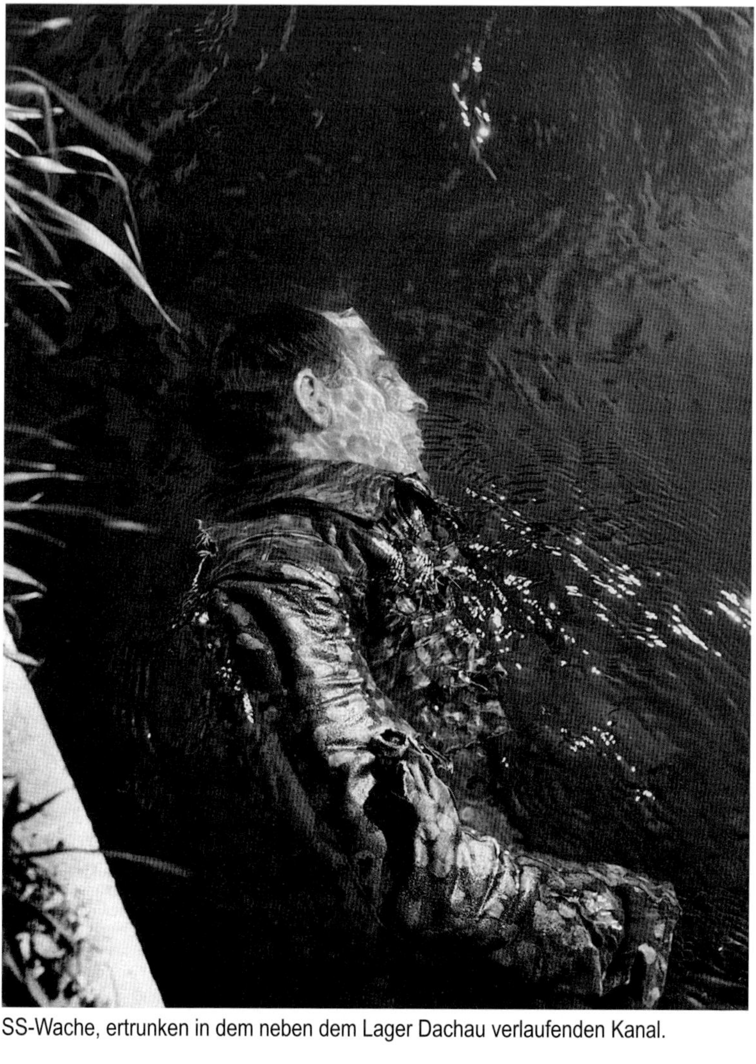

SS-Wache, ertrunken in dem neben dem Lager Dachau verlaufenden Kanal.

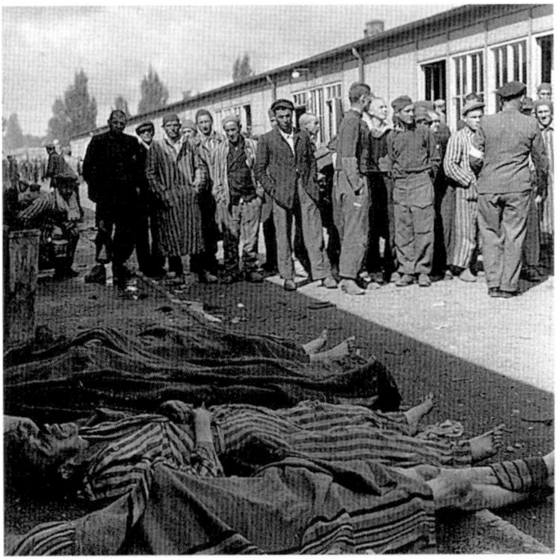

Tote, die aus den Baracken getragen wurden, um beseitigt zu werden.

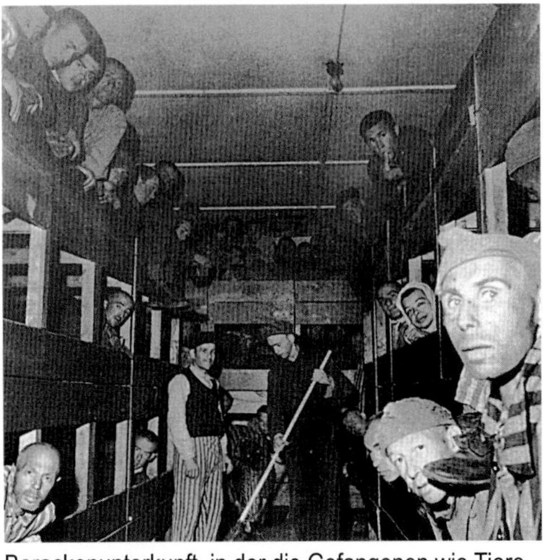

Barackenunterkunft, in der die Gefangenen wie Tiere gehalten wurden.

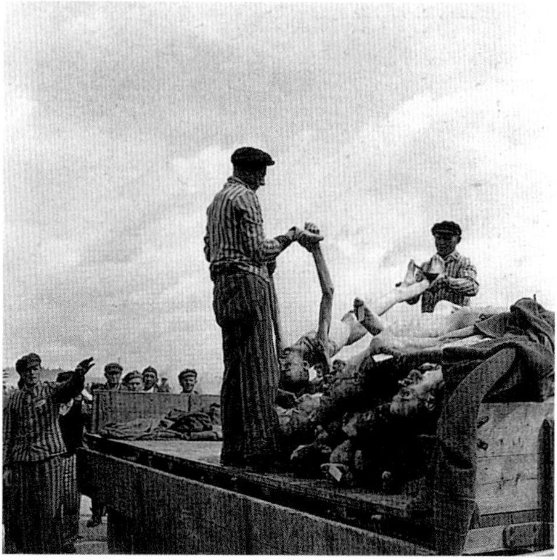

Gefangene stapeln Leichen auf einem Fuhrwerk.

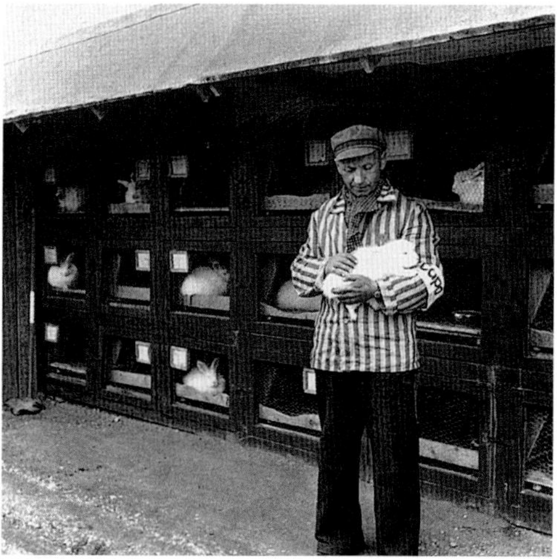

Die Farm mit Angorakaninchen, die im Lager gezüchtet wurden.

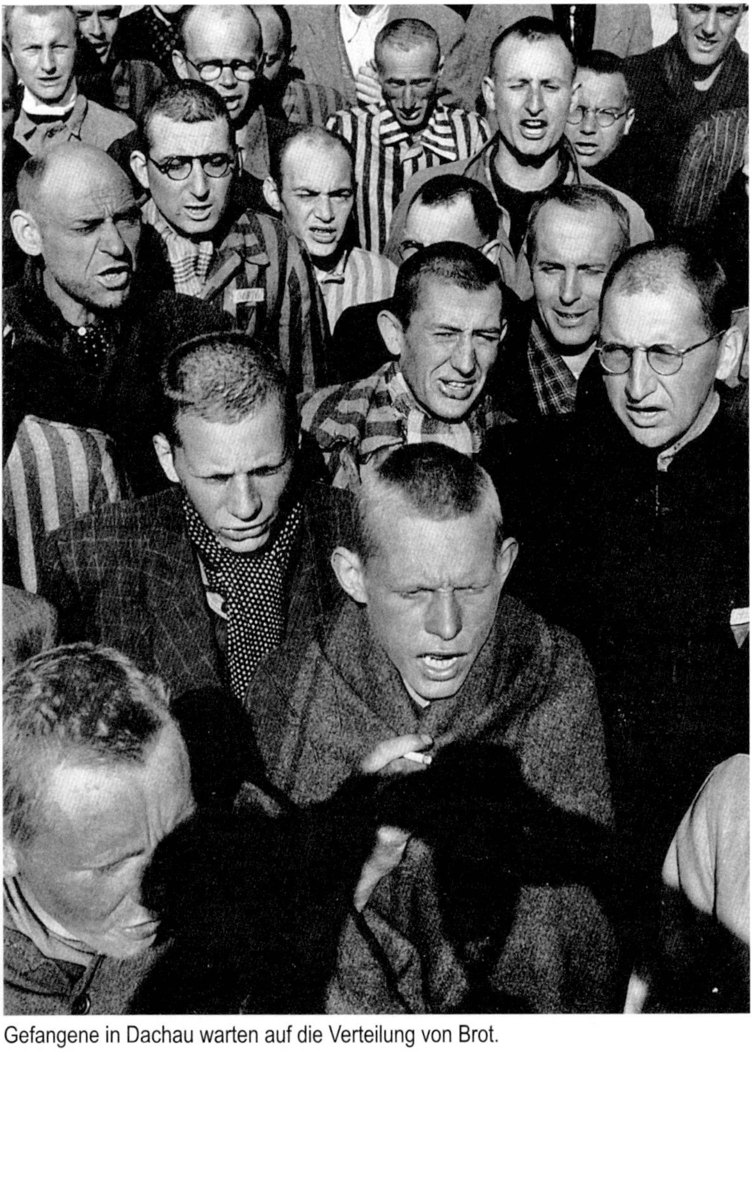

Gefangene in Dachau warten auf die Verteilung von Brot.

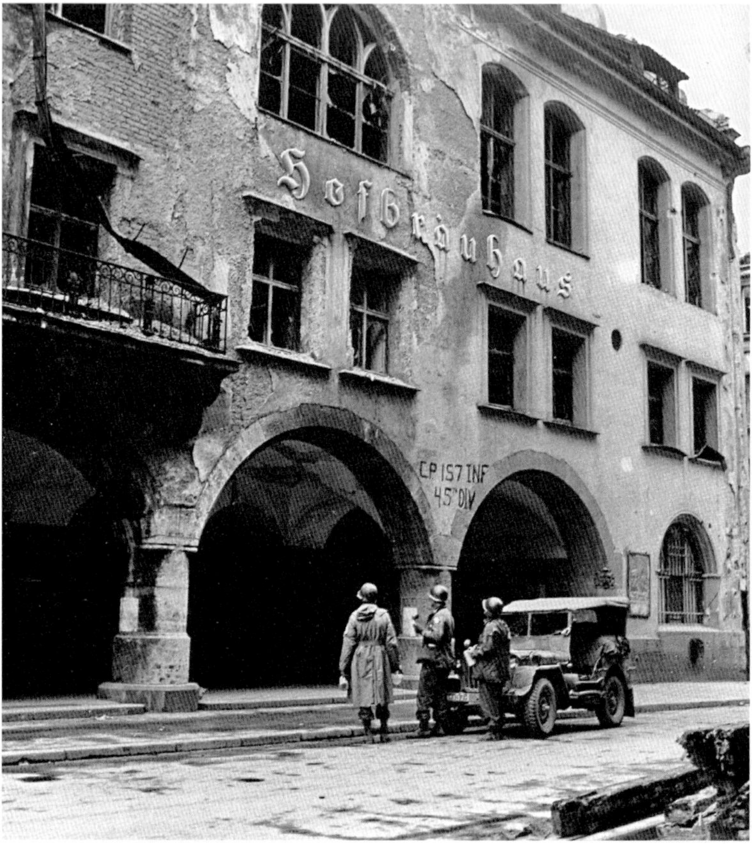

Stark beschädigtes »Hofbräuhaus« in München, 1945.

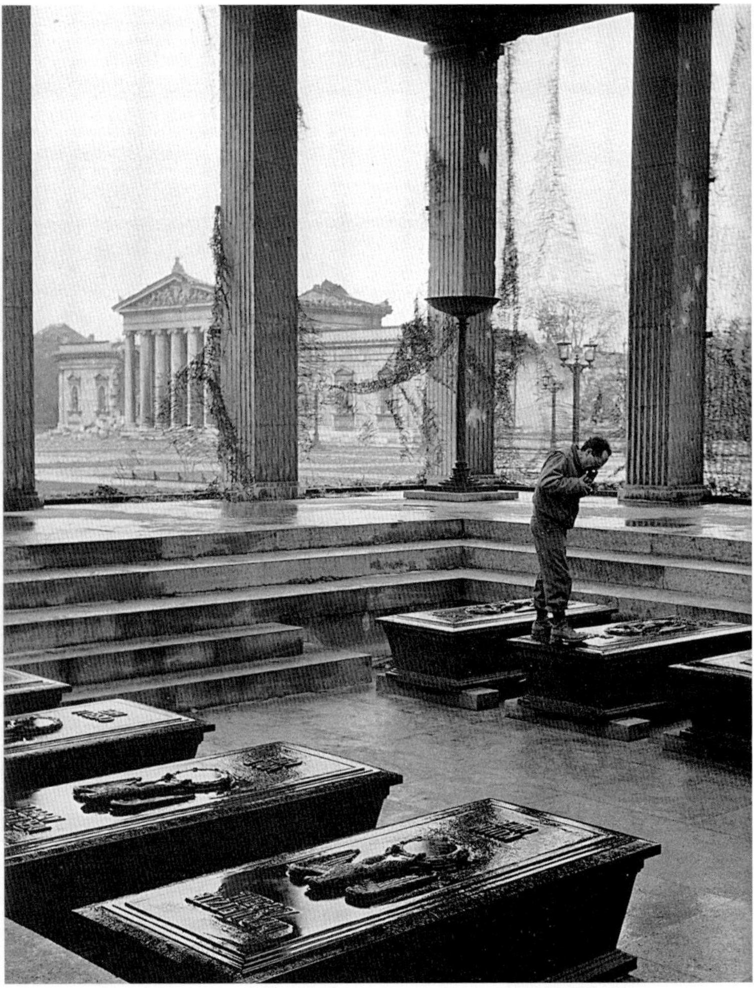

David E. Scherman fotografiert im Mausoleum am Königsplatz in München.

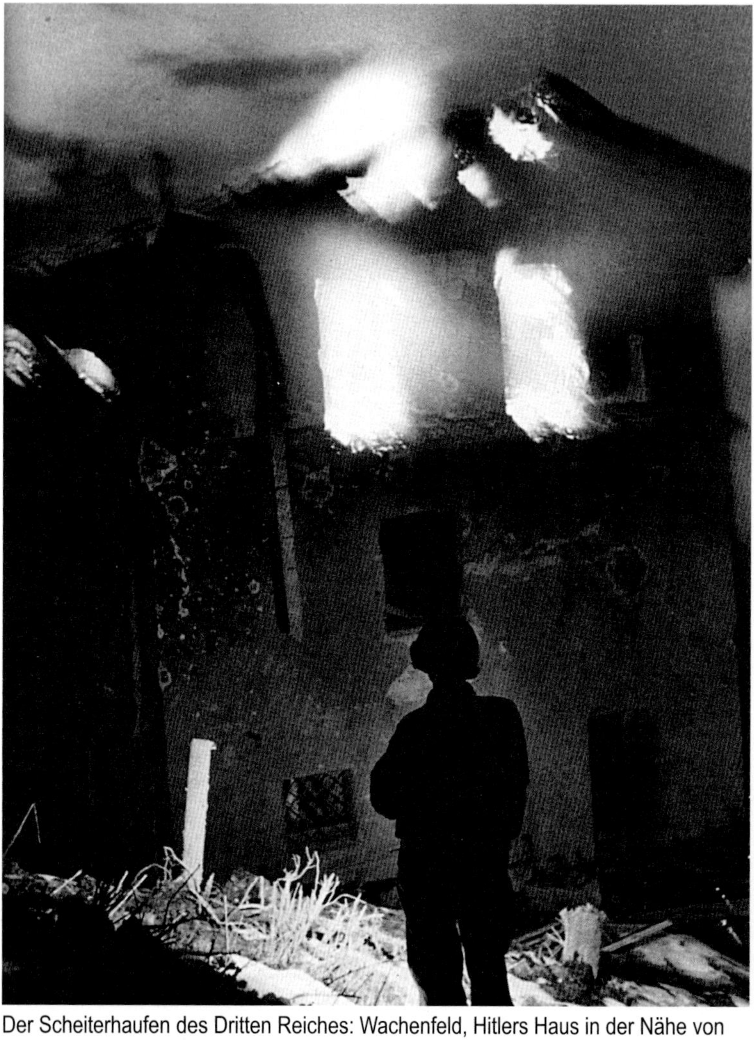

Der Scheiterhaufen des Dritten Reiches: Wachenfeld, Hitlers Haus in der Nähe von Berchtesgaden in Flammen, 3. Mai 1945. Lee Miller, David E. Scherman und zwei GIs waren die ersten, die diesen Ort erreichten.